사회복지실천기술론

사회복지실천기술론

박주영 · 최은선 · 장현희 · 김미애 · 김은령

KNOWLEDGE COMMUNITY 공동체

머리말

오늘날 사회복지실천은 복잡하고 다양한 인간의 문제를 이해하고, 이를 해결하기 위한 실천적 개입을 요구받고 있습니다. 실천의 모든 과정은 단순한 직관이나 경험에 의존해서는 안 되며, 체계적 지식, 윤리적 가치, 그리고 정련된 기술(skill)이 균형을 이루어야만 합니다. 이 중에서도 사회복지실천기술은 클라이언트와의 관계 형성, 문제 사정, 개입, 평가, 종결 등 전 과정을 아우르며 전문적 실천을 가능하게 하는 핵심 요소로 자리하고 있습니다.

『사회복지실천기술론』은 이러한 실천기술의 전문성과 실제 적용 가능성을 강조하며, 사회복지학을 공부하는 학생들과 실천 현장의 전문가들에게 이론과 사례를 아우르는 실천적 도구로서의 기능을 수행하고자 집필되었습니다.

본 교재는 총 3부 13장으로 구성되어 있으며, 사회복지실천기술에 대한 개관에서부터 이론적 기반, 그리고 개인 · 가족 · 집단을 대상으로 한 실천기술까지 전문적이고 실제적인 구조로 구성하였습니다.

제1부 '사회복지실천기술의 개관'에서는 실천기술의 개념과 특성, 사회복지사의 지식 · 가치 · 윤리를 중심으로 실천기술의 전문적 기초를 제시합니다.

제2부 '사회복지실천기술의 이론적 기반'은 정신역동모델, 심리사회모델, 인지행동모델, 위기개입모델, 동기강화모델, 역량강화모델, 해결중심모델 등 주요 실천이론을 통합적으로 정리하여, 이론적 이해와 실천 적용의 연결을 돕고자 하였습니다. 각 장마다 이론적 배경, 기본 가정, 주요 개념, 실천 과정, 실천 기법으로 구성하여 실천 적용력을 높였습니다.

제3부 '대상별 사회복지실천기술'에서는 개인, 가족, 집단을 대상으로 한 구체적인 실천기술을 중심으로 기술하였습니다. 변화 단계에 따른 기술, 디지털 실천기술, 다세대 및 구조적 가족치료, 집단 발달 단계별 기술 등 현장에서 직접 적용 가능한 기술들을 풍부한 사례와 함께 설명하여 이해도와 활용도를 높이고자 하였습니다.

특히 이 책은 이론 설명에 그치지 않고 각 장마다 실제 상황에서 활용 가능한 다양한 사례와 예시를 풍부하게 수록함으로써 학습자들의 이해도를 높이고, 실천기술론 교재로서의 차별성을 강화하고자 하였습니다. 이와 더불어 부록에는 실습과 현장 업무에 실질적으로 도움이 될 수 있는 사례관리 기록 양식과, 500개 이상의 주요 개념 색인(찾아보기)을 수록하여 교재의 활용도를 높였습니다.

이 교재는 단순히 기술을 나열하는 데 그치지 않고, 사회복지실천의 핵심 원리와 윤리를 바탕으로 클라이언트와의 관계를 형성하고 변화 과정을 이끌어 내는 역량을 기르는 데 초점을 두었습니다. 실천적 지식과 기술이 통합된 이 책이 학습자들에게는 체계적이고 유의미한 학습의 틀이 되고, 실무자들에게는 현장에서 바로 적용 가능한 실천의 도구로 활용되기를 기대합니다.

끝으로, 본 교재가 출판되기까지 아낌없는 협력과 지원을 아끼지 않으신 도서출판 공동체 임직원 여러분께 깊이 감사드리며, 이 책이 사회복지실천기술을 배우고 적용하는 모든 분들에게 현장의 전문성을 강화하고, 클라이언트와 함께 변화의 여정을 설계하는 데 실질적인 도움이 되기를 진심으로 바랍니다.

2025년 여름

저자 일동

차 례

PART 01

사회복지 실천기술의 개관

CHAPTER 01

사회복지실천기술의 이해

개 요

사회복지실천기술의 이해에서는 사회복지실천기술의 개념과 역사적 전개를 통합적 관점에서 조망한다. 첫째, 국내외 주요 학자들이 제시한 정의를 검토하고 이들이 제안한 개념이 어떻게 미시 · 중시 · 거시 수준의 개입으로 확장되어 왔는지 살펴본다. 둘째, 통합성 · 순환성 · 맥락 적합성 · 윤리성 · 증거 기반 · 협력성 · 강점 중심 · 적응성 · 반성적 실천 등 아홉 가지 핵심 속성이 실천 전 과정에 어떻게 내재하는지 설명한다. 셋째, 공감적 경청과 개방형 질문을 통한 라포 형성, 면담 · 관찰 · 표준화 도구를 활용한 다차원적 사정, SMART 원칙에 따른 목표 설정 및 개입 설계 과정을 단계별로 제시한다. 넷째, 사례관리 · 옹호 · 집단중재 · 위기개입 기술을 통해 변화를 촉진하고 양적 · 질적 평가 및 환류 과정을 통해 개입 성과를 체계적으로 검증하는 방법을 다룬다. 마지막으로 클라이언트 중심 접근 · 문화적 역량 · 위기 대응 능력 · 자원 연계 역량 · 기록 · 평가 기술 등을 균형 있게 통합하여 현장 전문성을 지속적으로 강화하는 전략을 모색한다.

학습목표

1. 사회복지실천기술의 개념과 국내외 학자들의 견해를 이해하고 설명할 수 있다.
2. 사회복지실천기술의 미시적, 중시적, 거시적 실천 범위를 구분하고 각 범위의 특성과 적용 방식을 설명할 수 있다.
3. 사회복지실천기술의 주요 특성 및 핵심 기능을 파악하고 실제 사례에 적용하여 분석할 수 있다.

1. 사회복지실천기술의 개념

사회복지실천기술은 인간 존엄성 · 사회 정의 · 자기결정권 존중이라는 전문직 가치를 실현하고 클라이언트의 복합적 욕구를 충족하며 자원을 연계해 개인 · 가족 · 집단 · 지역사회의 기능을 강화하는 통합적 역량이다. 이를 위해 공감적 경청과 비심판적 태도로 라포(rapport)를 형성하고 다차원적 사정 기법으로 강점과 위험 요인을 균형 있게 분석한다. 이어 Specific(구체성), Measurable(측정 가능성), Achievable(달성 가능성), Relevant(관련성), Time-bound(기한제한성)의 SMART 원칙에 따라 실현 가능한 목표를 설정하고 정신역동 · 인지행동 · 생태학 · 강점 기반 모델 등을 융합해 맞춤형 개입 계획을 수립한다. 이러한 순환적 · 통합적 과정은 디지털 원격상담, 빅데이터 기반 사정, 다문화 · 교차성 이론 적용 등 시대적 요구를 반영하며 복합적 사회 문제에 대한 효과적 · 윤리적 개입을 가능하게 한다.

1) 사회복지실천기술에 대한 학자들의 견해

사회복지실천기술에 대한 이해는 사회복지 역사의 흐름과 다양한 이론적 패러다임의 발전에 따라 점진적으로 확장되어 왔다. 주요 학자들의 견해를 통해 실천기술의 다면적인 속성과 발전 과정을 심층적으로 조명할 수 있다.

(1) 메리 리치먼드(Mary Richmond)의 개별사회사업

현대 사회복지실천의 선구자로 불리는 리치먼드의 저서 『사회 진단(Social Diagnosis, 1917)』을 통해 사회복지실천에 과학적이고 체계적인 접근법을 도입하였다. 그녀는 사회복지사의 역할을 '사회 진단가'로 규정하고 클라이언트의 문제에 대한 '개별화'와 '과학적 분석'의 중요성을 역설했다. 이는 클라이언트의 환경과 상호작용을 면밀히 살피고 문제의 원인을 다각적으로 규명하며 적절한 개입을 위한 논리적 근거를 마련하는데 필요한 사정 기술의 기초를 형성한다.

(2) 헬렌 해리스 펄만(Helen Harris Perlman)의 문제해결모델

펄만의 저서 『사회사업의 문제해결모델(Problem-Solving Model, 1957)』에서 사회복지실천을 클라이언트가 자신의 문제를 주체적으로 해결하도록 돕는 '문제 해결 과정'으로 정의하며 사람(Person), 문제(Problem), 장소(Place), 과정(Process)의 4P를 제시했다. 그녀는 동기 부여, 자원 연계, 명확한 의사소통, 지지 기술을 통해 내적 강점과 외부 자원을 효과적으로 동원하도록 지원하고, 클라이언트의 능동적 참여를 유도했다. 또한 실용적 · 교육적 개입으로 장애물 극복을 돕는 기술 적용을 강조하여 관계 형성 및 개입 기술의 핵심 통찰을 제공했다.

(3) 콤튼 & 갤러웨이(Compton & Galaway)의 계획된 변화 과정

콤튼과 갤러웨이는 『사회사업실천의 사회심리학적 측면(Social Work Practice : The Social Psychological Approach, 1989)』에서 사회복지실천을 '계획된 변화 과정'으로 정의하며 이 과정이 접수 및 관계 형성, 계약, 사정, 계획, 개입, 평가, 종결이라는 명확한 단계들을 통해 진행된다고 보았다. 이들은 각 단계에서 사회복지사가 클라이언트와 협력적으로 문제를 정의하고 목표를 설정하며 개입을 수행하는 데 필요한 구체적인 기술들을 상세히 제시하였다. 이는 사회복지실천기술이 체계적이고 구조적인 과정을 통해 적용되어야 함과 동시에 단계별 목적 달성을 위한 정교한 기술 적용의 중요성을 강조한다.

(4) 골드스타인(Howard Goldstein의 인본주의적 관점

골드스타인의 저서 『사회복지실천의 지식 기반(The Knowledge Base of Social Work Practice, 1984)』에서 인본주의적 가치와 가정에 기반한 통합적 접근을 제시하며, 사회복지사의 자기(self)활용 기술을 강조했다. 그는 클라이언트와의 관계 자체를 변화의 매개로 보고 자신의 가치 · 태도 · 성격을 인식해 긍정적으로 활용할 것을 역설했다. 이를 통해 공감 · 진정성 · 수용 등 관계 형성 기술의 심층적 의미를 부각하며 클라이언트 성장 촉진의 핵심 수단으로 제시했다. 이러한 자기활용 기술은 사회복지실천에서 전문성 증진과 윤리적 개입의 기반으로 자리 잡았으며 현대 사회복지실천이론과 교육에도 광범위한 영향을 미쳤다.

(5) 핀커스 & 미나한(Pincus & Minahan)의 상호작용모델

핀커스와 미나한은 『사회사업실천 : 모델과 방법(Social Work Practice: Model and Method, 1973)』에서 사회복지실천에서는 클라이언트와 환경 간의 '상호작용'으로 규정하고 클라이언트 체계 · 변화 매개 체계 · 표적 체계 · 행동 체계 등 네 가 지 기본 요소를 제시한다. 이 모델은 사회복지사가 체계 간 상호작용을 조정하며 변화를 촉진하는 과정을 강조한다. 구체적으로 중재를 통해 갈등을 해소하고 연계로 자원을 도입하며 옹호로 권리를 강화하고 조직화로 지역사회 역량을 결집하는 기술을 포함한다. 이를 통해 개인을 넘어 광범위한 사회 체계에 효과적으로 개입할 수 있는 틀을 제공한다.

2) 사회복지실천기술의 실천 범주

사회복지실천기술은 개입 대상과 활동 범위에 따라 미시적, 중시적, 거시적 수준으로 구분할 수 있다.

(1) 미시적 실천기술

미시적 실천기술(Micro Practice Skills)은 개인 또는 가족 단위의 일대일 개입을 중심으로 클라이언트의 내적 심리 과정과 대인관계 역동을 다루는 데 중점을 두고 구체적으로 심층 면담, 인지행동 상담, 위기개입, 개인 사례관리 등이 포함된다. 표준화된 평가 척도와 생애사 분석을 병행하여 강점과 위험 요인을 균형 있게 평가한 뒤에 이를 바탕으로 맞춤형 목표를 설정하고 개인별 개입 계획을 수립한다. 이 과정에서 사회복지사는 윤리적 경계를 준수하며 슈퍼비전과 동료 피드백을 통해 면담 기술을 지속적으로 개선함으로써 개입의 효과성과 대상자의 자기효능감 회복을 촉진한다.

(2) 중시적 실천기술

중시적 실천기술(Mezzo Practice Skills)은 소그룹 · 기관 단위 개입을 통해 집단 역동과 상호 지지를 활용해 대상자의 사회적 기능을 강화하는 것이다. 집단사회사업, 가족치료, 동료지원집단, 사례회의, 지역사회 조직화 등이 주요 기법이다. 사회복지사는 역할극과 구조화된 토의를 설계해 참여자 간 상호작용을 촉진하고 이를 바탕으로 사회적 지지망과 공동체 역량을 높인다. 또한 심리 · 의료 · 교육 등 다양한 전문성을 통합한 다학제 협력팀을 구성해 서비스 일관성과 효율성을 확보한다. 지역사회 조직화 과정에서는 주민 참여를 이끌어 자원 발굴과 연계를 추진하며 정책 옹호 활동을 통해 제도적 변화를 도모한다. 이러한 개입은 개인을 넘어 공동체 차원의 문제 해결 능력을 강화하고 지속 가능한 지원체계 구축에 기여한다.

(3) 거시적 실천기술

거시적 실천기술(Macro Practice Skills)은 정책 · 제도 · 사회 구조 차원에서 불평등을 해소하고 변화를 이끌어 내는 개입이다. 사회복지사는 옹호 활동, 정책 분석 · 제안, 캠페인 기획, 비영리 조직 관리, 자원 개발, 대중 교육 등을 활용하여 구조적 문제의 원인을 규명하고 해결 방안을 모색한다. 이해관계자 협의체 및 지역 기반 옹호 네트워크를 구성하여 다양한 목소리를 집약하고 이를 바탕으로 예산과 지원체계를 강화한다. 이러한 거시적 실천은 미시 · 중시적 개입을 지원하는 정책적 토대를 마련하고 궁극적으로 사회통합과 정의 실현에 기여한다. 사회복지실천기술의 미시적 · 중시적 · 거시적 실천기술의 특성은 〈표 1-1〉과 같다.

표 1-1 미시적 · 중시적 · 거시적 실천기술

구분	대상 범위	실천기술	핵심 특징	성과 지표
미시적 실천기술	개인 · 가족 단위	심층 면담, 위기개입, 인지행동 상담, 개인 사례관리	공감적 경청 · 비심판적 태도로 신뢰 기반 형성 강점 · 위험 요인 균형 사정	정서 변화, 자기효능감 회복, 목표 달성
중시적 실천기술	소그룹 · 조직 · 기관 단위	집단사회사업, 가족치료, 사례회의, 지역사회 조직화	역할극 · 구조화 토의로 집단 역동 촉진, 다학제 협업 체계 구축	참여도, 공동체 역량 강화, 다층적 문제 해결
거시적 실천기술	정책 · 제도 · 사회 구조 차원	옹호 활동, 정책 분석 · 제안, 캠페인 기획, 자원 개발, 대중 교육	통계 · 조사로 구조적 원인 규명, 이해관계자 협의체 조직	정책 변화, 법 · 제도 개선, 사회 통합 · 정의 실현

2. 사회복지실천기술의 특성

사회복지실천기술은 대상자의 복합 욕구와 환경을 통합적으로 이해하고 개입하기 위해 이론·방법을 융합한 전문 역량이다. 사정→계획→개입→종결 및 평가의 순환 과정을 통해 지속적으로 조정하며 문화·제도적 맥락에 적합성을 확보한다. 공감적 경청과 비심판적 태도로 라포를 형성하고 강점 중심 평가로 자원을 발굴하며 다층적 중재 기법으로 변화를 촉진한다. 인간 존엄과 자기결정권 존중 등 윤리 원칙을 준수하고 다학제 협업과 지역사회 자원 연계를 통해 포괄적·지속 가능한 서비스를 제공함으로써 전문성과 책임성을 강화한다. 이러한 요소들이 결합될 때 사회복지실천기술은 대상자의 삶 전반에 걸친 통합적 변화를 실현하는 중심 역할을 담당한다.

(1) 통합성

사회복지실천기술은 심리·행동, 가족·집단, 지역사회·제도 차원의 이론과 기법을 상호 연결하여 적용하는 역량이다. 개인의 정서·대인관계 문제와 조직·정책적 개입을 하나의 연속체로 이해하고 복합적 욕구를 종합적으로 해결한다.

(2) 순환성

사정→계획→개입→종결 및 평가의 순환 과정을 통해 실천을 지속적으로 조정·개선하는 메커니즘이다. 각 단계의 정보와 피드백은 다음 단계에 즉시 반영되어 개입의 유연성과 적합성을 확보하며 변화하는 대상자의 필요에 능동적으로 대응한다.

(3) 맥락적 적합성

대상자의 문화·사회·제도적 배경을 반영하여 기술을 조정하는 원칙이다. 예컨대 다문화 집단에는 문화·언어 특화 상담을 취약 계층에는 접근성 높은 서비스 연계를 적용함으로써 실천의 현실 적합성과 효과를 높인다.

(4) 윤리성

인간 존엄성, 자기결정권, 형평성, 비밀보장 등 사회복지 전문직의 핵심 가치를 전 과정에 내재시키는 속성이다. 윤리적 딜레마 발생 시 구조화된 의사결정 모델을 활용해 투명하고 책임감 있는 판단을 수행함으로써 전문적 신뢰를 유지한다.

(5) 증거 기반

개입 기법과 전략은 객관적 연구 결과와 통계적 근거에 기반하여 선택·적용되어야 한다. 예컨대 우울증에는 인지행동치료, 중독 회복에는 동기강화치료 등 임상 연구에서 입증된 방법을 채택하여 개입의 과학적 타당성을 확보한다.

(6) 반성적 실천

사회복지사는 자신의 개입 과정을 슈퍼비전, 동료 피어리뷰(peer review), 자기기록 등을 통해 되돌아보고 드러난 가치관·편견·감정 반응을 분석하여 실천기술과 의사결정을 지속적으로 개선한다.

3. 사회복지실천기술의 기능

사회복지실천기술은 단순히 정보를 전달하거나 자원을 기계적으로 연계하는 일방적인 과정이 아니다. 클라이언트가 직면하는 문제는 대개 심리적·사회적·경제적·환경적 요인들이 복합적으로 얽혀 나타나며 이에 대한 효과적인 개입은 표면적인 충고나 단순한 지시만으로는 한계가 명확하다. 이러한 복합성과 개별성 속에서 사회복지실천기술은 다음과 같은 핵심적인 기능과 역할을 수행하며, 사회복지 전문직의 정체성과 실천의 효과성을 담보한다.

1) 전문적 관계 형성

전문적 관계 형성은 사회복지실천의 출발점이자 성패를 좌우하는 핵심 요소이다. 사회복지사는 공감적 경청을 통해 대상자의 언어적 · 비언어적 신호를 민감하게 포착하고 반영과 요약을 통해 클라이언트가 자신의 경험과 감정을 온전히 인식하도록 돕는다. 명료화와 개방형 질문을 적절히 활용함으로써 대화의 방향성을 유지하고 관계의 유연성을 확보한다. 경계 설정을 통해 전문직 윤리를 준수함으로써 신뢰 기반이 무너지지 않도록 관리하며 지속적 슈퍼비전과 동료 피드백을 통해 관계 기술을 점검 · 보완한다. 궁극적으로 전문적 관계 형성은 대상자의 자기결정권을 보장하고 협력적 개입을 촉진하는 출발점 역할을 수행한다.

2) 정확한 사정 및 문제 진단

정확한 사정 및 문제 진단은 실천 성과를 좌우하는 핵심 단계이다. 사회복지사는 면담 · 관찰 · 표준화 척도(우울 · 불안 · 위험도), 생애사 인터뷰, 가계도 · 친밀도도 작성 등을 통해 심리 · 가족 · 사회 · 환경 요인을 다각도로 수집 · 분석한다. 이 과정에서 강점과 보호 요인을 발굴하여 위험 요인 중심 병리적 접근을 보완하며 “주거 불안정 → 정서적 고립 → 자존감 저하”와 같은 문제 구조를 규명한다. 이렇게 확보된 데이터를 근거로 개입 목표와 전략을 논리적으로 설정하고 대상자의 특성 · 맥락에 맞춘 개별화 계획을 수립한다. 정밀한 사정은 실행 · 평가의 타당도와 신뢰도를 높이며 임상 슈퍼비전과 동료 검토를 통해 지속적으로 개선 · 강화된다.

3) 효과적인 개입 및 변화 촉진

효과적 개입은 사정에서 도출한 목표를 실제 행동으로 전환하는 과정이다. 사회복지사는 인지행동상담, 위기개입, 집단사회사업, 옹호활동 등 다양한 기법을 클라이언트의 욕구 · 문화 · 환경에 맞춰 융합 적용해야 한다. 예컨대 긴급쉼터 연계 후 인지행동 기법으로 부정적 사고를 재구조화하고 집단활동 참여를 지원해 사회적 지지망을 확대할 수 있다. 개입 실행 중에는 실시간 모니터링으로 대상자의 반응과 환경 변화를 관찰하고 필요시 전략을 조정한다. 이러한 적응적 실행은 단일 기법을 넘어 시너지 효과를 발휘하며 클라이언트가 자발적으로 변화를 경험하도록 촉진한다.

4) 실천의 효과성 및 전문직으로서의 책임성 확보

실천의 효과성과 전문직 책임성 확보는 사회복지실천기술 완결성의 핵심 단계이다. 이 단계에서는 정밀한 사정으로 실행 · 평가 과정의 타당도와 신뢰도를 확보한 후 정서 안정 척도 · 생활 기능 평가 등의 양적 지표와 면담 기록 · 사례 노트 등 질적 자료를 종합 분석하여 개입 성과를 검증한다. 검증 결과는 기관 보고서 및 정책 제안 자료로 활용되어 사회복지사의 전문성과 윤리적 책임성을 대외적으로 입증하는 근거가 된다. 또한 도출된 교훈은 다음 실천 주기의 사정 · 계획 단계에 환류되어 실천기술을 체계적으로 개선 · 강화하는 순환 학습 메커니즘으로 기능한다.

표 1-2 사회복지실천기술의 기능

기능	설명	예시
전문적 관계 형성	공감적 경청과 진정성 있는 반영으로 심리적 안정을 조성하고, 비심판적 태도로 신뢰 기반을 구축하여 클라이언트가 진정한 문제를 개방하도록 돕는다.	가정폭력 피해 여성이 상담실을 방문했을 때 "지금 겪으신 일이 결코 당신 잘못이 아닙니다"라고 반복적 반영을 통해 수치심을 완화하고 안전한 대화 환경을 마련한다.
정확한 사정 및 문제 진단	가계도 · 생애사 인터뷰 · 지역 자원 맵핑 등 다원적 도구를 활용해 심리 · 사회 · 경제 · 환경 요인을 다층적으로 분석하고, 개입 방향과 목표를 논리적으로 설정한다.	경제적 어려움을 호소하는 청년에게 가계도 작성, 생애사 인터뷰, 지역 자활 자원 목록 검토를 병행하여 "주거 불안정→정서적 고립→자존감 저하"의 연쇄 구조를 파악하고 다층 개입 계획을 수립한다.

기능	설명	예시
효과적 개입 및 변화 촉진	사정에서 설정된 목표를 인지행동상담 · 위기개입 · 집단 중재 등 다양한 기법으로 통합 적용하여 클라이언트의 자율성과 사회적 지지를 회복하도록 지원한다.	위기 상황의 노인이 긴급쉼터에 보호된 후 인지행동상담을 통해 불안 패턴을 완화하고, 동시에 복지관 동아리 활동을 연계하여 일상 속 자율성과 사회적 지지를 동시에 회복시킨다.
실천의 효과성 및 책임성 확보	개입 전 · 후의 정서 안정 척도 · 생활 기능 척도 점수 비교, 심층 인터뷰 · 슈퍼비전 피드백 등을 통해 객관적 성과 지표를 확보하고, 실천의 정당성을 입증한다.	"치료 참여자 80%가 우울 점수 30% 감소"와 같은 결과를 기관 보고서에 제시하고, 이를 정책 제언 자료로 활용하여 사회복지사의 전문성과 윤리적 책임성을 대외적으로 입증한다.

CHAPTER 02

사회복지실천기술의 전문성

개 요

사회복지실천의 질적 수준을 결정짓는 핵심 요소로서 사회복지실천의 지식과 가치의 의미와 중요성을 고찰하였다. 사회복지사는 단순한 서비스 제공자를 넘어 지식과 기술로 문제를 해결하는 전문가로 자리매김하고 있다. 사회복지사는 클라이언트의 권리와 인간 존엄성을 보장하기 위해 윤리적 딜레마에 구조적으로 대응할 수 있는 판단력과 자기성찰 능력을 갖추어야 한다. 이를 통해 사회복지사는 복잡한 실천 상황 속에서도 전문성과 책임성을 실현하며 정의롭고 포용적인 사회복지를 구현할 수 있다.

학습목표

1. 사회복지실천기술의 이론적 기반과 핵심 가치를 체계적으로 설명할 수 있다.
2. 윤리적 딜레마 상황에서 구조화된 의사결정모델을 적용하여 합리적인 판단과 대응 방안을 수립할 수 있다.
3. 사회복지사의 전문성 강화를 위한 지속적 학습의 필요성을 인식하고 자기주도적 성장 전략을 설계할 수 있다.

1. 사회복지실천기술의 지식

1) 사회복지실천기술의 전문적 기반

사회복지실천기술은 단순한 기술이나 직관에 의존하지 않고 과학성과 예술성이 결합된 전문적 기반 위에 형성된다. 사회복지사는 실천 과정에서 이론과 실증적 근거에 기반한 개입 전략을 선택하는 동시에 클라이언트의 감정과 맥락을 이해하고 공감하는 감성적 역량도 요구된다. 즉, 사회복지실천은 객관적 분석력과 관계 중심의 공감 능력을 조화롭게 활용하는 통합적 접근이 필요하다.

(1) 과학적 기반의 특성

사회복지실천기술의 과학적 기반은 실천이 이론적 틀과 경험적 근거에 바탕을 두고 구조화된 방식으로 이루어져야 함을 의미한다. 사회복지사는 인간행동이론, 실천모델, 사회환경에 대한 분석을 통해 클라이언트의 문제를 객관적으로 이해하고 검증된 개입기법을 적용함으로써 개입의 타당성과 효과성을 높인다. 아울러 실천의 전 과정을 체계적으로 기록하고 평가하며 근거 기반 실천을 통해 과학적 신뢰성과 실천의 책임성을 함께 실현한다.

① 개념

사회복지실천기술의 과학적 기반은 실천이 체계적이고 검증 가능한 지식 체계 위에서 수행되어야 한다. 이는 사회복지사가 개입 과정 전반에서 개인의 경험이나 직관적 판단만을 의존하기보다는 이론적 근거와 실증적 연구에 기반한 분석적 접근을 통해 개입 전략을 구성하고 실행해야 한다. 과학적 기반은 실천을 하나의 전문적 과정으로 구조화하며 반복 가능하고 객관적으로 설명 가능한 결과를 도출할 수 있도록 한다. 이는 궁극적으로 사회복지사가 실천의 효과를 측정하고 개입 이후의 변화를 평가하며 전문성과 윤리성에 기반한 실천 결정을 내리는 데 필수적인 틀을 제공한다.

② 구성 요소

사회복지실천기술의 구성 요소란 사회복지사가 전문적인 개입을 수행하기 위해 갖추어야 할 핵심 요소들을 의미하며 일반적으로 이론적 지식, 근거기반실천, 기록과 평가를 통한 실천의 검증으로 구분할 수 있다. 이 구성 요소들은 서로 유기적으로 작용하여 실천의 효과성과 신뢰성을 높이며 과학적 근거에 기반한 클라이언트 중심의 전문적 개입을 가능하게 한다.

가. 이론적 지식

사회복지실천은 인간행동과 사회환경에 대한 이해를 바탕으로 하며 다양한 실천모델(예 : 심리사회모델, 행동주의, 인지이론, 체계이론 등)을 통합적으로 활용한다. 이러한 이론적 지식은 문제의 원인을 구조화하고 개입 전략을 선택하는 데 필수적인 근거를 제공한다.

나. 근거기반실천

근거기반실천(Evidence-Based Practice)은 과학적 연구 결과와 실천 경험, 클라이언트의 가치 및 선호를 종합하여 최적의 개입을 결정하는 과정이다. 이는 실천의 객관성과 효과성을 높이는 접근으로 사회복지사가 보다 합리적이고 효과적인 개입을 수행할 수 있도록 돕는다.

다. 기록과 평가를 통한 실천의 검증

과학적 실천은 개입의 모든 과정을 문서화하고 정량적·정성적 평가를 통해 실천 효과를 검증하는 과정을 포함한다. 이는 사회복지사의 실천이 반복 가능하고 검토 가능한 형태로 유지되도록 하며 향후 실천 개선과 제도적 제언의 자료로 활용된다.

(2) 예술적 기반의 특성

사회복지실천기술의 예술적 기반은 정형화된 기법을 넘어서 클라이언트의 감정과 삶의 맥락을 이해하고 창의적이고 공감적인 방식으로 개입하는 특성을 가진다. 사회복지사는 공감, 직관, 윤리적 판단력 등을 바탕으로 신뢰 관계를 형성하고 변화 동기를 이끌어 내는 감성적 역량을 발휘해야 한다.

① 개념

사회복지실천기술의 예술적 기반은 사회복지사가 클라이언트와의 관계 속에서 감성적 민감성과 창의성, 직관과 상황 적응력 등을 발휘하는 인간 중심적 접근을 의미한다. 이는 표준화된 절차로는 다룰 수 없는 클라이언트의 개별성과 맥락을 섬세하게 이해하고 비언어적 신호나 감정의 흐름에 유연하게 대응하는 실천 능력을 포함한다. 이러한 접근은 단순한 기술을 넘어 사회복지사의 인간 이해력과 실천 지혜를 통해 더욱 풍부해진다.

② 구성 요소

사회복지실천기술의 예술적 기반은 클라이언트의 감정과 맥락을 섬세하게 파악하고 정형화되지 않은 개입을 유연하게 수행할 수 있도록 돕는다. 사회복지실천기술의 예술적 기반의 요소들은 다음과 같다.

- 공감적 이해(empathic understanding)
- 창의성과 직관(creativity and intuition)
- 상황 적응력(contextual responsiveness)
- 진정성 있는 관계 형성(genuineness and relational authenticity)
- 비언어적 소통의 민감성(nonverbal sensitivity)
- 실천 지혜(practical wisdom)

2) 전문지식

사회복지실천에서 전문지식은 클라이언트의 문제를 정확하고 윤리적으로 이해하고 그에 맞는 개입을 효과적으로 수행하기 위한 중요한 바탕이 된다. 사회복지사는 다양한 상황에서 올바른 판단을 내리고 적절한 개입 전략을 세우기 위해 이론과 실제를 함께 아는 전문성이 필요하다. 이러한 전문지식은 단순한 정보의 축적이 아니라 클라이언트의 삶의 질을 높이기 위한 실천 도구로 사용되며 사회복지사의 가치관과 윤리의식, 실천기술과 함께 작동할 때 비로소 진정한 효과를 발휘한다.

(1) 인간행동 및 사회환경에 대한 통합적 이해

이 영역은 인간의 발달 단계, 성격 형성 과정, 심리사회적 적응 및 행동 변화를 설명하는 이론적 틀을 제공하며 개인의 행동을 가족, 집단, 조직, 문화, 지역사회 등 다양한 사회적 맥락과 상호작용 속에서 이해하도록 돕는다. 이러한 지식은 실천 과정에서 클라이언트를 전체적인 환경과 연결된 존재로 이해하게 하는 데 기반이 된다.

(2) 사회복지정책 및 제도적 구조에 대한 이해

사회복지사는 국가의 복지정책과 법제도, 공공 및 민간 서비스 전달체계를 체계적으로 파악해야 하며 클라이언트의 욕구에 부합하는 자원과 서비스를 효과적으로 연계할 수 있는 능력을 갖추어야 한다. 이 범주는 정책 분석, 제도 비판, 행정체계 이해 등을 포함하며 실천의 제도적 기반을 제공한다.

(3) 사회복지실천방법론에 대한 전문적 지식

개인, 가족, 집단, 지역사회 등 다양한 실천 대상과 수준에 적용 가능한 이론적 모델 및 개입기술에 대한 이해를 포함한다. 사회복지실천의 전 과정을 체계화하는 데 필수적인 실천 방법론적 지식이 해당된다. 전문적 지식은 실천현장에서의 상황 판단력과 개입 적절성을 높이는 핵심 자원이다.

(4) 조사연구와 실천평가를 위한 방법론적 지식

사회복지실천의 효과성과 타당성을 확보하기 위해 요구되는 경험적 지식 기반으로 양적·질적 연구 방법, 통계 분석, 프로그램 평가, 실천 기반 근거 구축 등을 포함한다. 과학적 사고를 바탕으로 실천 결과를 분석하고 개선점을 도출할 수 있는 역량을 강화하는 영역이다.

(5) 사회복지 가치와 윤리에 대한 실천적 이해

사회복지실천의 철학적 · 도덕적 토대를 형성하는 영역으로 인간 존엄성, 자기결정권, 공정성, 비차별, 사회정의 등의 핵심 가치를 중심으로 구성된다. 또한 윤리적 의사결정모델, 윤리강령의 적용, 실천 현장에서의 가치갈등 해소 방법 등 윤리적 판단과 행동을 위한 실천 기준을 포함한다.

(6) 사회복지사의 역할

사회복지사는 복합적인 욕구와 문제를 지닌 클라이언트를 지원하기 위해 다양한 역할을 융합적으로 수행하는 전문 인력이다. 이들은 필요한 자원을 적시에 연계하고 정보 제공과 동기 부여를 통해 클라이언트의 자립 역량을 강화한다. 또한 갈등 상황에서는 중립적인 입장에서 조정자 역할을 하며 권익 침해 시 이를 대변하고 제도 개선을 요구한다. 아울러 심리 · 사회 · 재정 교육과 상담을 통해 정서적 안정을 지원하며 서비스 전 과정을 통합적으로 관리하고 지역사회 조직화를 통해 개인과 공동체의 회복력을 높이는 역할을 수행한다. 사회복지실천기술에서 사회복지사의 역할을 살펴보면 다음과 같다.

표 2-1 사회복지사의 역할

구분	설명	예시
중개자 (Broker)	클라이언트의 욕구를 파악해 주거 · 의료 · 교육 · 고용 등 자원을 탐색 · 연결하고, 서비스 제공자와 조정해 실제 이용으로 이어지도록 한다.	실직 청년을 위해 직업훈련센터와 면담 주선, 등록 절차 안내
조력자 (Enabler)	정보 제공, 동기 부여, 기술 훈련 등을 통해 클라이언트가 스스로 목표를 설정하고 문제를 해결할 수 있는 역량을 개발하도록 지원한다.	부모에게 의사소통 기법 교육 및 역할극 연습 지원
중재자 (Mediator)	갈등 상황에서 이해당사자 간 의사소통을 촉진하고 객관적 · 공정한 절차로 상호 양보와 합의를 이끌어 내어 문제 해결을 지원한다.	학교폭력 사건 관련 학생 · 교사를 모아 중재 회의 주관
옹호자 (Advocate)	클라이언트의 권리와 이익을 대변해 정책 · 제도 개선을 촉구하거나 법적 · 행정적 절차를 지원하며 집단 옹호 활동을 조직한다.	장애인 편의시설 개선 요청서 제출 및 주민 설명회 개최

구분	설명	예시
교사 (Educator)	심리 · 사회 · 법률 · 재정 등 지식을 교육 프로그램 · 워크숍 · 개별 지도 등을 통해 전달하여 클라이언트의 자기관리 능력과 문제 해결 기술을 강화한다.	알코올 중독 회복자를 위한 재정 관리 워크숍 운영
상담사 (Counselor)	면담 · 심리검사 · 상담 기법을 활용해 정서적 지지와 통찰을 제공하고, 인지 · 정서 중심 기법을 통해 대처 전략을 함께 개발한다.	우울증 클라이언트와 주 1회 면담, 인지 재구조화 기법 적용
사례관리자 (Case Manager)	클라이언트 사례 전반을 평가 · 계획 · 조정 · 모니터링하며, 다학제 협력으로 서비스 연속성과 통합성을 유지해 개입 효과를 극대화한다.	노인 장애인을 위해 복지관 · 의료기관 · 주거 지원 기관 연계 통합 서비스 플랜 수립 · 관리
촉진자 (Facilitator)	집단 중재나 지역사회 조직화 과정에서 참여자 간 상호작용을 설계 · 운영하여 협력적 학습과 의사결정을 촉진하고, 집단 목표 달성을 지원한다.	지역 청소년 토론 모임에서 소그룹 활동 조직 및 토론 진행 촉진

2. 사회복지실천기술의 가치

1) 전문직의 가치

레비(Lee, Judith S. Levy)는 사회복지실천의 전문성을 정당화하고 사회복지를 하나의 전문직으로 규정하기 위해 사회복지사가 실천 과정에서 준수해야 할 가치체계를 전문직 가치의 틀로 체계화하였다. 그녀는 사회복지의 윤리성과 실천의 정당성을 확보하기 위해서는 고유하고 독자적인 가치 기준이 필수적이라고 보았으며 이에 따라 사회복지사의 전문직 가치를 사회적 가치, 전문직 가치, 인격적 가치로 구분하여 제시하였다. 이러한 구분은 사회복지사의 윤리적 판단과 실천 방향을 구성하는 이론적 기초로 작용한다.

(1) 사회적 가치

사회적 가치(Societal Values)는 사회 전체가 지향해야 할 이상적 가치로 사회복지실천이 추구하는 궁극적 목표에 해당한다. 사회정의, 평등, 자유, 인간 존엄성, 공공복리 등이 여기에 속한다. 사회복지사는 이러한 사회적 가치를 실현하기 위한 실천을 수행해야 한다. 사회복지사는 불평등한 제도나 차별을 개선하기 위한 옹호활동과 제도개혁 추진은 사회적 가치를 실천하는 대표적 사례이다.

(2) 전문직 가치

전문적 가치(Professional Values)는 직업적 실천과 윤리적 책임을 규정하는 가치들로 사회복지사 개인이 갖추어야 할 실천 태도와 규범이다. 한국사회복지사협회는 전문직으로서의 책임과 역할을 명확하게 하기 위해 2023년 4월 11일 제5차 사회복지사 윤리강령을 개정 공포하였다. 윤리강령은 사회복지사의 정체성과 전문성을 제도적으로 규정하며 실천의 통일성과 정당성을 보장하는 역할을 한다. 현행 한국 사회복지사의 윤리강령은 윤리강령의 목적, 윤리강령의 가치와 원칙을 명확하게 제시하였다. 사회복지사는 클라이언트의 의사를 존중하며 자율적으로 선택하게 하거나 개입 내용을 비밀로 유지하는 것은 전문직 가치의 실천이다.

(3) 인격적 가치

인격적 가치(Personal Values)는 사회복지사 개인의 도덕적 성향, 인간에 대한 철학적 관점과 관련된 가치다. 이러한 가치는 전문직 가치의 기반이 되며 실천의 진정성과 일관성을 높인다. 사회복지사는 다양한 배경을 가진 클라이언트를 편견 없이 대하거나 실수를 인정하고 책임지는 태도는 인격적 가치에 기반한 실천이다.

2) 핵심 가치

사회복지실천기술의 핵심 가치는 실천의 철학적 기반이자 윤리적 판단의 기준으로 인간 존엄성 존중, 자기결정권 보장, 평등, 비차별, 사회정의 실현 등 보편적 인권에 기반한다. 이는 사회복지사가 클라이언트와의 관계 속에서 일관된 가치에 따라 실천의 정당성을 확보하게 한다.

(1) 인간의 존엄성과 가치 존중

사회복지실천은 모든 인간이 고유한 가치를 지닌 존재로서 존중받아야 한다는 전제 위에 수행된다. 인간의 존엄성은 생물학적 조건, 사회적 지위, 경제적 상황, 문화적 배경과 무관하게 모든 사람에게 동등하게 적용되며 사회복지사는 클라이언트가 존엄한 주체로서 삶을 영위할 수 있도록 존중하고 지지해야 한다.

(2) 자기결정권 보장

자기결정권은 클라이언트가 자신의 삶에 대해 스스로 판단하고 선택할 수 있는 권리를 의미하며 사회복지사는 이 권리가 최대한 보장되도록 지원해야 한다. 이를 위해 사회복지사는 클라이언트의 정보 접근권을 보장하고 의사결정 과정에 충분히 참여할 수 있도록 안내하며 강압이나 유도 없이 자율적인 선택이 이루어지도록 환경을 조성해야 한다. 단 자기결정이 타인에게 심각한 위해를 가하거나 법적 · 윤리적 기준에 어긋나는 경우에는 전문가로서의 개입이 정당화될 수 있다.

(3) 평등과 비차별

사회복지사는 클라이언트의 인종, 성별, 장애, 연령, 종교, 성적 지향, 계층 등 어떤 차이도 차별의 근거로 삼지 않으며 모든 사람을 동등하게 대우해야 한다. 이는 단지 형식적 평등을 의미하는 것이 아니라 사회적 약자가 처한 구조적 불이익을 인식하고 이를 보완하기 위한 형평성에 기반한 실천을 포함한다. 사회복지사는 클라이언트가 경험하는 차별과 배제를 인식하고 그에 대한 대안과 자원 접근을 마련함으로써 실질적인 평등을 추구한다.

(4) 사회정의 실현

사회정의는 사회 전체가 공정하고 평등한 자원 분배, 권리 보장, 기회 접근을 갖도록 하는 것을 의미한다. 사회복지사는 개인 차원의 개입을 넘어서 구조적 불평등, 제도적 차별, 정책적 배제에 비판적으로 대응하고 이를 개선하기 위한 옹호와 정책 활동을 수행해야 한다. 실천의 목표는 단순히 개인 문제를 해결하는 것이 아니라 모든 사람의 삶의 질을 향상시키고 정의로운 사회를 구현하는 데 있다.

3. 사회복지실천의 윤리

사회복지실천기술의 윤리는 사회복지사가 실천 과정에서 따라야 할 도덕적 기준과 전문적 책임을 의미하며 인간의 권리를 보호하고 클라이언트의 복지를 증진시키기 위한 실천 전반의 지침 역할을 한다. 이는 단순히 옳고 그름의 판단을 넘어서 복잡한 실천 현장에서 윤리적 딜레마를 해결하고 전문성을 유지하며 사회정의 실현을 위한 행동을 가능하게 한다.

1) 윤리의 개념

사회복지실천에서 윤리는 클라이언트와의 관계, 정보 보호, 개입의 적절성, 자기결정권 존중 등 모든 실천과정에서 전문직으로서의 도덕적 태도를 규정한다. 사회복지사는 윤리강령(Social Work Code of Ethics)에 따라 실천하며 특히 갈등 상황이나 가치 충돌이 발생했을 때 윤리적 기준에 따라 올바른 결정을 내려야 한다.

2) 주요 윤리 원칙

사회복지사는 실천 과정 전반에 걸쳐 지켜야 할 몇 가지 기본적인 윤리 원칙을 따르며 모든 상황에서 윤리적 판단과 행동의 기준이 된다. 다음은 사회복지사가 실천 현장에서 준수해야 할 주요 윤리 원칙들이다.

- 클라이언트 존중과 인간 존엄성의 보호
- 자기결정권의 존중과 안내

- 비밀보장과 정보 보호
- 공정성과 평등의 실현
- 전문성 유지와 지속적 자기개발
- 이중관계와 이해 충돌의 회피
- 사회적 책임과 정의 실현

3) 윤리적 딜레마

사회복지사는 사회적으로 취약한 개인과 집단의 삶에 직접 개입하는 역할을 수행함으로써 필연적으로 일정한 권력 불균형이 존재한다. 이러한 특성으로 인해 모든 개입 과정은 윤리적 숙고와 투명한 절차에 기반하여 이루어질 때 클라이언트의 권리와 신뢰를 보호할 수 있다. 사회복지 현장에서 발생하는 윤리적 갈등은 주로 상이한 가치들 간의 충돌에서 비롯되며, 이러한 갈등은 다양한 실천 상황에서 복합적으로 드러난다. 사회복지사는 클라이언트의 권익과 공공의 이익, 기관의 운영 규정과 전문직 윤리, 개인적 신념과 직업적 역할 사이에서 복잡한 판단을 내려야 하는 위치에 놓인다. 이와 같은 가치 충돌 상황은 사회복지사의 판단이 단순한 기술적 선택을 넘어 윤리적 정당성을 확보해야 함을 의미하며 이때 윤리강령은 중요한 판단 기준으로 작용한다. 다음은 실천 현장에서 반복적으로 제기되는 대표적인 윤리적 갈등 유형들이다.

(1) 가치 상충

윤리적 딜레마의 가장 기본적인 형태인 가치 상충(Value Conflict)은 상이한 윤리적 가치가 동일 상황에서 충돌할 때 발생한다. 예를 들어 말기 암 환자인 클라이언트가 연명의료 중단을 원하며 더 이상 치료를 받지 않겠다고 밝혔지만 가족은 어떤 수단을 써서라도 생명을 연장해 달라고 요청한다. 사회복지사는 클라이언트의 자기결정권을 존중과 가족의 요구와 생명 보호 원칙 중 어느 한 쪽을 선택하면 다른 가치를 침해하게 되는 상황이 대표적이다.

(2) 의무 상충

의무 상충(Duty Conflict)은 사회복지사가 여러 법적 · 제도적 책임과 윤리적 책무를 동시에 수행해야 할 때 서로 다른 책임과 의무가 상충하면서 딜레마가 발생한다. 사회복지사로서 기관 정책을 따라야 하는 행정적 의무와 클라이언트 옹호자로서의 윤리적 책무가 충돌하게 되는 경우가 있다. 예를 들어 기관이 상담 시간 축소를 지시할 경우 사회복지사는 행정 지침을 따를지와 충분한 상담이 필요한 클라이언트의 권리를 지킬지를 놓고 갈등을 느낀다.

(3) 클라이언트 체계의 다중성

클라이언트 체계의 다중성(Multiple Client Systems)은 사회복지사가 한 개인이 아닌 가족, 집단, 지역사회 등 복수의 이해관계자를 상대해야 할 때 이들 간의 요구나 가치가 서로 충돌할 때 발생하는 딜레마다. 가정폭력 피해자인 어머니는 아동을 위해 가정을 유지하고 싶어 하지만 자녀는 가해자인 아버지로부터 분리되길 원할 때 사회복지사는 누구의 입장을 우선할지 결정하기 어렵다.

(4) 결과의 모호성

결과의 모호성(Uncertainty of Outcomes)은 선택한 행동이 어떤 결과를 초래할지 예측이 어려운 경우 발생하는 딜레마로 사회복지사는 불확실성 속에서 결정을 내려야 하며 이로 인해 윤리적 딜레마가 강화된다. 이 유형은 결과 중심의 판단과 원칙 중심의 판단이 충돌할 때 더욱 복잡해진다. 학대 의심 아동을 신고했을 때 보호조치로 상황이 나아질지 아니면 가정 해체와 추가 트라우마가 생길지 예측하기 어려운 상황에서 사회복지사는 판단을 망설이게 된다.

(5) 힘 또는 권력의 불균형

사회복지사는 클라이언트에 비해 정보, 자원, 제도적 권한 측면에서 상대적으로 높은 권력을 가진 위치에 있으며 이로 인해 실천관계가 비대칭적으로 작동할 수 있다. 이때 사회복지사는 권한을 어떻게 사용할 것인지에 대한 윤리적 고민에 직면한다.

이러한 딜레마는 대부분 "옳은 결정"이 무엇인지가 불분명하거나 어떤 결정을 내리더라도 일정한 가치를 포기하게 되는 상황에서 발생한다. 따라서 사회복지사는 단순한 원칙 적용을 넘어서 상황 맥락에 대한 분석, 가치 간 우선순위 설정, 숙의적 판단 과정을 통해 최선의 결정을 내려야 한다.

4) 윤리적 의사결정 모델

윤리적 의사결정은 단순한 가치 판단이 아니라 실천 현장에서 다양한 이해관계자와 법률, 윤리강령과 조직 정책이 복합적으로 작용하는 과정 속에서 이루어지는 복잡한 판단 행위이다. 윤리적 의사결정은 서로 충돌하는 복잡한 가치들로 인해 단순히 '어떻게 할 것인가'라는 방법 중심의 문제 해결 기술을 적용하는 것으로는 한계가 있다.

다음은 사회복지사가 윤리적 의사결정 분석 틀을 활용할 때 던질 수 있는 핵심 질문으로 이러한 질문은 딜레마 상황에서 윤리적 기준과 가치의 충돌을 체계적으로 분석하고 책임 있는 결정을 내리는 데 도움을 준다.

- 이 상황에서 충돌하고 있는 윤리적 가치나 원칙은 무엇인가?
- 사회복지사 윤리강령이나 관련 법률은 이 상황에 대해 어떤 지침을 제시하고 있는가?
- 각 실천 대안이 클라이언트, 기관, 사회 전체에 미치는 잠재적 결과는 무엇인가?
- 결정된 개입은 윤리적으로 정당화 가능하며 동료나 기관 내에서 설명 가능한가?
- 이 상황에서 가장 취약한 사람의 권익은 충분히 고려되었는가?

리머(Reamer)는 이러한 복잡성을 체계적으로 정리하고자 7단계의 윤리적 의사결정모델을 제시하였다. 리머의 7단계 윤리적 의사결정모델은 사회복지사가 윤리적 딜레마에 직면했을 때 직관이 아닌 전문직 윤리에 따라 체계적이고 논리적으로 판단할 수 있도록 돕는 구조화된 절차이다. 윤리적 책임성과 투명성이 요구되는 현대 사회복지실천 환경에서 이 모델은 사회복지사의 윤리적 판단을 제도적으로 뒷받침하는 유용한 도구로 평가받고 있다. 윤리적 의사결정 과정은 다음과 같다.

첫째, 윤리적 문제 인식

사회복지사는 직면한 상황이 단순한 행정적 판단인지 아니면 상충되는 윤리적 가치들 간의 갈등인지 명확히 구분해야 한다.

둘째, 윤리적 기준, 법률과 기관 정책 확인

사회복지사는 해당 상황과 관련된 사회복지사 윤리강령의 조항, 관련 법률과 소속 기관의 실무지침을 검토함으로써 의사결정의 기준선을 마련한다.

셋째, 가치 갈등 탐색

이 단계에서는 윤리적 가치와 원칙을 비교하고 이들 사이의 우선순위와 정당성에 대해 분석한다.

넷째, 대안 탐색

사회복지사는 이해관계자 및 영향을 받는 사람을 확인하고 의사결정이 어떤 영향을 미칠지를 고려하여 윤리적 책임의 범위를 명확히 한다.

다섯째, 의사결정

사회복지사는 대안적 행동 방안의 도출과 검토하여 가능한 실천 대안을 최대한 다양하게 수립하고 각각의 대안이 가져올 수 있는 결과를 예측해야 한다. 가능한 실천 대안을 최대한 다양하게 수립하고 각각의 대안이 가져올 수 있는 결과를 예측해서 최선의 대안을 선택해야 한다.

여섯째, 실천 및 기록

사회복지사는 앞서 분석을 바탕으로 가장 윤리적이고 정당한 결정을 내린 후 이를 실천에 옮긴다. 이 과정에서는 결정의 이유와 실행 방식에 대한 투명성을 유지해야 한다.

일곱째, 평가 및 피드백

사후 평가와 피드백을 제공하는 단계로 윤리적 결정과 개입의 결과를 평가하고 이후 유사한 상황에서 어떻게 판단해야 할지에 대한 학습을 정리한다.

윤리적 문제 인식 ➡ 관련 법규·윤리강령 확인 ➡ 가치 갈등 탐색 ➡ 대안 탐색 ➡ 의사 결정 ➡ 실천 및 기록 ➡ 평가 및 피드백

그림 2-1 리머(Reamer)의 윤리적 의사결정 과정

예 시

윤리적 딜레마 사례 : 자기결정권 vs 보호의무

지역 정신건강복지센터에서 일하는 사회복지사 A는 우울증과 알코올 사용 문제를 동반한 40대 남성 클라이언트 B를 만나고 있다. B는 최근 자살 충동이 심화되었으나 자해 시도는 없었고 자신의 문제를 스스로 극복하고 싶다며 입원 치료나 가족 개입을 원하지 않는다고 강하게 주장한다. 하지만 A는 B의 언어 표현, 표정, 일상 기능 저하 등을 근거로 즉각적인 보호 조치가 필요하다고 판단한다.

▪ 딜레마의 핵심

B의 자기결정권(입원 거부)을 존중해야 하는가?
아니면, B의 생명 보호를 위한 개입(응급 입원, 가족 통보)을 우선시해야 하는가?

▪ 사회복지사의 고민

A는 클라이언트의 자율성과 권리를 존중해야 한다는 윤리 원칙에 따라 B의 입장을 받아들여야 한다고 생각하지만 동시에 전문가로서 생명 보호의 책임 또한 무시할 수 없다. 특히 B의 상태가 급속히 악화될 경우 개입하지 않은 책임이 A에게 전가될 수 있다.

▪ 의사결정 과정

A는 기관의 슈퍼바이저와 윤리적 자문 회의를 통해 다음과 같은 절차를 밟았다:

- 클라이언트의 상태에 대한 객관적 자료 기록
- 자기결정권의 범위와 제한 조건 검토
- 긴급 상황 시 타인의 개입 가능성에 대한 클라이언트의 사전 동의 여부 확인
- 가족 개입 및 입원 조치 전 최대한 클라이언트의 의견을 경청하고 설명하는 과정 거침

▪ 결정

결국 A는 클라이언트의 생명 보호를 우선시하여 정신건강법에 따른 보호입원을 시행하되 이후에도 지속적으로 B의 자기결정권을 회복하는 방향으로 실천 계획을 수정하였다.

PART 02

사회복지 실천기술의 이론적 기반

CHAPTER 03

정신역동모델

개 요

정신역동모델(Psychodynamic Model)은 인간의 행동과 정서를 무의식적 갈등, 초기 경험, 방어기제 등 내면의 심리적 역동을 통해 이해하는 이론에 기반한 실천 접근이다. 프로이트의 정신분석이론에서 출발한 이 모델은 자아심리이론, 대상관계이론, 현대 관계이론 등으로 확장되며 개인의 심리 내면과 대인관계에서 반복되는 역동을 통찰하고 변화시키는 것을 목표로 한다. 사회복지실천에서는 클라이언트의 과거 경험이 현재 문제에 미치는 영향을 탐색하고 치료적 관계를 통해 자기이해와 통합을 도모하는 데 이 모델이 활용된다. 특히 전이와 저항, 방어기제 분석, 자유연상, 해석 등의 기법은 심층적 개입에 효과적이다.

학습목표

1. 정신역동모델의 이론적 배경과 주요 개념을 이해할 수 있다.
2. 정신역동모델의 개입 목표와 과정을 이해할 수 있다.
3. 정신역동모델의 개입 기법 및 한계점을 고찰할 수 있다.

1. 이론적 배경

정신분석모델은 인간의 행동과 정서를 무의식적 갈등과 심리 내적 역동의 산물로 이해하는 접근이다. 이 이론은 19세기 말 오스트리아의 의사 지그문트 프로이트(Sigmund Freud)에 의해 체계화되었으며, 당시 신경증 환자들의 증상을 생리적 이상이 아닌 심리적 갈등의 표현으로 이해하려는 시도에서 출발하였다. 프로이트는 무의식의 개념을 중심으로 인간 정신의 구조와 기능에 대한 새로운 설명 틀을 제시하며 심층심리학의 기초를 마련하였다.

이 모델은 인간의 행동과 감정, 사고 과정이 의식적인 선택뿐 아니라 무의식, 방어기제, 갈등, 심리적 결정론 등의 핵심 개념을 중심으로 구성되었다. 이후 안나 프로이트(Anna Freud), 하인츠 하트만(Heinz Hartmann), 멜라니 클라인(Melanie Klein), 도날드 위니콧(Donald Winnicott), 오토 컨버그(Otto Kernberg) 등의 신프로이트주의자들에 의해 확장되고 수정되었다.

1) 프로이트의 정신분석적 기원

프로이트는 히스테리 환자 연구를 기반으로 개인의 억압된 감정이 신체 증상으로 전환되는 현상을 '정신역동' 개념으로 발전시켰다. 이후 의식 · 전의식 · 무의식의 지형학적 모형과 원초아 · 자아 · 초자아로 구분된 구조 모형을 제시하였다. 무의식적 갈등이 성격 형성과 신경증적 증상에 미치는 영향을 체계적으로 설명하였다. 특히 심리성적 발달 단계 이론과 방어기제 개념은 개인 발달 과정에서 내적 긴장이 어떻게 외현화되는지를 밝히는 핵심 틀로 자리 잡았다.

2) 자아심리학의 확립

안나 프로이트와 하인츠 하트만 등은 자아의 적응 기능에 주목하며 자아심리학(Ego Psychology)을 발전시켰다. 이들은 자아가 단순한 중재자를 넘어 환경과 무의식적 충동 사이에서 능동적으로 균형을 유지하는 주체임을 강조했다. 또한 방어기제 분류 체계를 체계화함으로써 임상 현장에서 자아 기능의 강점과 약점을 진단하고 개입 전략을 수립하는 근거를 제공하였다.

3) 대상관계이론의 전개

클라인, 위니콧, 윌프레드 비온(W. Bion) 등은 초기 대인관계 경험이 무의식적 판타지와 객체 표상에 형성된다고 보았다. 이들은 '충분히 좋은 양육자'와 '전이대상(transitional object)' 개념을 도입하여 성장 맥락 속에서 자아가 어떻게 분화·통합되는지를 설명했다. 대상관계이론은 무의식의 역동뿐 아니라 관계 맥락의 중요성을 부각시키며 정신역동모델을 확장시켰다.

4) 애착이론과 통합적 접근

존 볼비(J. Bowlby)는 애착이론(Attachment Theory)을 통해 초기 애착 경험이 대인관계 패턴에 장기적으로 영향을 미친다는 사실을 확인하였다. 이를 정신분석적 관점과 결합하였다. 이로써 개인 내적 갈등과 사회·환경적 요인을 동시에 고려하는 통합적 모델이 부상하였다. 사회복지 및 임상실천에서 클라이언트의 발달 맥락을 다각도로 평가하는 기반이 마련되었다.

5) 후기 구조주의와 관계론적 확장

1970년대 이후 현대 정신역동모델은 자크 라캉의 언어학적 전회, 하인즈 코헛의 자기심리학, 그리고 관계론의 등장으로 크게 발전하였다. '언어학적 전회(linguistic turn)'는 20세기 초 서양 철학, 특히 분석철학과 대륙철학 양쪽에서 나타난 중요한 변화를 의미한다. 간단히 말해 철학적 탐구의 초점이 전통적인 형이상학(존재론)이나 인식론(지식론)에서 '언어' 자체로 이동한 현상을 말한다. 이러한 흐름은 정신역동이론이 더욱 다층적이고 관계 지향적인 틀을 갖추게 된 계기가 되었다.

이 학파들은 무의식 연구에 언어, 문화, 사회적 맥락을 통합하였다. 치료 관계 자체를 중요한 치유 요소로 강조함으로써 임상 및 사회복지 현장에서 개인의 자아 통합과 건강한 대인관계 형성을 돕는 풍부한 이론적 기반을 제공하고 있다.

2. 기본 가정

1) 의식과 무의식

인간의 의식적 사고와 행동은 전체 심리 과정의 극히 일부분에 불과하며 개인의 욕구 · 동기 · 기억은 무의식에 저장되어 있다. 과거에 억압된 불안 유발 사건은 의식에서 사라졌지만 꿈의 상징, 자유연상, 말실수 등의 다양한 형태로 표출된다.

2) 심리적 결정론

심리적 결정론(psychic determinism)은 인간의 모든 정신 활동과 행동이 필연적인 심리적 원인에 의해 결정된다는 이론이다. 이 관점은 겉으로 드러나는 의식적 사고, 감정, 행동뿐만 아니라 꿈, 말실수(parapraxes), 그리고 다양한 신경증적 증상까지도 무의식적 욕구, 충동, 그리고 갈등의 상징적 표현으로 해석한다.

본 이론의 중심에는 무의식의 지배적인 영향력에 대한 프로이트의 통찰이 자리한다. 프로이트는 의식적 정신 영역이 빙산의 일각에 불과하다고 보았다. 인간 정신의 광대한 부분인 무의식이 우리의 행동과 성격을 근원적으로 형성한다고 주장하였다. 이는 초기 유아기의 심리성적 발달 단계(구강기, 항문기, 남근기)에서 겪는 억압된 욕구와 해결되지 않은 갈등이 무의식 속에 저장되어 성인기의 성격 특성 및 다양한 심리적 병리의 기저를 이룬다고 보았다.

인간의 자유 의지를 제한한다는 비판과 실증적 검증의 한계를 지적받기도 하지만 무의식의 중요성을 강조함으로써 심리학뿐만 아니라 철학, 문학, 사회학 등 광범위한 학문 분야에 지대한 영향을 미쳤다. 이 개념은 인간 정신의 깊은 역동을 탐색하는 데 있어 여전히 중요한 이론적 기반으로 평가받는다.

3) 삼원적 성격 구조와 내부 갈등

성격은 쾌락 원리에 따라 충동을 표출하려는 이드(Id), 현실 원리에 따라 이드를 중재하는 자아(Ego), 그리고 도덕 · 사회 규범을 내면화한 초자아(Superego)로 구성된다. 이 세 요소 간의 긴장은 불안을 유발한다. 자아는 억압 · 투사 · 합리화 등 다양한 방어기제를 무의식적으로 가동하여 긴장을 완화한다. 불안한 충동이 의식으로 떠오를 때 자아가 이를 억압하면 신체적 증상(신체화)이 나타날 수 있다.

4) 초기 대인관계의 영향

무의식적 갈등의 기원은 주로 영아기와 유아기의 양육자와의 상호작용에서 찾을 수 있다. 애착 불안이나 과도한 보호 경험은 이후 대인관계 패턴에 지속적으로 영향을 미쳐 성인기의 관계 맺기나 자존감 형성 방식에 반영된다. 실천 현장에서는 이러한 초기 경험을 탐색함으로써 현재의 정서 · 행동 문제를 해명하고 개입 전략을 도출한다.

5) 전이 · 역전이의 실천적 활용

클라이언트가 사회복지사에게 과거 중요한 대상과 유사한 감정을 투사(transference)함으로써 무의식적 대인관계 패턴이 내담 관계 안에서 재현된다. 동시에 사회복지사는 자신의 감정 반응(countertransference)을 관찰하여 클라이언트의 방어 양상이나 미해결 갈등을 이해한다. 이 과정을 통해 클라이언트는 반복되는 대인관계 문제를 통찰(insight)하고, 새로운 방식으로 경험을 조직할 기회를 얻게 된다.

6) 통찰 중심의 변화 촉진

무의식적 갈등을 의식 수준으로 끌어올리는 과정을 통해 자아 기능이 강화된다. 자동적 방어 양상이 완화되며 보다 유연한 심리 구조로 전환할 수 있다고 본다. 사회복지사는 일관되고 지지적인 환경을 마련하여 클라이언트가 불안을 견디며 내면 탐색을 지속하도록 돕는다. 이를 통해 클라이언트는 과거 경험에 갇힌 반복적 패턴을 재구성하고 더 유연한 자아 구조를 형성해 나간다.

3. 주요 개념

정신분석이론은 인간의 행동·정서·성격의 근원을 의식 수준이 아닌 무의식 수준에서 탐색하려는 시도로부터 출발하였다. 이 이론은 단순히 심리치료 기법에 국한되지 않고 인간의 삶과 내면 세계에 대한 철학적이고 심리학적인 통합적 이해를 제공한다. 정신분석이론은 무의식, 정신의 구조(이드·자아·초자아), 심리성적 발달 단계, 방어기제, 꿈의 해석이라는 주요 개념을 중심으로 구성된다.

1) 지형학적 관점

정신역동모델의 초기 개념 중 하나인 지형학적 관점(Topographical Model)은 프로이트가 1900년대 초에 제시한 심리 구조에 대한 이론적 모형으로 인간의 정신 세계를 의식, 전의식, 무의식의 세 가지 층위로 구분한 개념이다. 이 모델은 정신 내적 과정의 구조적 분류를 통해 정신 현상을 이해하고 병리의 원인을 탐색하는 이론적 틀로 기능하였다.

(1) 의식 : 현재 지각의 영역

의식은 현재 개인이 직접적으로 인지하고 지각하는 모든 정신 활동을 포함한다. 이는 현재 진행되는 사고, 감각, 단기 기억 등 접근 가능한 정보로 구성된다.

의식은 외부 세계와의 상호작용을 매개하면서 합리적인 판단 및 의사결정을 수행하는 주된 기능을 담당한다. 그러나 프로이트는 의식의 영역이 전체 정신 구조에서 차지하는 비중이 극히 미미하며 빙산의 일각에 불과하다고 설명함으로써 그 제한성을 강조했다.

(2) 전의식 : 접근 가능한 잠재적 지식

전의식은 현재 의식되지는 않지만 주의를 기울이면 언제든지 의식으로 불러올 수 있는 정신 내용을 의미한다. 이는 개인의 기억, 지식, 경험 등 쉽게 회상 가능한 정보들을 포함한다. 전의식은 의식과 무의식 사이의 중개자 역할을 수행한다. 무의식으로부터 유입되는 특정 정보를 여과하여 의식으로 전달하는 관문 기능을 한다. 예를 들어 오랫동안 잊고 있었던 기억이 특정 자극에 의해 갑작스럽게 떠오르는 현상은 전의식의 활발한 작동을 보여 주는 사례이다.

(3) 무의식 : 심층 정신의 근원

무의식은 개인이 전혀 인지하지 못하지만 가장 강력하고 심오한 수준에서 개

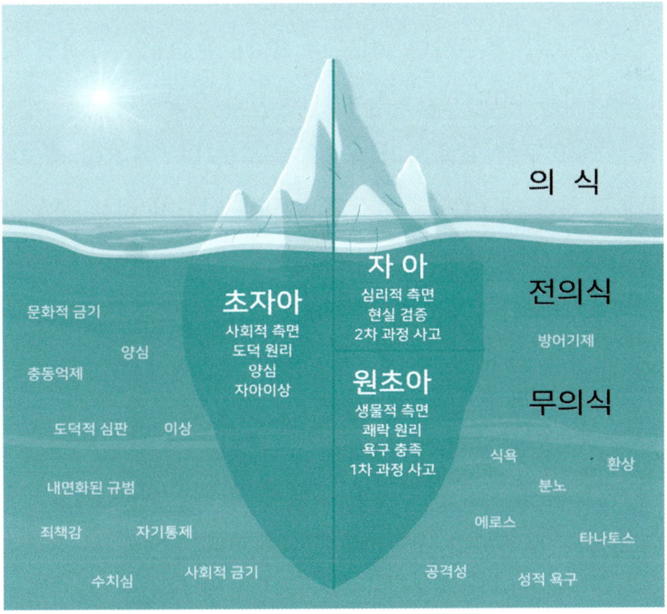

그림 3-1 프로이트의 지형학적 구조 및 성격의 구조

인의 정신 활동과 행동을 좌우하는 영역이다. 여기에는 억압된 욕구, 충동, 고통스러운 기억, 원초적인 본능 등이 내재되어 있다. 프로이트는 무의식의 내용이 직접적으로 의식화되지는 않지만 꿈, 말실수(프로이트적 실수), 신경증적 증상 등을 통해 간접적으로 발현될 수 있다고 보았다. 무의식은 인간 행동의 근원적인 동기를 제공하며 성격 형성 및 심리적 갈등의 중요한 원천이 된다.

2) 구조적 관점

정신역동모델의 구조적 관점(structural model)은 프로이트가 1923년 『자아와 이드(The Ego and the Id)』에서 제안한 이론으로 인간의 정신을 세 가지 심리적 구성요소인 원초아, 자아, 초자아로 구분하여 설명하는 심리 구조의 모형이다. 이는 이전의 지형학적 관점이 정신의 심층 구조를 공간적으로 구분했다면 구조적 관점은 정신 내 각 기능의 역동성과 상호작용을 중심으로 이해하고자 하였다.

(1) 이드

이드(Id)는 본능적 욕구와 충동이 응축된 정신 구조로 쾌락 원칙(pleasure principle)에 따라 즉각적 만족을 추구한다. 이드는 리비도(libido)와 공격적 충동(thanatos)이라는 심리 에너지를 기반으로 작동하며 현실의 제약이나 도덕적 판단을 고려하지 않고 본능적 욕구를 표출하려는 성향을 지닌다. 예컨대 배고픔이나 성적 충동이 강하게 작동할 때 이드는 즉각적 보상을 얻고자 하는 충동적 행동을 유발할 수 있다. 이와 같은 압력은 논리적 사고나 사회 규범과 충돌할 때 강렬한 내적 긴장을 생성하며 자아가 이를 조절하지 않을 경우 과도한 충동 표출로 이어질 수 있다.

(2) 자아

자아(Ego)는 이드의 충동과 초자아의 도덕적 요구와 외부 현실의 제약을 조율하는 중재자 역할을 수행한다. 현실 원칙(reality principle)에 따라 작동하며 이드의 본능적 압력이 사회적 · 도덕적 기준과 충돌할 때 충동을 지연하거나 대체 전략을 개발한다. 이를 위해 자아는 억압(repression), 투사(projection), 합리화

(rationalization), 승화(sublimation) 등 다양한 방어기제(defense mechanisms)를 무의식적으로 동원한다. 예컨대 공격적 욕구가 표출되기 어려운 상황에서는 창의적 활동(미술 · 글쓰기 등)으로 전환하여 긴장을 해소할 수 있다. 자아가 효과적으로 기능할 때 심리적 안정과 적응력이 증대된다.

(3) 초자아

초자아(Superego)는 부모와 사회의 도덕 · 규범을 내면화한 부분으로, 이상적 자아(ego-ideal)와 양심(conscience)으로 세분된다. 이상적 자아는 개인이 도달해야 할 이상적 기준을 제시하며 양심은 이를 위반할 때 죄책감 · 수치심을 불러일으킨다. 초자아는 이드의 본능적 충동이 사회적 금기를 벗어나지 않도록 엄격한 통제를 가하며 개인이 부도덕한 충동을 품었을 때 자아에게 윤리적 제약을 가한다. 이 과정에서 과도한 초자아의 비판은 자아 기능의 위축을 초래할 수 있으며 적절한 수준의 통제만이 건강한 성격 발달에 기여한다.

(4) 내적 갈등과 방어기제

이드, 자아, 초자아 세 구조 간의 역동적인 상호작용은 필연적으로 내부 긴장을 야기하며 이 긴장은 불안으로 경험된다. 자아는 불안을 완화하기 위해 무의식적으로 방어기제를 가동하는데 이는 불안 유발 요소를 외면하거나 왜곡함으로써 자아를 보호하는 전략이다. 대표적 기제로는 억압, 투사, 전치(displacement), 부정(denial), 승화 등이 있으며, 적절히 사용될 때는 심리적 안녕을 유지하도록 돕지만 과도하거나 경직되면 신경증 · 강박장애 등의 병리적 증상을 유발할 수 있다.

(5) 성격 발달과 통합 과정

성격 구조의 형성과 통합은 초기 애착관계와 양육 환경에 크게 좌우된다. 안정적 애착을 경험한 아동은 이드의 충동을 자아가 조절하고 초자아의 기준을 수용할 수 있어 방어기제의 유연성이 높아진다. 반면 불안정 애착이나 일관성 없는 양육은 자아 기능을 약화시키고 방어기제를 경직시켜 성격 통합을 방해한다. 성숙한 자아는 이드 · 자아 · 초자아 간 균형을 유지해 심리적 안정을 제공한다.

(6) 임상적 함의와 자아 기능 강화

임상 현장에서 성격 구조의 역동을 이해하는 것은 개인의 적응과 심리적 문제 해결에 결정적이다. 사회복지사는 자유연상, 꿈 분석, 전이 · 역전이 탐색과 같은 개입을 통해 방어기제 작동 양상을 식별하고 자아 기능을 강화할 수 있는 중재를 설계한다. 예를 들어 반복적 전이를 분석하여 무의식적 갈등을 통찰하게 함으로써 클라이언트는 고착된 방어 패턴을 해체하고 유연한 자아 구조를 재구성할 기회를 갖게 된다.

3) 심리성적 발달 관점

정신역동모델의 심리성적 발달 단계(psychosexual stages of development)는 프로이트가 제안한 인간발달이론으로, 성격 형성의 핵심이 아동기의 본능적 에너지인 리비도의 집중 부위와 그로 인한 심리적 갈등을 어떻게 해결하느냐에 따라 결정된다고 본다. 이 이론은 인간 발달을 다섯 개의 고유한 단계로 구분하며 각 단계는 특정한 신체 부위에 성적 에너지가 집중된다. 그에 따라 발생하는 심리적 과제를 해결함으로써 다음 단계로의 발달이 가능하다고 설명된다. 프로이트의 심리성적 발달 단계는 〈표 3-1〉과 같다.

표 3-1 프로이트의 심리성적 발달 단계

단계	연령	심리성적 초점	주요 갈등	결과
구강기	출생~18개월	입(구순 부위) : 빨기 · 빨아먹기 활동	기본적 신뢰감 형성 vs. 불안 ; 수유 · 입맞춤 경험의 만족도	• 건강한 발달 : 타인에 대한 신뢰감과 의존감의 균형 형성 • 고착 시 : 과도한 의존성 또는 반사회적 · 공격적 성향(과도한 입속 활동)
항문기	18개월~3세	항문 : 배변 조절 활동	자율성(배변훈련) vs. 수치심 · 죄책감 ; 부모의 반응 방식이 결정적	• 건강한 발달 : 자율성과 규칙 준수 능력, 자기조절 발달 • 고착 시 : 과도한 완벽주의 · 집착(항문 성격) 또는 무질서 · 반항적 성향

단계	연령	심리성적 초점	주요 갈등	결과
남근기	3세~6세	생식기 : 성기 탐색 및 자기 신체 관심	오이디푸스 콤플렉스 해결 vs. 죄책감 ; 동일시 과제	• 건강한 발달 : 이성 모델(부모)과의 동일시로 건강한 성 정체성 형성 • 고착 시 : 성적 불안정, 강한 경쟁심 · 질투감, 남근기 성격(자기중심성)
잠복기	6세~사춘기 전	성적 충동 잠재화, 사회적 기술과 학습에 집중	성적 에너지의 학습 · 사회화 전환 ; 또래관계 · 성 역할 학습	• 건강한 발달 : 학습 동기와 사회적 상호작용 능력 강화 • 문제 시 : 또래관계 장애, 학업 회피, 성적 관심 과도 억압으로 인한 불안
성기기	사춘기~성인	생식기 : 성적 성숙 및 대인관계 형성	성적 정체성 완성 vs. 친밀감 형성 어려움 ; 성적 · 정서적 관계 구축	• 건강한 발달 : 성숙한 사랑과 일터 관계 형성, 대인관계 균형 감각 • 문제 시 : 친밀감 회피, 성적 문제, 감정적 불안정

4) 방어기제

정신역동모델에서 방어기제(defense mechanisms)는 자아가 외적 · 내적 갈등 상황에서 불안을 줄이고 안정성을 지키기 위해 무의식적으로 작동하는 전략이다. 프로이트가 개념화하고 안나 프로이트가 체계화했으며 원초아 · 초자아 · 현실 요구 간 균형을 돕는다. 억압은 고통스러운 기억을 무의식에 밀어 넣는 기본 기전이다. 투사, 반동형성, 승화 등은 부정적 감정을 타인에게 전가하거나 사회적 수용이 가능한 형태로 전환한다. 적응적으로 작동할 수 있으나 과도하게 쓰이면 현실 왜곡과 정서 조절 장애 등의 성격 병리를 초래할 수 있다. 치료에서는 방어기제를 파악 · 해석해 무의식적 갈등을 의식화하고 통찰을 제공함으로써 자아 기능 통합과 성장을 촉진한다.

(1) 억압

억압(Repression)은 고통스럽거나 용납할 수 없는 감정, 충동, 기억을 무의식으로 밀어내는 심리적 과정이다. 자아는 이러한 내용을 의식에 떠오르지 않도록 차단함으로써 불안을 감소시킨다. 억압된 내용은 꿈, 실수 행동, 신체 증상 등의 간접적 방식으로 표출되기도 한다.

예 유년기의 학대 경험을 기억하지 못하지만, 비슷한 상황에서 극심한 불안을 느낀다.

(2) 반동형성

반동형성(Reaction Formation)은 받아들이기 힘든 충동이나 감정이 정반대의 태도나 행동으로 전환되는 기제이다. 이는 무의식적 갈등을 인식하지 않기 위한 자아의 방어적 시도이다. 겉으로 드러나는 행동은 실제 내면의 감정과 반대되는 경우가 많다.

예 강한 질투심을 느끼는 친구에게 과도한 친절과 칭찬을 반복한다.

(3) 합리화

합리화(Rationalization)는 정서적 불편함이나 실패를 논리적이고 그럴듯한 이유로 설명하여 자기정체성을 보호하는 방어기제이다. 자신의 행동이나 감정에 대한 인지적 왜곡을 통해 자존감을 유지하려는 시도로 해석된다. 불편한 진실을 회피하는 데 자주 활용된다.

예 시험에 떨어진 후 "내가 원래 이 분야에 흥미가 없었어"라고 말한다.

(4) 부정

부정(Denial)은 현실의 고통스럽고 위협적인 측면을 인식하지 않거나 거부하는 기제이다. 자아는 현실을 있는 그대로 받아들이는 것을 차단함으로써 불안을 경감한다. 이는 초기 아동기나 심리적 충격 후 자주 나타나는 반응이다.

예 말기 암 판정을 받은 환자가 "내가 그럴 리 없어"라고 단호히 말한다.

(5) 동일시

동일시(Identification)는 타인의 성격, 태도, 가치 등을 자신의 일부로 내면화하여 자아의 통합을 도모하는 기제이다. 이는 외부 인물을 모방함으로써 불안을 줄이거나 소속감을 형성하려는 심리적 전략이다. 개인의 정체성 형성과 사회화 과정에서 중요한 역할을 한다.

예 부모를 잃은 아이가 교사의 말투와 행동을 따라 하기 시작한다.

(6) 투사

투사(Projection)는 받아들일 수 없는 자신의 충동이나 감정을 타인에게 전가하는 심리적 방어기제이다. 자신이 가진 공격성이나 불안, 시기심 등을 타인에게 있다고 인식함으로써 자아를 보호한다. 이는 자아의 방어를 위해 현실을 왜곡하는 과정으로 나타난다.

예 시험 부정행위를 한 학생이 "다른 애들도 다 그랬을 거야"라고 말한다.

(7) 전치

전치(Displacement)는 감정의 원래 대상이 아닌 보다 안전하거나 덜 위협적인 대상으로 감정을 옮기는 기제이다. 이는 분노, 불안 등의 감정을 직접 표현하지 못할 때 나타난다. 자아는 대상을 바꿈으로써 갈등을 간접적으로 해소하려 한다.

예 직장에서 상사에게 혼난 후 집에 돌아와 가족에게 짜증을 낸다.

(8) 보상

보상(Compensation)은 열등감이나 결핍을 다른 영역에서의 성취를 통해 극복하려는 심리적 전략이다. 이는 자아의 긍정적 이미지를 회복하고 자존감을 유지하는 데 기여한다. 보상은 긍정적이거나 부정적인 방향으로 나타날 수 있다.

예 사회성이 부족한 아이가 공부에 몰두하여 성적 1등을 유지한다.

(9) 고착

고착(Fixation)은 발달의 특정 단계에서 충동 해소가 원활하지 않아 그 시기에 머무르게 되는 상태이다. 스트레스나 위기 상황에서 고착된 시기의 행동이 반복적으로 나타난다. 이는 심리적 퇴행과 연결되기도 한다.

예 성인이 스트레스를 받을 때마다 과도하게 단 음식을 먹는다.

(10) 퇴행

퇴행(Regression)은 현재의 갈등이나 스트레스를 해결하지 못할 때 이전의 발달단계로 되돌아가는 행동을 말한다. 이는 유아적인 방식으로 정서적 안정을 찾으려는 시도이다. 종종 의존성이나 감정 표현의 방식에서 나타난다.

예 성인이 실직 후 방에서 울며 이불을 뒤집어쓰고 나오지 않는다.

(11) 신체화

신체화(Somatization)는 심리적 갈등이나 스트레스를 신체 증상으로 표현하는 방어기제이다. 이는 감정 인식 및 표현이 어려운 상황에서 나타나며 신체를 통해 간접적으로 정서가 표출된다. 의학적 진단으로는 설명되지 않는 신체 증상이 반복될 수 있다.

예 직장에서의 지속된 스트레스로 인해 특별한 병이 없음에도 불구하고 만성 위장 통증을 호소한다.

(12) 취소

취소(Undoing)는 불쾌하거나 죄책감을 유발한 생각이나 행동을 상쇄하려는 무의식적인 시도이다. 이는 죄책감을 제거하고 심리적 균형을 유지하려는 방어적 반응이다. 보통은 상반된 행동이나 사고를 통해 나타난다.

예 연인에게 폭언한 후 다음날 고급 선물과 함께 "미안해"라고 반복한다.

(13) 상환

상환(Restitution)은 과거의 잘못이나 죄책감에 대한 심리적 보상을 위해 나타나는 방어기제이다. 이는 무의식적인 보상 행위를 통해 도덕적 안정을 찾으려는 시도이다. 사회적으로 수용 가능한 방식으로 표현되는 경우가 많다.

예 과거에 학대를 한 부모가 성인이 된 자녀에게 경제적 지원을 지속적으로 제공한다.

(14) 대리형성

대리형성(Substitute Formation)은 충동이나 욕망을 직접 실현하지 못할 때 유사한 대상을 통해 간접적으로 충족하는 기제이다. 이는 원래의 욕구를 보다 수용 가능하거나 안전한 방식으로 표현하려는 심리적 조정이다. 감정의 전이가 포함될 수 있다.

예 자녀를 잃은 부모가 유기견 보호소에서 애정을 쏟는다.

(15) 유리

유리(Isolation)는 정서와 사고를 분리시켜 감정 반응 없이 사건을 이야기하거나 해석하는 기제이다. 이로써 개인은 감정적 고통 없이 상황을 인지적으로만 처리하려 한다. 이는 과도하게 냉정한 태도로 나타날 수 있다.

예 사고로 가족을 잃은 후 사건을 객관적으로 설명하지만 감정 표현은 전혀 없다.

(16) 해리

해리(Dissociation)는 고통스러운 기억이나 감정을 의식에서 분리하여 자아의 통합성을 일시적으로 유지하는 기제이다. 정체성, 기억, 감정 등이 단절되거나 왜곡될 수 있다. 극심한 외상 경험 후 자주 나타나는 반응이다.

예 성폭력 피해자가 그 기억을 제3자의 이야기처럼 분리해서 서술한다.

(17) 저항

저항(Resistance)은 무의식적 갈등이 의식화되는 것을 자아가 방해하거나 회피하려는 반응이다. 치료나 자기탐색 과정에서 자주 나타나며 통찰을 방해하는 주요 요소이다. 자신의 문제를 직면하기 어렵거나 두려운 경우에 발생한다.

예 클라이언트가 상담 중 중요한 주제가 나오면 대화를 돌리거나 침묵한다.

(18) 승화

승화(Sublimation)는 사회적으로 용납되지 않는 충동을 사회적으로 수용 가능하고 생산적인 방식으로 전환하는 고수준의 방어기제이다. 이 과정은 자아의 성숙성과 창조성 발달에 기여한다. 리비도 에너지가 문화적 · 예술적 · 윤리적 활동으로 전환될 수 있다.

예 분노가 많은 사람이 복싱 선수로 활동하며 에너지를 발산한다.

(19) 억제

억제(Suppression)는 개인이 의식적으로 특정 감정이나 생각을 일시적으로 무시하거나 지연시키는 기제이다. 이는 불안을 유발하는 내용에 대한 통제 가능성을 전제로 한다. 건강한 자아 기능에서 나타나는 자발적 회피 전략이다.

예 슬픔을 느끼지만 회의에 집중하기 위해 일단 감정을 미룬다.

(20) 유머

유머(Humor)는 자아가 불편한 감정이나 긴장 상황을 사회적으로 수용 가능한 방식으로 표현해 정서적 부담을 완화하는 성숙한 방어기제다. 억압이나 회피 대신 풍자나 농담으로 감정을 간접 전달하면서도 자기통제와 대인관계 유지를 돕는다. 정신분석에서는 창의적 · 긍정적 정서 조절 수단으로 자존감을 보호하며 갈등을 부드럽게 해소하는 도구로 본다.

예 창업에 실패한 기업가가 "나는 실패 전문가야. 그만큼 성공에 가까워졌다는 증거지." 심각한 주제를 농담으로 전환하여 부정적 감정을 완화한다.

표 3-2 방어기제의 유형

유형	설명	예시
억압	고통스럽거나 용납할 수 없는 감정, 충동, 기억을 무의식으로 밀어내는 기제	유년기의 학대 경험을 기억하지 못하지만, 비슷한 상황에서 극심한 불안을 느낌
반동형성	받아들이기 힘든 감정이 정반대의 태도나 행동으로 전환되는 기제	강한 질투심을 느끼는 친구에게 과도한 친절과 칭찬을 반복함
합리화	실패나 불편한 감정을 그럴듯한 이유로 설명하여 자존감을 유지하려는 기제	시험에 떨어진 후 "내가 원래 이 분야에 흥미가 없었어"라고 말함
부정	현실의 고통스러운 측면을 인식하지 않거나 거부하는 기제	말기 암 판정을 받은 환자가 "내가 그럴 리 없어"라고 부정함
동일시	타인의 성격, 태도, 가치를 내면화하여 자아의 통합을 도모하는 기제	부모를 잃은 아이가 교사의 말투와 행동을 따라 함
투사	자신의 감정을 타인에게 전가하여 자아를 보호하는 기제	시험 부정행위를 한 학생이 "다른 애들도 다 했을 거야"라고 말함
전치	감정을 원래 대상이 아닌 덜 위협적인 대상으로 옮기는 기제	상사에게 혼난 후 가족에게 짜증을 냄
보상	열등감을 다른 영역의 성취로 보완하려는 기제	사회성이 부족한 아이가 공부에 몰두하여 성적 1등을 유지함

유형	설명	예시
고착	발달의 특정 단계에 머무는 상태로 위기 시 반복 행동이 나타남	성인이 스트레스를 받을 때마다 과도하게 단음식을 먹음
퇴행	갈등 상황에서 이전 발달 단계로 되돌아가는 반응	성인이 실직 후 방에서 울며 이불을 뒤집어씀
신체화	심리적 갈등이 신체 증상으로 표현되는 기제	직장 스트레스로 만성 위장 통증을 호소함
취소	죄책감을 상쇄하려는 무의식적 행동	연인에게 폭언 후 고급 선물과 사과를 반복함
상환	과거 잘못에 대한 심리적 보상으로 도덕적 안정을 찾는 기제	과거 학대한 부모가 성인이 된 자녀에게 경제적 지원을 지속함
대리 형성	충동을 유사한 대상으로 전환해 간접 충족하는 기제	자녀를 잃은 부모가 유기견 보호소에서 애정을 쏟음
유리	정서와 사고를 분리하여 감정 없는 설명을 하는 기제	사고로 가족을 잃은 후 객관적으로만 사건을 설명함
해리	고통스러운 감정을 의식에서 분리하여 자아를 보호하는 기제	성폭력 피해자가 기억을 제3자 이야기처럼 설명함
저항	무의식적 갈등의 의식화를 회피하려는 반응	클라이언트가 중요한 주제에서 말을 돌리거나 침묵함
승화	사회적으로 용납되지 않는 충동을 생산적 활동으로 전환하는 기제	분노가 많은 사람이 복싱 선수로 활동함
억제	불편한 감정을 의식적으로 미루는 자발적 회피 전략	슬픔을 느끼지만 회의에 집중하기 위해 감정을 미룸
유머	불편한 감정을 유쾌하게 표현하는 성숙한 방어기제	암 환자가 "탈모 때문에 드라이 시간 줄었네"라고 농담함

4. 실천 과정

1) 실천 목표

정신역동모델은 개인의 무의식적 충동과 사회적 제약 간 갈등을 통찰을 통해 해소하도록 돕는 데 중점을 둔다. 구체적 목표는 (1) 부정적 행동 패턴 변화, (2)

증상 완화, (3) 발달 중단 회복, (4) 자기분석 능력 강화, (5) 전이 경험을 통해 방어기제 훈습 및 극복이다. 세부적인 목표는 〈표 3-3〉과 같다.

표 3-3 정신역동모델의 실천 목표

목표	설명
무의식적 갈등의 의식화	클라이언트가 자신의 무의식적 욕구 · 감정 · 갈등을 자각하도록 돕고 반복적 증상이나 대인관계 패턴의 근원을 통찰로 전환하도록 촉진한다.
자아 기능 강화	자아가 내 · 외적 요구 사이에서 균형 있게 작동하도록 지원하여 방어기제의 과도한 사용을 줄이고 현실적 판단 · 문제 해결 · 충동 조절 능력을 증진시킨다.
방어기제의 유연화	억압 · 투사 · 부정 등 과도하게 고착된 자동적 방어 전략을 검토하고 승화 · 대체적 합리화 등 보다 성숙한 방어 방식을 습득하도록 돕는다.
전이 · 역전이의 건설적 활용	치료관계에서 드러나는 전이 감정과 역전이를 분석 · 피드백하여 클라이언트가 대인관계 패턴을 재구성하도록 지원하고 치료적 중립성을 유지한다.
감정 조절 및 정서 표현 증진	억압된 분노 · 슬픔 · 불안 등을 안전하게 표출하는 능력을 강화하기 위해 감정 일기 쓰기, 신체 감각 인식 연습 등을 활용한다.
대인관계 기술 향상	과거 형성된 대인관계 패턴의 재현 방식을 이해 · 수정하고 의사소통 · 경계 설정 · 애착 스타일 인식 등의 구체적 기술을 연습하여 성숙한 관계 형성을 돕는다.
지속 가능한 변화 정착	획득한 통찰과 새로운 대처 방식을 일상생활에 통합하도록 지원하고 훈습 과정을 통해 변화된 행동 · 정서 패턴이 안정적으로 유지되도록 모니터링한다.

2) 실천 과정

(1) 관계 형성 단계

사회복지사는 면담 환경을 조성하여 클라이언트의 불안과 저항을 최소화한다. 개방형 질문과 공감적 경청을 바탕으로 신뢰 동맹을 구축하며 초기 면담에서 문제 상황과 기대를 폭넓게 파악한다. 이 과정에서 비언어적 신호에도 주의를 기울여 잠재된 긴장을 확인한다. 클라이언트가 자신의 이야기를 자유롭게 풀어낼 수 있도록 정서적 지지와 안정감을 제공한다.

(2) 동일시·전이 탐색 단계

신뢰가 형성되면 클라이언트는 사회복지사를 과거 중요한 인물과 동일시하거나 그 관계에서 느꼈던 감정과 기대를 전이한다. 사회복지사는 이러한 전이 징후를 정확히 포착하여 무의식적 대인관계 패턴을 분석한다. 반복 회피 · 과도한 의존 · 분노 표출 등의 반응을 "왜 지금 이 감정이 드는가?"라는 질문으로 탐구하며 전이가 내포한 과거 갈등과 감정 구조를 의식화하도록 돕는다.

(3) 자아 독립화 지원 단계

통찰이 깊어지면 클라이언트는 독립된 정체성을 모색한다. 이 시기에 퇴행적 반응이 나타날 수 있으므로 사회복지사는 강하고 일관된 지지 태도로 '안전한 부모' 역할을 수행해야 한다. 이를 통해 클라이언트는 자신의 욕구와 환경 요구 간 균형을 학습하며 스스로 문제 해결에 도전할 수 있는 자신감을 회복한다.

(4) 자기이해 촉진 단계

최종적으로 클라이언트가 자신의 방어기제, 감정 반응, 행동 양상의 원인을 자각하도록 지원한다. 사회복지사는 중립적 · 공감적 태도로 심층 질문을 제시하며, 부적응적 패턴 대신 건설적 대처 전략을 함께 모색한다. 이 과정을 통해 무의식적 갈등이 의식 수준으로 통합되고 클라이언트는 지속 가능한 변화 역량을 확보하게 된다.

3) 실천 과정에 따른 사례

모델 적용

■ 사례개념화 : **30세 김소영 씨의 전환장애**(Conversion Disorder) 개입 과정

■ 대상자 개요

- **이름(가명)** : 김소영, F, 30세
- **호소** : 4개월 전 직장 스트레스 후 발생한 반복적 실어증(言語障碍)과 좌측 팔 · 다리 마비
- **의료 소견** : 신경학적 검사 · MRI 이상 없음. 심리사회적 개입 의뢰

1. 접촉 및 라포 형성

김소영 씨는 실어증 · 마비로 일상생활이 위축된 상태로 내원했다. 첫 회기에서 치료자는 비심판적 경청을 통해 "이곳에서는 몸과 마음의 이야기를 모두 나눠도 괜찮아요"라고 안내하며 안전한 공간을 조성했다. 언어적 제약이 있지만 눈맞춤, 고개 끄덕임, 부드러운 어투로 반영적 피드백을 제공하여 신뢰를 구축했다.

2. 사정 및 정신역동적 개념화

- **초기 애착 경험** : 어린 시절 학업 성취를 강조한 부모님 밑에서 자랐고, 실수 시 "실패는 곧 무가치"라는 메시지를 내면화.
- **현재 스트레스 요인** : 승진 압박과 팀 내 갈등이 증상 발생 시기와 일치.
- **무의식적 갈등 가설** : "완벽해야 사랑받는다"는 강박적 신념이 좌절될 때 생기는 불안과 분노가 언어 · 운동 기능 상실로 전환(전환 방어). 1차 이득은 내적 갈등 회피, 2차 이득은 타인의 관심 · 돌봄 획득.
- **전이 예측** : 치료자에게도 권위적 부모상이 투사될 수 있어 언어적 · 비언어적 저항이 나타날 가능성.

3. 목표 설정 및 개입 계획

- **단기 목표(1~4회기)** : 치료실에서 실어증 경험을 언어 외 방식(글쓰기 · 제스처)으로 안전히 재현하고, 전이 초점 징후 인식
- **중기 목표(5~12회기)** : 억압된 분노 · 불안 감정의 언어화 연습, "완벽해야 인정받는다"는 핵심 신념 점검 및 수정
- **장기 목표(13~18회기)** : 스트레스 상황에서 신체 증상 대신 감정 표현, 직장 · 가정에서 자기주도적 대처 전략 실행

4. 개입 과정

1) (1~4회기) : **라포 구축 및 전이 탐색**

- 비언어적 소통(손 글씨, 그림)을 허용해 실어증 상황에서도 감정 · 생각 접근 "말이 막히던 순간에 어떤 느낌이 드셨나요?"라고 질문해 부모와의 유사 경험 자유 연상 유도
- 전이 첫 신호(눈길 회피 · 답변 지연)를 포착해 "지금 느끼는 거리감이 과거 어머니와 비슷합니다"라는 통찰 단초 제공

2) (5~9회기) : **통찰 촉진 및 방어기제 이해**

- 꿈 · 환상 분석 : "교실이 텅 빈 꿈"을 통해 직장 내 고립감과 부모 애정 결핍 연결
- 신체 증상이 감정 회피 기능임을 설명하며 "마비는 말 못할 두려움을 대신 표현한 것"으로 해석
- 감정 일지 과제 : 증상 전후 감정 · 생각 · 상황을 기록하고 다음 회기에 검토

3) (10~14회기) : **인지 재구조화 및 자아 기능 강화**

- 핵심 신념 재구조화 : "실수하면 무가치하다" → "실수는 성장의 일부" 문장으로 대체 연습
- 역전이 활용 : 치료자의 공감적 반응 모델링으로 클라이언트가 동료 · 가족에게도 감정 요구를 연습
- 역할극 : 팀 회의 중 스트레스 상황에서 "지금 느끼는 불안을 솔직히 공유해 보세요" 과제

4) (15~18회기) : **통합 및 재발 방지**

- 증상 그래프(회기별 마비 · 실어증 빈도) 시각화로 성과 피드백
- 재발 방지 계획 : 스트레스 징후 체크리스트로 즉시 활용할 호흡 · 이완 기법 목록, 지지망 연락처 정리
- 종결 의례 : 클라이언트가 "이제는 제 몸보다 제 마음을 먼저 살펴봅니다"라며 성장을 언어화

5. 평가 및 종결

- 증상 개선 : 8회기 이후 언어장애 · 마비 현저히 감소, 12회기 후 완전 소실
- 심리 통찰 : "완벽주의 압박이 언어 · 운동 기능을 마비시켰다"는 인식
- 자기관리 역량 : 증상 대신 즉각 감정 표현 및 동료에 지원 요청 시도
- 종결 계획 : 1개월 후 추후 점검 약속, 위기 시 대처 매뉴얼 전달

5. 실천 기법

1) 자유연상

자유연상(free association)은 정신역동모델의 핵심 실천 기법으로 클라이언트가 떠오르는 모든 생각 · 감정 · 기억을 주제나 검열 없이 사회복지사에게 자유롭게 말하도록 요청한다. 프로이트는 이를 통해 억압된 무의식 내용을 의식화하고 상징적 언어를 해석할 수 있다고 보았다.

사회복지사는 언어의 흐름, 침묵, 반복, 회피 등 비언어적 · 언어적 단서를 관찰한다. 그 안에 숨어 있는 욕망 · 갈등 · 정서를 파악한다. 부모 이야기를 반복 회피하거나 특정 순간 감정이 격해지는 경우 이는 무의식의 신호로 해석된다. 자유연상은 이러한 신호를 포착해 심층적 의미를 분석하는 통로를 제공한다.

2) 꿈의 분석

꿈의 분석(dream analysis)은 정신역동모델에서 무의식적 정동과 갈등, 소망을 파악하는 핵심 기법이다. 프로이트는 꿈을 "무의식으로 가는 왕도"로 간주하였다. 억압된 욕망이 상징 · 압축 · 전위 등으로 왜곡되어 나타난다고 보았다. 꿈은 외현적 내용과 잠재적 내용으로 분리된다. 외현적 내용은 클라이언트가 기억하는 표면적 이야기이고, 잠재적 내용은 그 밑에 숨겨진 의미이다. 꿈 상징 해석은 일반적 사전보다 클라이언트의 개인사 · 문화적 맥락을 반영해야 한다. 물 · 동물 · 공간 등 상징은 개인 경험에 따라 의미가 달라지므로 맞춤형 해석이 필요하다.

꿈의 내용은 치료관계 내 전이 감정과도 연결되므로 꿈 분석 시 전이 · 역전이 역동을 탐색해 개입 전략을 조정한다. 억압된 정동이 언어화되면 클라이언트는 무의식적 욕망과 갈등을 통찰하고 자아 기능이 강화된다. 반복적 대인관계 패턴과 방어기제를 재구성하고 심리적 자원의 재통합과 통합적 성장을 촉진하는 치료적 장치로 작용한다. 사회복지사는 이러한 연상 과정을 기록 · 관찰하여 잠재적 내용 해석의 기초 자료로 활용한다.

3) 저항

저항 분석(resistance analysis)은 클라이언트가 무의식적 불안이나 갈등을 회피하기 위해 클라이언트가 보이는 방어 반응을 탐색·해석하는 기법이다. 회피·침묵·일정 미루기·과도한 순응·논리 전환·농담 등은 자아가 위협을 느끼는 지점을 보호하는 전략이다. 사회복지사는 언어·비언어 신호를 민감하게 포착해 저항의 정서 기능과 내적 갈등을 파악한다. "지금 어떤 감정이 어려우신가요?" 같은 개방형 질문으로 회피의 심리 기반을 드러내도록 돕는다. 이 과정은 신뢰와 안전이 확보된 치료관계에서 이루어져야 하며 판단을 유보하고 공감적 태도를 유지해야 한다. 저항은 무의식적 갈등이 드러나는 기회이므로 반복 패턴을 분석해 통찰과 행동 변화를 촉진하는 출발점으로 활용해야 한다.

4) 전이

전이(transference)는 클라이언트가 과거 중요했던 인물(부모, 형제 등)과의 관계에서 느꼈던 감정, 태도, 기대 등을 현재의 사회복지사에게 무의식적으로 옮겨 투사하는 현상을 말한다. 클라이언트는 실제 사회복지사의 모습과는 관계없이 과거 인물에게 가졌던 긍정적 또는 부정적 감정(예 : 의존심, 사랑, 분노, 불신 등)을 경험하며 유사한 반응을 보이기도 한다. 전이 분석을 통해 사회복지사는 클라이언트의 현재 문제에 영향을 미치는 과거 관계 패턴과 미해결된 감정들을 파악한다. 이를 통찰하여 클라이언트의 자기이해를 증진시키는 기회로 삼을 수 있다.

5) 역전이

역전이(countertransference)는 반대로 사회복지사가 클라이언트의 전이에 반응하여 자신의 과거 경험이나 미해결된 감정들을 클라이언트에게 무의식적으로 투사하는 현상이다. 이는 클라이언트에 대한 과도한 동일시, 비합리적인 분노, 지나친 보호 욕구, 좌절감 등으로 나타날 수 있다. 역전이는 사회복지사의 객관성을 저해하고 개입에 부정적인 영향을 미칠 수 있으므로 사회복지사는 자기인식을 통해 자신의 역전이 감정을 끊임없이 분석하고 관리하는 것이 중요하다. 슈퍼비전이나 개인 상담을 통해 역전이를 성찰하고 이해함으로써 사회복지사는 클라이언트에 대한 보다 객관적이고 치료적인 태도를 유지하며 효과적인 개입을 할 수 있다.

6) 해석

해석(interpretation)은 심리사회모델을 포함한 정신역동적 접근에서 클라이언트의 무의식적 갈등, 숨겨진 의미, 그리고 행동이나 감정 뒤에 가려진 동기를 이해하고 이를 클라이언트에게 통찰시켜 주는 치료 기법이다. 이는 단순히 정보나 조언을 제공하는 것을 넘어 클라이언트가 스스로 자신의 문제를 보다 깊이 이해하고 새로운 관점을 가질 수 있도록 돕는 데 목적이 있다. 해석 기법은 클라이언트의 내면 세계를 깊이 탐색하고 변화를 이끌어 내는 강력한 도구이지만 오용될 경우 관계를 손상시킬 수도 있다. 따라서 사회복지사는 충분한 훈련과 슈퍼비전을 통해 해석 기법을 숙련하고 클라이언트 중심의 윤리적 사용에 신중을 기해야 한다.

7) 직면

직면(confrontation)은 클라이언트가 인지하지 못하거나 회피하는 사고, 감정, 행동의 불일치나 모순을 직접적으로 지적하여 클라이언트가 현실을 직시하고 통찰을 얻도록 돕는 치료 기법이다. 이는 단순한 비난이나 반대가 아닌 클라이언트의 성장을 위한 치료적 개입으로 사용된다. 직면은 클라이언트의 자기이해를 증진시키고 문제 해결을 위한 동기를 부여하며 궁극적으로는 보다 기능적인 사고와 행동을 선택하도록 돕는 강력한 도구이다.

8) 훈습

훈습(working through)은 통찰(insight)을 넘어선 실제적인 변화를 가능하게 하는 핵심적인 과정이자 기법이다. 클라이언트가 자신의 문제나 갈등의 근본 원인과 역동성에 대해 지적으로 이해하는 것(통찰)만으로는 오랫동안 지속되어 온 부적응적 행동 패턴이나 감정 반응이 쉽게 변하지 않는다. 훈습은 이러한 통찰을 일상생활의 다양한 상황에 적용하고 반복적으로 경험하면서 내면화한다. 마침내 새로운 적응적 방식으로 대처할 수 있도록 돕는 점진적이고 반복적인 과정을 의미한다. 클라이언트는 자신의 무의식적 갈등이나 과거 경험이 현재 자신의 생각, 감정, 행동에 어떻게 영향을 미치는지 이해하더라도 오랫동안 형성된 습관적인 반응을 바꾸는 것은 매우 어렵다. 훈습은 반복적인 해석과 탐색, 현실 검증 및 적용, 저항의 지속적 다루기, 강점과 자원 활용, 긍정적 강화 및 지지 등을 통해 변화에 대한 동기를 유지시킨다.

클라이언트가 오랫동안 지속되어 온 내면의 갈등과 외부 환경의 복잡한 상호작용을 완전히 이해하고 새로운 방식으로 대처하기 위해서는 여러 차례의 반복적인 경험과 노력이 필요하다. 사회복지사는 이 과정에서 클라이언트의 불안을 최소화하고 스스로 문제를 이해하고 해결할 수 있는 능력을 기르도록 돕는 조력자 역할을 수행한다. 이는 궁극적으로 클라이언트가 건강하고 통합된 방식으로 삶을 영위할 수 있도록 이끈다.

6. 효과와 한계점

1) 효과

첫째, 심층적 통찰과 자기주도적 성장

정신역동모델은 무의식적 갈등과 동기를 점진적으로 드러내 통찰을 촉진함으로써 클라이언트가 자신의 행동 · 감정 · 사고 패턴 간 연관성을 자각하도록 돕는다. 이러한 깊은 이해는 외부 조언에 의존하지 않는 지속적 변화의 동력이 되어 자기주도적 성장을 이끈다.

둘째, 자아 조절 및 대인관계 기능 강화

치료 과정에서 방어기제와 자아 기능을 검토하며 불안과 충동을 효과적으로 관리하는 능력이 향상된다. 또한 전이 · 역전이 과정을 통해 반복되던 대인관계 패턴이 의식화되어 과거의 왜곡된 기대를 수정하고 건강한 경계 설정 및 신뢰 형성을 가능케 한다.

셋째, 지속 가능한 변화와 회복탄력성 확보

심층적 성격 구조 변화를 목표로 장기적 개입을 진행하면 핵심 신념과 자아 통합이 이루어지고 불안 · 우울 · 강박 증상의 재발이 줄어든다. 이로써 다양한 환경 변화 속에서도 스스로 균형을 유지하는 회복탄력성이 강화된다.

2) 한계점

첫째, 실천 환경의 제약과 병리화 경향

정신역동모델은 수개월에서 수년간의 장기 치료를 전제로 하며 사회복지 현장처럼 빠른 개입과 다수 사례 처리가 요구되는 환경에는 부적합하다. 또한 결핍 · 억압 등 부정적 심리 구조를 주로 조명해 클라이언트를 병리화할 위험이 있고 강점 기반 · 회복 중심 실천과도 충돌한다.

둘째, 문화적 · 성적 편향과 민감성 부족

프로이트 이론의 남근 중심적 · 성 중심적 해석은 여성과 다양한 성 정체성의 경험을 축소 · 왜곡할 수 있다. 유럽 중심 문화 배경에 기반해 다문화 사회에서 문화적 차이를 반영하지 못하는 한계가 있다.

셋째, 결정론적 인간관과 자기결정권 충돌

정신역동모델은 아동기 경험과 무의식이 현재의 행동을 결정한다고 보아 개인의 변화 가능성과 자율성을 제한적으로 간주한다. 이는 자기결정권과 회복탄력성 그리고 잠재력 발현을 중시하는 사회복지실천 철학과 본질적으로 상충된다.

CHAPTER 04

심리사회모델

개 요

심리사회모델(Psychosocial Model)은 사회복지실천에서 널리 활용되는 통합적 접근 모델로 인간의 문제를 개인의 심리 내적 요인과 사회적 환경 요인의 상호작용 속에서 이해하고 개입하고자 한다. 이 모델은 메리 리치몬드의 사회진단 전통과 프로이트의 정신역동이론에 기초하여 발전하였으며 플로렌스 홀리스가 이를 구조화하여 현대적 심리사회모델의 틀을 마련하였다. 심리사회모델은 클라이언트의 내면 심리, 가족 및 사회관계, 문화 및 구조적 요인을 종합적으로 고려하며, 사회복지사는 관계 형성, 사정, 개입, 평가의 실천 과정을 통해 클라이언트의 문제 해결과 사회적 기능 향상을 도모한다.

학습목표

1. 심리사회모델의 이론적 배경과 주요 개념을 이해할 수 있다.
2. 심리사회모델의 실천 원리와 기술을 설명할 수 있다.
3. 심리사회모델의 효과성과 한계점을 이해할 수 있다.

1. 이론적 배경

심리사회모델(psychosocial model)은 개인의 내면 심리와 그를 둘러싼 사회적 맥락을 통합적으로 고려함으로써 복합적 인간문제를 총체적으로 이해하고 개입하려는 사회복지실천 패러다임이다. '환경 속의 인간(Person-in-Environment, PIE)' 관점을 바탕으로 클라이언트를 변화의 주체로 보며, 정신분석이론, 대상관계이론, 자기심리학, 애착이론, 생태학적 이론, 위기개입이론 등 다양한 이론에 기반한다. 무의식과 자아방어기제는 과거 경험과 현재 반응 간 연관성 탐색에 효과적이며, 관계 중심 이론은 자기정체성 회복에 기여한다. 또한 개별화(individualization), 자기결정(self-determination), 수용(acceptance), 비심판적 태도(nonjudgmental attitude)에 근거하며 클라이언트의 자율성과 회복력을 신뢰하는 철학을 강조한다. 이를 통해 심리사회모델은 내적 통합과 사회적 기능 회복을 동시에 촉진하고 지속 가능한 변화를 이끌어 내는 실천적 기반을 제공한다.

1) 정신분석이론

심리사회모델은 인간의 행동 · 정서 · 사회적 기능을 통합적으로 이해하기 위한 실천 접근으로 그 이론적 기반 중 하나로 프로이트의 정신분석이론이 깊이 작용한다. 프로이트가 제시한 무의식, 성격 구조(이드 · 자아 · 초자아), 심리성적 발달 단계, 자아방어기제 등은 내면 갈등과 충동, 방어 작용을 해석하는 틀을 제공한다. 이를 통해 클라이언트의 문제를 표면적 행동이 아닌 심층 심리 구조와 연결하여 파악할 수 있다. 심리사회모델은 사정 과정에서 초기 경험과 그로 인한 무의식적 기제가 현재의 대인관계 및 적응에 미치는 영향을 분석하도록 요구한다. 또한 전이 · 역전이 현상을 치료적 자원으로 활용해 통찰을 촉진하며, 자유연상 · 꿈 분석 · 저항 탐색 등의 기법을 통해 자아 기능 강화와 현실 검증력 향상을 목표로 한다. 이 같은 통합적 개입은 내면 갈등의 이해와 함께 개인의 사회적 적응력 개선을 동시에 도모함으로써 심리사회모델이 사회복지 현장에서 총체적 인간 이해와 효과적 개입을 가능하게 하는 이론적 토대를 견고히 한다.

2) 진단주의와 기능주의의 통합적 영향

심리사회모델은 사회복지실천의 역사적 흐름 속에서 진단주의적 접근과 기능주의적 관점의 영향을 동시에 받으며 형성된 통합적 실천모델이다. 진단주의는 메리 리치몬드(Mary Ellen Richmind)의 『사회진단』(1917)을 기점으로 발전하였으며, 클라이언트의 문제를 정확하게 파악하고 진단하는 데 중점을 두었다. 이 접근은 정신역동이론, 특히 프로이트의 정신분석학에 근거하여 개인의 심리 내면, 과거 경험, 무의식적 갈등 등을 심층적으로 분석하였다. 진단주의는 사회복지사가 전문가로서 임상적 판단을 수행하고 이를 바탕으로 맞춤형 개입을 설계하는 구조적 틀을 제공하였다.

반면 기능주의는 오토 랭크(Otto Rank), 제시 타프트(Jesse Taft) 등의 영향을 받아 클라이언트의 자율성과 자기결정권을 존중하는 실천철학을 중심으로 전개되었다.

심리사회모델은 이 두 흐름의 장점을 통합함으로써 클라이언트의 내면적 심리와 외부 환경 요인을 함께 고려하고, 진단과 개입을 구조화하는 동시에 관계 중심적 실천과 자기결정의 가치를 실천에 포함시켰다.

3) 대상관계이론

심리사회모델은 인간의 문제를 내면 심리와 사회 환경의 상호작용 속에서 통합적으로 이해하고자 하는 실천모델이다. 초기에는 프로이트의 고전적 정신역동이론을 중심으로 구성되었다. 그러나 사회복지실천의 복잡성이 확대됨에 따라 심리 내적 발달과 대인관계 역동을 보다 정교하게 설명할 수 있는 이론이 필요해지면서 대상관계이론이 통합적으로 수용되기 시작하였다.

대상관계이론은 인간이 성장해 가는 과정에서 형성된 초기의 중요한 관계(주로 양육자와의 관계)가 내면에 '내사된 대상'으로 남아 이후의 정서적 반응과 대인관계에 영향을 미친다는 이론이다. 멜라니 클라인(Melanie Klein), 도날드 위니콧(D. W. Winnicott), 페어베언(W. R. D. Fairbairn) 등은 프로이트 이론의 한계를 넘어 자아 발달과 대인관계 간의 상호작용과 내면화된 대상 관계의 구조를 설명하였다.

사정 시 초기 애착 경험 · 상호작용 양상 · 관계 지속 능력을 분석하고 치료적 관계를 전이 · 재현의 장으로 활용해 과거 대상관계 회복 기회로 삼는다. 이론적 기초를 바탕으로 자기개념 · 반응 패턴 · 심리적 분열을 이해하고 보다 인간 중심적인 개입 전략을 설계 · 적용할 수 있다.

표 4-1 대상관계이론의 활용도

구분	설명
이론적 기여	초기 애착, 내사된 대상, 자아 발달 구조 등을 통해 클라이언트의 심리적 문제를 정교하게 설명
실천적 기여	사정 과정에서 관계 패턴 분석, 사회복지사-클라이언트 관계 내 전이 분석 및 회복 개입 가능
통합적 의의	심리사회모델의 심리 내적 요소를 보완하고 관계 중심 실천의 이론적 정당성을 제공함

4) 자아심리이론

자아심리이론은 고전적 정신분석이론(본능 중심, 무의식 강조)에서 발전하여 자아의 독립적인 기능과 환경에 대한 현실적 조정 능력에 주목한 이론이다. 안나 프로이트(Anna Freud), 하인즈 하트만(Heinz Hartmann), 데이비드 라파포트(David Rapaport) 등의 학자들이 자아 기능의 자율성과 적응 기능을 강조하였다. '자아'를 단순한 본능 충동의 중재가 아닌 능동적으로 환경에 대처하고 내적 긴장을 조절하는 주체로 간주한다.

(1) 적응과 기능 회복 강조

자아심리이론은 인간이 환경 변화에 적응하고 내적 · 외적 자극을 조절할 수 있는 능력을 지닌 존재임을 강조한다. 이러한 관점은 심리사회모델에서 클라이언트의 기능적 회복과 환경 적응 능력 강화라는 목표 설정에 이론적 근거를 제공하였다.

(2) 사정과 개입의 현실 지향성

전통적 정신역동모델이 무의식 분석과 과거 경험에 집중했다면 자아심리이론은 현재 상황에서의 대처 능력, 스트레스 조절, 방어기제의 기능성 등을 분석의 핵심으로 삼는다. 심리사회모델은 이 영향을 받아 사정 단계에서 클라이언트의 자아 강도, 현실 검증 능력, 방어 양식을 종합적으로 분석하게 되었다.

(3) 사회복지사의 역할 재정립

자아심리이론은 클라이언트를 단순한 증상 해석자를 넘어 지원자, 조력자, 관계 조정자로 확장시켰다. 심리사회모델에서는 이러한 관점을 수용하여 사회복지사가 개인의 무의식적 갈등을 분석하는 전문 분석가에 머물지 않고 클라이언트의 환경 적응을 지원하며 기능 회복을 돕는 현장 사회복지사로 자리매김하도록 한다. 이는 사회복지사가 클라이언트와 다층적 관계를 형성·조율하며 자원동원과 대인관계 기술을 제공해 전인적 변화를 이끄는 핵심 역할을 수행함을 뜻한다.

표 4-2 자아심리이론의 활용 영역

영역	자아심리이론의 기여	심리사회모델에 미친 영향
인간 이해	자아의 자율성과 적응 능력 강조	클라이언트의 현실 대처 능력에 대한 사정
실천 철학	심리 및 현실 환경과의 상호작용 중시	사회·환경 요인을 통합한 실천 접근 강화
개입 기술	자아 기능 및 방어기제 사정, 자원 활용	사정 및 개입 과정의 구조화와 기술화에 기여

5) 체계이론과 생태체계이론의 영향

(1) 체계이론의 영향

체계이론(Systems Theory)은 베르탈란피(Ludwig von Bertalanffy)의 일반체계이론에서 유래된 이론으로, 인간과 환경을 상호 연결된 체계로 보고 각각의 구성 요소가 전체에 영향을 미친다는 전제에 기반한다.

심리사회모델은 이 이론을 바탕으로 클라이언트를 독립된 개인이 아닌 가족, 조직, 지역사회 등 다양한 체계 속의 일부로 이해하게 되었다. 그에 따라 이를 통해 입출력, 경계, 환류, 균형, 변화 등 체계의 주요 개념을 활용하여 복합적인 사례를 구조화하고 개입 전략을 설계하는 데 기여하였다. 문제를 개인의 심리 내적 요인뿐 아니라 복합적인 체계 간 상호작용의 산물로 인식한다. 가족, 학교, 직장 등 거시적 환경과의 상호작용 분석이 가능하고 사례관리, 서비스 조정, 자원 연결 등의 실천기술이 확장되었다.

(2) 생태체계이론의 영향

생태체계이론(Ecological Systems Theory)은 브론펜브레너(Urie Bronfenbrenner)가 제시한 인간발달이론으로 개인이 미시(가족 · 학교 · 또래), 중간(가족과 학교 간 상호작용), 외부(부모 직장 · 매스미디어) · 거시(문화 · 정책) 등 다층적 체계 속에서 역동적으로 상호작용하며 성장한다는 가정에 기반한다. 심리사회모델은 이 이론을 수용하여 환경의 다차원성, 시간적 흐름에 따른 변화(연대체계), 자원 분포의 불균형, 권력 구조 같은 맥락을 통합적 분석 틀로 삼는다.

가족 · 조직 · 지역사회 · 문화 체계에 동시적으로 속한 존재로 인식하며 적응(adaptation), 자원 동원(resource mobilization), 스트레스 대처(coping)를 핵심 실천 전략으로 포함한다. 실제 실천 현장에서는 대상자의 미시체계 내 관계 양상, 중간체계 간 연계성, 외체계 자원 접근성, 거시체계 정책 · 제도 환경을 면밀히 사정하여, 단순 상담 · 교육 개입을 넘어 주택 · 고용 · 교육 · 보건 · 사회복지 정책 영역의 구조적 변화를 모색하는 간접적 개입을 강조한다. 이러한 다층적 접근은 개인의 적응력 강화와 더불어 사회제도의 개선을 통한 전인적 복지 증진을 가능하게 한다.

2. 기본 가정

심리사회모델은 개인의 정서와 행동 문제가 개인 내면의 심리적 요인과 그를 둘러싼 사회 환경이 상호작용한 결과라는 전제 위에 세워진다. 이 모델은 유년기의 대인관계 경험과 개인이 속한 문화적·사회적 맥락이 성인기의 적응 방식과 문제 해결 능력에 지속적인 영향을 미친다고 전제하며, 이에 기초한 통합적 접근을 강조한다. 아울러 치료적 개입에서는 개인의 내적 강점과 사회적 자원을 동시에 활용하고, 신뢰로운 관계를 토대로 전이와 재현 과정을 치유의 기회로 전환하여 전인적 변화를 촉진한다.

1) 심리·사회 요인의 상호작용

개인의 정서와 행동 문제는 내적 요인이나 환경만으로는 설명될 수 없으며, 심리적 특성과 사회적 맥락의 상호작용으로 이해해야 한다. 예를 들어 가정 내 갈등은 불안이나 우울과 같은 정서적 어려움으로 이어질 수 있고, 학교에서의 따돌림 경험은 낮은 자존감과 대인관계 회피로 연결될 수 있다. 또한 빈곤 지역의 열악한 주거 환경은 아동의 불안과 행동 문제를 심화시킬 수 있으며, 친구 관계에서의 반복된 갈등은 분노 조절의 어려움으로 나타날 수 있다. 따라서 문제의 원인을 정확히 파악하고 효과적인 개입 방안을 마련하기 위해서는 심리적 요인과 사회적 요인을 통합적인 관점이 필요하다.

2) 발달 맥락의 중요성

인간의 발달은 유년기 대인관계 경험과 사회적·문화적 맥락 속에서 이루어진다. 이로 인해 형성된 내면적 모델이 성인기의 적응 방식과 대인관계 양식에 지속적인 영향을 미친다. 어린 시절 양육자와의 애착 패턴이 성인이 되어 조직 내 신뢰 형성, 친밀관계 유지, 위기 대처 방식 등에 반영되듯 초기 발달 맥락을 사정하고 이해하는 것은 심리사회적 개입의 출발점이 된다.

3) 자원 동원과 환경 적응

심리사회모델은 개인의 내적 강점과 사회적 자원을 함께 활용하는 통합적 개입을 강조한다. 예를 들어 학업 실패로 자존감이 저하된 청소년에게는 학습 강점과 흥미를 기반으로 성취 경험을 제공하고, 멘토링 프로그램 참여를 지원함으로써 자기효능감과 또래 관계를 강화할 수 있다. 또한 경제적 어려움으로 양육 스트레스를 겪는 한부모에게는 생계비 지원과 지역 돌봄 서비스를 연계하고 상담과 양육 기술 훈련을 병행함으로써 경제적 부담을 줄이고 양육 역량을 회복할 수 있다. 이처럼 심리사회모델은 심리적 요인과 사회적 맥락을 통합적으로 개입함으로써 클라이언트의 문제 해결과 적응을 효과적으로 촉진한다.

4) 치료적 관계의 가치

사회복지사와 대상자 간에 형성된 신뢰 기반의 치료관계는 과거 갈등 패턴을 안전하게 재현하고 분석할 수 있는 치료적 장치로서 핵심적인 역할을 한다. 대상자는 치료실에서 경험하는 전이 현상을 통해 어린 시절 관계에서 느꼈던 감정과 기대를 재경험하게 된다. 이는 심층적 통찰과 새로운 대처 방식을 학습할 수 있는 중요한 기회로 기능한다.

5) 문화·사회적 다원성을 고려한 통합적 접근

심리사회모델은 개인의 정서와 행동 문제를 이해할 때 내적 요인과 사회적 맥락의 상호작용을 통합적으로 고려한다. 클라이언트의 문화적 배경, 가치관,

신념, 생활환경은 문제의 형성과 적응 방식에 결정적인 영향을 미치며, 언어 · 종교 · 가족 · 지역사회 특성은 심리적 요인과 결합하여 개입의 방향을 규정한다. 따라서 개입은 문화적 · 사회적 다원성을 존중하고 반영해야 하며, 이를 간과한 획일적 접근은 저항이나 불안을 유발할 수 있다. 심리사회모델은 내적 강점과 사회적 자원을 아우르며, 문화적 다양성을 고려한 맞춤형 전략을 통해 효과적인 변화와 적응을 촉진한다.

3. 주요 개념

심리사회모델은 인간을 심리적 요소와 사회적 요소가 상호작용하는 통합적 존재로 간주한다. 개인의 기능을 이해하고 개입하기 위한 주요 개념들을 제시한다. 이 모델의 주요 개념은 클라이언트의 내적 자원과 외적 자원을 모두 포괄하며 클라이언트와 사회복지사 간의 관계 속에서 역동적으로 작용한다.

1) 환경 속의 인간

심리사회모델에서 핵심 개념 중 하나인 '환경 속의 인간(Person-in-Environment, PIE)'은 한 개인의 내면적 특성과 그가 처한 사회 · 경제 · 문화적 맥락 간 상호작용 속에서 이해하는 통합적 관점이다. 이 개념은 인간 행동을 단순히 심리적 결함으로 환원하지 않고 환경과의 긴장 · 부적응이 어떻게 문제로 표출되는지를 중점적으로 살피도록 한다. 사회복지사는 사정 시 클라이언트의 성격 구조와 심리적 갈등뿐 아니라 가족 체계, 대인관계, 직장 및 지역사회 내 역할, 자원 접근 가능성, 문화적 가치관 등을 종합 평가해야 한다. 이를 통해 문제의 원인을 개인 내부가 아닌 환경과 상호작용하는 과정에서 발생한 결과로 재구성한다. 클라이언트가 자기비난에서 벗어나 현실적 대처 방안을 모색하도록 도울 수 있다. 예컨대 반복적 실직 문제를 다룰 때 성격이나 동기만이 아닌 조직 문화, 고용 조건, 가족 기대, 경제적 압박, 교육 이력 등 복합 요인을 고려해 개입 방향을 설정함으로써 대상자는 자신의 어려움을 외부 요인과 연결지어 이해하고 보다 적응적인 선택을 할 수 있다. '환경 속의 인간'은 이처럼 다차원적 평가와 개입 설계를 가능하게 하여 심리사회적 접근이 총체적이고 관계 중심적인 실천모델로 기능하도록 하는 핵심 이론이다.

2) 개별화와 수용

심리사회모델의 핵심 원칙인 개별화(individualization)는 클라이언트를 고유한 존재로 인정하고, 표준화된 처방이 아닌 각자의 특성 · 경험 · 가치관 · 발달사를 반영한 맞춤형 개입을 지향한다. 사회복지사는 초기 면담과 사정을 통해 삶의 맥락, 성장 배경, 대인관계 양상 등을 세밀히 탐색한다. 그 분석을 바탕으로 클라이언트가 스스로 변화의 주체로 설 수 있는 전문적 관계를 구축한다.

수용(acceptance)은 클라이언트를 도덕적 · 가치적으로 평가하지 않고 있는 그대로 존중하는 태도이다. 단순 경청을 넘어 경험과 감정을 공감하고 비판 없이 수용함으로써 심리적 방어를 낮추고 자기개방을 촉진한다. 사회복지사가 수용적 자세를 견지하면 클라이언트는 안전감을 느끼고 자존감을 회복하며 심층적 자기탐색과 정서적 치유가 가능해진다.

개별화와 수용은 상호 보완적 가치로 이해와 공감이 선행된 관계 속에서 클라이언트는 긍정적 자기인식과 자기조절 능력을 강화한다. 이러한 원칙은 사회복지실천의 인간 중심성과 윤리성을 담보하며 클라이언트가 내적 자원을 개발하고 능동적으로 문제를 해결하도록 돕는 이론적 · 실천적 토대를 제공한다.

3) 자기결정

심리사회모델에서 자기결정(self-determination)은 클라이언트의 자율성과 선택권을 존중하는 핵심 가치이다. 개인이 삶에 영향을 미치는 결정 과정에서 주도권을 행사한다. 문제 인식과 해결 과정에 능동적으로 참여하도록 돕는 원칙이다. 사회복지사는 정보 제공과 비판적 사고 유도를 통해 클라이언트가 자신의 가치관 · 목표 · 행동 방침을 스스로 설정할 수 있도록 지원한다. 이를 통해 외부 통제에 의존하지 않고 삶의 주체로 성장하도록 촉진한다.

자기결정은 단순한 선택의 자유를 넘어 변화를 위한 동기를 내면화하고 책임 있는 의사결정을 가능케 하는 구조적 개입의 일부이다. 이러한 자기결정 존중은 클라이언트의 자기효능감을 높이고 변화에 대한 책임감을 강화함으로써 자신의 삶을 능동적으로 설계하는 능력 회복에 기여한다.

4) 자기이해

심리사회모델에서 자기이해(self-understanding)는 자신의 감정 · 사고 · 행동 원인을 인식하고 그 의미를 해석해 나가는 심리적 통찰 과정이다. 클라이언트는 현재 문제를 과거 경험 · 관계 맥락 · 내면 갈등과 연계해 통합적으로 고찰함으로써 삶의 연속선상에서 의미를 재구성한다. 이는 심리사회적 개입의 궁극 목표이자 변화 기제로 자기결정 및 자아성찰과도 긴밀히 연결된다.

사회복지사는 구조화된 질문과 반영적 경청 기법을 통해 문제의 맥락을 탐색하고 클라이언트가 과거 경험이 현재에 미치는 영향을 자각하도록 돕는다. 또한 서로 다른 자아 부분이 어떻게 상호작용하는지 조망하도록 유도하여 방어기제나 회피 전략을 인식하게 한다. 이를 통해 클라이언트는 더 적응적인 방식으로 삶의 문제에 접근할 수 있는 기초를 마련한다.

자기이해는 정신역동적 접근의 확장된 개념으로 단순한 인식 단계를 넘어 통찰(insight)과 정서적 수용을 포함하는 다차원적 과정이다. 클라이언트가 자기이해를 통해 자신의 행동과 감정에 대한 주체성을 회복하면 변화에 대한 동기와 책임감이 증대되며 삶의 질 향상으로 이어진다. 따라서 자기이해는 심리사회적 실천의 모든 개입을 관통하는 핵심 축이라 할 수 있다.

5) 환경에 대한 적응과 통제력

심리사회모델에서 환경에 대한 적응과 통제력(adaptation & environmental mastery)은 클라이언트가 사회 · 경제 · 문화적 맥락 속에서 직면한 스트레스 요인과 장애물을 정확히 파악하고, 이를 능동적으로 관리 · 조절할 수 있는 능력을 말한다. 적응이란 자신의 욕구와 외부 요구 사이에서 유연하게 균형을 찾아내고 필요시 환경을 변화시키기 위한 창의적 · 적극적 노력을 포함한다.

사회복지사는 사정 단계에서 환경적 스트레스와 가용 자원을 함께 파악해 현실적인 지원 체계를 마련한다. 개입 단계에서는 클라이언트가 수동적 태도를 벗어나 스스로 자원을 활용하도록 격려하며, 이를 통해 자기효능감과 자기결정성을 강화한다. 환경 통제력은 단순한 생존을 넘어 삶의 질을 높이고, 회복탄력성과 자립성을 키우는 핵심 역량이 된다.

6) 클라이언트-사회복지사 관계

클라이언트와 사회복지사 간의 관계는 모든 개입 과정의 토대이자 변화의 핵심 조건이다. 이 관계는 단순한 서비스 제공을 넘어 클라이언트가 자신의 문제를 안전하게 탐색하고 자원을 동원하여 삶의 통제감을 회복하는 정서적 · 지지적 공간을 제공한다.

사회복지사는 전문 지식과 기술과 윤리적 태도를 바탕으로 공감적 경청과 진정성을 유지하며 무조건적 수용의 자세로 신뢰 동맹을 형성해야 한다. 면담의 구조와 목표를 분명히 제시하고 목표 지향적 상호작용을 통해 클라이언트가 개입 과정을 명확히 이해하도록 돕는다.

클라이언트는 이 관계 속에서 자신의 내면 경험을 객관화하고 사회복지사의 반영적 질문과 해석을 통해 자기이해를 확장한다. 또한 과거 대인관계 양식이 투사될 때 이를 인식하고 다루는 과정은 통찰과 자아 통합을 촉진한다.

이처럼 신뢰 · 공감 · 진정성 · 존중이 유지되는 협력적 관계 속에서 클라이언트는 자기주도적 동기를 회복하고 능동적 변화를 이끌어 낼 수 있다. 클라이언트와 사회복지사 관계는 심리사회적 개입의 핵심 추진력으로 모델의 이론과 실천을 구체화하는 결정적 지점이다.

4. 실천 과정

1) 실천 목표

심리사회모델은 클라이언트의 정서적 · 인지적 내면 세계와 사회적 환경 간의 상호작용을 통합적으로 고려하며 이를 바탕으로 개인의 문제 해결과 적응을 촉진하는 것을 목적으로 한다. 이 모델의 실천 목표는 단순한 증상 완화나 행동 교정에 그치지 않고 클라이언트의 전인적 기능 향상과 자율성 회복을 중심에 둔다. 특히 클라이언트의 자아 기능을 강화하고 문제 해결 능력을 촉진함으로써 보다 효과적인 사회적 역할 수행과 삶의 질 향상을 도모하는 데 초점을 둔다.

(1) 자아 기능 강화

심리사회모델은 클라이언트의 자아 기능 강화를 주요 목표로 삼는다. 자아 기능이란 내적 갈등을 조절하고 외적 요구에 유연하게 적응하는 능력을 의미하며 이는 일상생활에서의 문제 해결력, 대인관계 조정 능력, 정서적 안정감 등과 직결된다. 사회복지사는 클라이언트가 자기통찰과 자기이해를 통해 자아의 방어적 기능이 아닌 성장 지향적 기능을 회복하도록 지원한다.

(2) 문제 해결 능력 증진

이 모델은 문제 해결 능력의 증진을 중점으로 한다. 클라이언트가 직면한 문제를 인지하고 분석하며 이를 현실적으로 해결해 나갈 수 있는 인지적 · 정서적 · 행동적 자원을 개발하도록 돕는다. 이는 탐색과 평가 선택과 실행이라는 일련의 과정 속에서 사회복지사의 개입을 통해 촉진된다.

(3) 환경과의 상호작용 개선

환경과의 상호작용 개선도 핵심 목표 중 하나이다. 심리사회모델은 인간을 환경 속 존재로 인식하며 클라이언트가 자신을 둘러싼 가족, 조직, 지역사회와의 관계 속에서 긍정적인 상호작용을 회복하도록 개입한다. 이를 통해 사회적 고립에서 벗어나 사회적 자원을 활용하고 보다 건강한 사회적 기능을 발휘할 수 있도록 지원한다.

(4) 자율성과 자기결정권 존중

실천 목표는 클라이언트의 자율성과 자기결정권 존중을 포함한다. 사회복지사는 클라이언트가 스스로 선택하고 행동할 수 있도록 정보를 제공하고 대안을 제시하되 결정 과정의 주도권은 클라이언트에게 있도록 한다. 이는 클라이언트의 자아존중감을 회복시키고 지속적인 자기성장을 가능케 한다.

(5) 발달적·역동적 통합의 회복

심리사회모델은 발달적 · 역동적 통합의 회복을 목표로 한다. 이는 클라이언트가 과거의 경험과 현재의 문제, 미래의 가능성을 연결지어 통합된 자아서사를 구성하도록 돕는 과정이다. 이러한 통합은 정체성 확립, 감정 조절 능력 향상, 장기적인 삶의 방향 설정에 긍정적 영향을 미친다.

결론적으로, 심리사회모델의 실천 목표는 클라이언트의 전인적 기능 향상, 자기결정 역량 강화, 환경과의 조화로운 상호작용을 통해 궁극적으로 삶의 질을 제고하는 데 있다. 이와 같은 목표 달성은 사회복지사와 클라이언트 간의 협력적 관계 속에서 이루어지며 개입의 과정은 개별화되고 유연하게 조정될 필요가 있다.

2) 실천 과정

심리사회모델의 실천 과정에서의 개입 목표는 크게 두 가지로 요약할 수 있다. 첫째, 클라이언트가 과거 사건이나 현재 경험과 연관된 심리 내적 갈등과 어려움을 스스로 이해하고 통찰할 수 있도록 지원하는 것이다. 이를 위해 사회복지사는 면담 · 역할연기 · 내러티브 기법 등 다양한 상담 기법을 활용해 클라이언트가 자신의 사고 · 감정 패턴을 자각하도록 돕는다. 둘째, 클라이언트가 자신과 환경을 능동적으로 변화시키는 과정을 원활히 수행할 수 있도록 현실적 자원(교육, 사회적 지지망, 서비스 연계 등)을 제공하고 의사결정 과정에서 주체성을 유지하도록 조력하는 것이다. 궁극적으로 이 두 목표를 통해 클라이언트의 자율적 문제 해결 능력과 적응력을 강화하여 삶의 질을 향상시키는 것을 지향한다.

심리사회모델의 실천 과정은 네 단계로 구성되며 각 단계는 클라이언트의 변화 여정을 체계적으로 지원하도록 설계된다.

(1) 초기 단계

초기 단계(Intake)는 클라이언트와의 첫 접촉 시점으로, 도움 요청의 동기와 기대를 면밀히 확인한다. 이 과정에서 사회복지사는 공감적 경청과 개방적 태도로 신뢰를 형성하고, 클라이언트가 상담 과정에 적극 참여하도록 동기를 부여한다. 기본 정보(이름 · 연락처 · 가족 구성 · 의뢰 경로)와 문제 상황 개요, 발달 이력 및 가정 환경 정보를 수집하며 면담을 통해 드러나는 불안 · 긴장 · 저항 등을 민감히 파악하여 서비스 방향을 조율한다. 초기 단계에서는 단순 정보 수집을 넘어 클라이언트가 안전감을 느끼고 협력적 관계로 진입할 수 있는 토대를 마련하는 데 집중한다.

(2) 사정 단계

사정 단계(Assessment)는 초기 단계에서 수집된 자료를 바탕으로 심리 · 사회 · 환경적 요인을 통합 분석한다. 사회복지사는 면담 · 관찰 · 검사 도구를 활용해 내적 역동(성격 특성 · 정서 반응), 원인론적 요소(과거 트라우마 · 학습 경험), 임상적 기능 수준(대인관계 · 업무 수행 · 자기조절 능력)을 구분하여 검토한다. '문제가 무엇인가?', '문제의 원인은 무엇인가?', '어떤 자원을 활용할 수 있는가?'라는 핵심 질문을 중심으로 자료를 비판적으로 종합하고 가족 체계 · 사회적 지지망 · 문화적 배경을 함께 고려해 클라이언트의 상황을 다면적으로 이해한다.

(3) 개입 단계

개입 단계(Intervention)는 사정 결과를 토대로 SMART 원칙에 따라 단 · 중 · 장기 목표를 구체화하고 이를 달성할 다층적 개입 기법을 설계 · 적용한다. 개별 면담, 인지 · 행동 기법, 가족치료, 집단 프로그램, 사례관리 등을 클라이언트의 욕구와 자원에 맞춰 조합하며, 역할 연기 · 사회 기술 훈련 · 내러티브 재구성 등의 기법을 활용할 수 있다. 동시에 지역사회 복지 · 의료 · 교육기관과의 협력체계를 구축해 인적 · 물적 자원을 연계하고 클라이언트가 의사결정 과정에 주체적으로 참여하도록 지원한다. 개입 과정 전반에 걸쳐 주기적 점검과 피드백을 실시하여 계획을 조정 · 보완함으로써 효과성을 극대화한다.

(4) 종결 단계

종결 단계(Termination)는 개입 목표가 달성되었거나 실질적 개선이 확인되면 클라이언트와 함께 개입 성과를 되돌아보고 학습된 기술과 변화된 행동을 강화한다. '이별' 과정에서 발생할 수 있는 정서적 어려움을 최소화하기 위해 기대와 우려를 사전에 논의하고 관계의 변화와 감정을 정리한다. 사후 모니터링 계획(전화 점검 · 추가 면담 일정)을 수립해 재발 위험을 관리하며 클라이언트가 독립적으로 적응 능력을 유지할 수 있도록 지원함으로써 긍정적 자립 기반을 마련한다.

3) 실천 과정에 대한 예시

모델 적용

1. 접촉 및 참여 유도 (Engagement)

이대성(가명, M, 45세) 씨는 매일 저녁 과도한 음주로 가족 · 직장 관계에 어려움을 호소하며 지역사회복지관을 방문했다. 첫 면담에서 사회복지사는 "여기서는 판단 없이 당신의 어려움을 듣겠습니다"라며 비심판적 태도를 명확히 한다. 음주에 대한 이야기를 꺼내기 힘들어하는 그를 편안히 이끌어 내기 위해 "술을 마신 후 느끼는 신체적 · 심리적 변화"부터 자유롭게 기술하도록 격려했다.

2. 전인적 사정 (Assessment)

- 생물학적 요인 : 고혈압 · 간수치 상승 등 건강검진 결과 확인,
  가족력(부친 알코올 의존) 파악
- 심리적 요인 : 직장 스트레스(성과 압박), 스트레스 대처 기술 미숙, 우울 · 불안 증상
- 사회적 요인 : 장시간 근무로 가족 · 친구 · 취미 관계 단절, 근처 동료와 잦은 회식 문화
- 생태도(Ecomap) : 가족(아내 · 고교생 자녀), 직장(부장 · 동료), 지역사회(복지관 · 자조모임), 여가(등산 · 영화) 간 연결망 시각화

3. 목표 설정 및 계획 수립 (Planning)

1) 단기 목표(1~4주)
   - 주중 음주일 최소 5일에서 3일로 감소
   - 금주 일지(Daily Alcohol Log) 작성 습관화

2) 중기 목표(1~3개월)
   - 주말 음주량을 3잔 이내로 제한
   - 가족과 주 1회 비음주 활동(산책 · 취미) 계획 및 실행

3) 장기 목표(3~6개월)
   - 음주 없이 직장 회식 · 환경을 관리하는 대처 전략 확립
   - 지역사회 자조모임(알코올 의존 클로징 그룹) 정기 참여

4. 직접적 개입(Direct Intervention)

- 동기강화 면담(Motivational Interviewing)
  음주의 장단점 탐색 : "술을 마시면 스트레스가 줄어드나요? 반면 가족 갈등은 어떤가요?"
- 인지 · 정서적 재구조화
  "나는 술 없이는 스트레스를 견딜 수 없다" 신념 점검 → "다른 방법으로도 긴장을 풀 수 있다"는 대안적 인지 개발
- 기술훈련 : 스트레스 대처 및 문제 해결
  심호흡 · 이완훈련 과제 부여
  직장 스트레스 상황 재연 역할극 및 대안 행동 연습

5. 간접적 개입(Indirect Intervention)

- 가족 중재

- 가족 면담 : 배우자 · 자녀와 함께 음주 문제의 영향 공유, 지원체계 구축
- 가족 강화 프로그램 추천(주 4주기)
- 자원 연계 : 지역 알코올중독자 자조모임(AA) 및 직업 스트레스 관리 워크숍 정보 제공
  지자체 청년 · 중년 건강 프로그램 참여 연결

6. 옹호 및 정책 수준 개입 (Advocacy & Macro Practice)
   - 직장 내 음주문화 개선 제안
   - 부서 회식 시 '비음주 선택권' 보장 요청 대행
   - 지역사회 캠페인 참여
   - 복지관 주최 '절주 캠페인' 홍보 자원봉사

7. 진행 점검 및 수정 (Evaluation & Modification)
   - 매주 금주 일지 · 심리적 스트레스(VAS 척도) 확인
   - 4주 차 중간 평가 : 음주일 · 음주량 목표 달성도 점검, 개입 전략 보완

8. 종결 및 재발 방지 (Termination & Relapse Prevention)
   - 성과 정리 : 초기 음주일 주 7일 → 주 3일, 음주량 평균 5잔 → 2잔으로 감소
   - 유지 계획 : 재발 경고 신호 체크리스트(업무 압박 · 가족 갈등) 작성
     즉각 활용할 호흡 · 운동 · 지지망(배우자 · 친구 연락) 목록 마련
   - 종결 의례 : 이대성 씨가 "이제 스트레스 상황에서도 술이 아닌 제 자신과 대화할 수 있습니다"라며 자기효능감을 언어화

5. 실천 기법

심리사회모델의 실천 기법은 클라이언트의 심리 내적 상태와 외부 환경 사이의 상호작용을 이해하고 개입함으로써 사회적 기능 회복과 삶의 질 향상을 도모하는 데 목적을 둔다. 실천 기법은 크게 직접적 기법과 간접적 기법으로 구분된다. 이는 사회복지사가 문제 상황에 접근하는 방식과 개입 수준에 따라 분류되고 있다.

1) 직접적 개입

직접적 개입(Direct Treatment Methods)은 사회복지사가 클라이언트와의 상호작용을 통해 심리적 · 정서적 · 행동적 변화를 촉진하고 문제 해결을 지원하는 실천 기술을 말한다. 이는 인간 내면의 역동성과 외부 환경과의 상호작용을 통합적으로 이해하는 심리사회모델의 핵심 개입 방식이며 클라이언트의 자기이해, 감정 정화, 현실 검토, 통찰 증진 등을 중심으로 이루어진다. 다음은 심리사회모델에서 주요하게 다루는 직접 개입 기술들이다.

(1) 지지

지지는 단순한 위로를 넘어서 클라이언트의 자기효능감과 문제 해결 동기를 유도하는 핵심 수단이다. 사회복지사는 클라이언트의 가치를 인정하고 그의 변화 가능성과 문제 해결 능력에 대한 신뢰를 표현함으로써 정서적 안정을 도모한다. 언어적 지지뿐 아니라 비언어적 태도(고개 끄덕이기, 따뜻한 눈맞춤 등)를 통해 지지를 표현한다. 클라이언트는 이를 통해 불안을 완화하고 상담 과정에 대한 신뢰를 형성하게 된다. 대표적인 기법에는 재보증, 격려, 경청, 선물주기, 비언어적 지시 등이 포함된다.

결과적으로 지지는 사회복지사가 클라이언트와의 관계에서 안정적인 치료 동맹을 형성한다. 심리사회적 변화의 토대를 마련하는 데 있어 핵심적인 실천 기법이라 할 수 있다.

(2) 직접 영향 주기

직접 영향 주기는 사회복지사가 구체적인 제안이나 조언, 현실적 지침을 제공함으로써 클라이언트의 행동 변화와 자기결정 능력을 강화하는 기술이다. 이 기술은 클라이언트가 자율적으로 선택할 수 있는 폭을 전제로 하되 보다 명확한 행동 방향을 제시하고 실행을 장려하는 구조로 이루어진다. 주요 기법에는 제안하기, 강화하기, 경계 설정하기, 현실적 제한 고지, 대리 행동하기 등이 있다. 이는 특히 위기 상황이나 정보 부족으로 클라이언트가 적절한 판단을 내리기 어려운 경우 효과적으로 활용된다.

(3) 탐색-기술-환기

탐색-기술-환기 기법은 클라이언트의 감정과 경험을 자유롭게 표현하도록 이끌어 정서적 긴장을 해소하고, 자기표현을 통해 심리적 통찰을 유도하는 것을 목표로 한다. 탐색은 클라이언트의 내면을 존중하며 이야기할 수 있는 장을 마련하고 기술(묘사)은 보다 구체적인 사실과 감정을 분명하게 드러내게 한다. 환기는 억압된 감정의 표출을 통해 정화 작용을 유도하는 과정이다. 이때 사회복지사는 초점 잡아 주기, 부분화하기, 화제 전환하기 등의 기법을 활용하여 클라이언트가 본질적인 문제에 접근하도록 돕는다.

(4) 개인-환경에 대한 고찰

개인-환경 고찰 기법은 클라이언트를 단순히 심리적 존재로 보지 않고, 환경 속에서 상호작용하는 존재로 이해하려는 심리사회모델의 핵심 철학을 반영한다. 사회복지사는 클라이언트가 최근의 사건이나 대인관계를 돌아보도록 하여 현재 문제를 구체적으로 파악하게 돕는다. 고찰 내용에는 타인과 상황에 대한 인식, 자신의 행동이 미치는 영향, 자기평가, 내면의 감정과 사고, 행동을 유발하는 자극에 대한 이해, 개입 과정에 대한 반응 등이 포함된다. 사용되는 기법으로는 논리적 토의, 설명, 일반화, 명확화, 교육, 역할극 등이 있다.

(5) 유형-역동성 고찰

유형-역동성 고찰은 클라이언트가 보이는 반복적 행동 양상과 내면의 심리구조 사이의 연결을 탐색하는 과정이다. 클라이언트의 성격 특성, 자아 기능, 방어기제, 초자아의 내면화 수준 등을 분석하여 특정 행동이나 정서 반응의 원인을 통찰할 수 있도록 돕는다. 이 기술은 클라이언트가 자신의 문제를 외부 탓으로만 돌리지 않고 자신의 내적 역동을 인식하게 함으로써 지속적인 행동 변화의 기초를 형성한다. 명확화, 해석, 통찰과 같은 정신역동적 기법이 여기에 포함된다.

(6) 발달적 고찰

발달적 고찰(Developmental Consideration)은 클라이언트의 과거 경험, 특히 초기 애착관계나 성장 과정에서의 반복적 사건들이 현재의 사고 방식과 행동 양식에 미치는 영향을 고찰하는 기법이다. 이는 심리사회모델이 인간을 시간적 맥락 속에서 이해하고자 하는 시도를 반영한다. 클라이언트가 현재의 문제를 과거의 경험과 연결지어 해석할 수 있도록 돕는다. 아동기 경험, 가족의 기능, 교육적 경험, 사회적 상호작용 등 다양한 발달 과정을 포괄하여 접근한다. 해석, 통찰, 명확화, 역할극, 논리적 토의, 교육 등이 활용된다.

2) 간접적 개입

간접적 개입(Indirect Treatment Methods)은 클라이언트를 둘러싼 환경 요인에 개입함으로써 문제 해결을 지원하는 실천 방식이다. 이는 클라이언트의 내부 변화만으로는 문제 해결이 어려운 경우 환경적 제약을 조정하거나 외부 자원을 활용함으로써 실질적 지원을 제공하려는 전략이다. 사회복지사는 클라이언트를 대신해 기관과 협의하거나, 서비스 자원을 연계하고, 제도적 장벽을 해소하며, 가족 또는 지역사회 체계와의 상호작용을 조율한다.

간접 개입에도 재보증, 설득, 설명, 교육, 조언, 대리 옹호 등의 직접 개입 기술이 응용될 수 있으며, 이는 클라이언트의 권익을 증진시키고 사회적 지지를 확보하는 데 실질적 효과를 낳는다. 예를 들어, 학교 부적응 아동의 문제에 대해 교사와의 면담을 통해 지원 체계를 재구성하거나 고령 클라이언트의 의료 접근성을 높이기 위해 병원과의 협력을 주선하는 것 등이 간접 개입의 사례가 될 수 있다.

(1) 자원을 활용하는 개입

사회복지사는 클라이언트의 욕구를 정확히 사정한 후 복지 서비스, 보건의료, 교육, 직업훈련, 법률, 경제적 지원 등 공공 및 민간 자원을 탐색하고 연결한다. 이때 단순한 정보 제공을 넘어서 클라이언트가 자원을 실질적으로 사용할 수 있도록 안내하고 필요시 동행 지원을 수행한다. 예를 들어 의료정보 부족과 언어장벽으로 어려움을 겪는 이주민에게 통역 가능한 병원을 안내하고 예약을 돕는 것도 이에 해당한다.

자원 활용은 특히 취약계층, 장애인, 고령자 등 자원 접근성이 낮은 집단에게 문제 해결의 기초가 되며 클라이언트의 생활 안정과 심리사회적 개입의 효과성을 높이는 기반이 된다.

(2) 환경을 조정하는 개입

환경을 조정하는 개입은 클라이언트를 둘러싼 외적 조건을 변화시켜 적응을 촉진하고 삶의 질을 향상시키기 위한 전략이다. 이는 클라이언트의 기능 수준이나 상황 변화에 맞지 않는 제도, 구조, 문화적 요소를 파악하여 이를 조정하거나 개선하는 개입으로 사회복지사는 조정자이자 옹호자의 역할을 수행한다. 예를 들어 휠체어를 사용하는 청소년이 일반학교에서 이동에 제약을 받는 상황에서 사회복지사가 학교 측과 협의하여 무장애 시설을 설치하거나 관련 행정기관과 예산을 조율하는 사례가 이에 해당한다. 이러한 개입은 클라이언트의 역량만을 강조하지 않고 외적 제약을 완화하여 통합적 적응을 돕는다. 궁극적으로 환경을 조정하는 개입은 심리사회모델이 단순한 심리 중심 개입을 넘어 구조적 문제를 인식하고 이를 개선하려는 실천 철학을 반영하는 핵심 전략이다.

(3) 사회복지사의 역할을 통한 간접 개입

심리사회모델에서 사회복지사는 클라이언트의 내면 심리뿐 아니라 환경적 요인을 함께 고려하여 문제에 개입하는 전문적 중재자로 기능한다. 특히 간접적 기법에서 사회복지사의 역할은 클라이언트를 중심으로 한 생태학적 맥락을 개선하는 데 중점을 둔다. 자원을 연계하고 제도적 장벽을 완화하는 기능을 한다.

사회복지사는 우선 클라이언트가 직면한 환경적 제약을 분석하고 그것이 클라이언트의 심리사회적 기능에 미치는 영향을 평가한다. 이어서 클라이언트를 대신하거나 함께 외부 체계와의 상호작용을 조율하며 필요한 경우 제도, 가족, 지역사회, 교육기관, 복지서비스 기관 등의 자원을 활용하여 환경을 조정하는 중재자로서의 역할을 수행한다.

이와 같은 역할은 사회복지사의 자원 제공자, 자원 발견자, 교육자, 중재자, 옹호자 등의 기능을 포함한다. 예를 들어, 한부모 가정의 클라이언트가 아동 돌봄과 경제적 자립 사이에서 어려움을 겪는 상황에서 사회복지사는 지역의 돌봄 서비스, 취업 연계기관, 주거지원 프로그램 등을 통합적으로 조정하고 연결하는 역할을 수행할 수 있다. 이는 클라이언트의 기능 수준을 향상시키는 것과 동시에 외부 환경의 부정적 요인을 완화하는 결과를 낳는다.

6. 효과와 한계점

1) 효과

심리사회모델은 심리적 개입과 사회 자원 연결을 통합함으로써 다층적 효과를 발휘하고 있다.

첫째, 증상 완화와 장기적 적응력 증진

개입 초기에는 무의식적 갈등 탐색과 방어기제 이해를 통해 우울 · 불안 · 외상 후 스트레스 반응을 신속히 경감시킨다. 동시에 가족 · 지역사회 자원과의 연계를 통해 재발 위험을 낮추고 내적 통찰을 바탕으로 방어기제 재편성과 자아기능 강화를 촉진한다. 이러한 과정을 통해 대상자는 즉각적 안정뿐 아니라 변화한 자기이해를 일상에 적용하며 다양한 환경 변화 속에서도 균형을 유지하는 장기적 적응력을 확보한다.

둘째, 대인관계 기능 개선과 자아효능감 강화

전이 경험을 대인관계 전이 촉진 전략으로 활용한다. 과거 애착 · 갈등 패턴을 안전하게 재경험하고 새로운 상호작용 방식을 연습한다. 지역사회 센터나 온라인 커뮤니티 등 다양한 지지망과 연결해 실생활에서 반복 학습함으로써 자동화된 방어 반응을 감소시키고 건설적 대화 패턴을 내면화한다. 이 과정에서 자아효능감과 주관적 행복감이 함께 향상되어, 클라이언트는 자신감 있게 사회적 관계를 맺고 유지할 수 있게 된다.

셋째, 위기 회복탄력성 강화

재난·위기 상황에서는 안전한 치료 환경 조성과 즉각적 안정화 기법으로 외상 반응을 완화시키고 지역사회 사례관리·직업·주거 지원·역량 강화 프로그램을 연계하여 사회적 네트워크를 복원한다. 다층적 개입은 위기 경험을 단순 극복을 넘어 성장의 기회로 전환하도록 돕고, 개인·가족·공동체 차원의 회복탄력성이 내재화되도록 지원한다.

2) 한계점

첫째, 이론적 · 평가적 통합의 한계

심리사회모델은 심리적·사회적 요인의 상호작용을 강조하지만 신경생물학적·유전적 요인까지 통합하지 못해 일부 정신·신경장애의 생물학적 기초 설명에 한계가 있다. 또한 '심리적 스트레스'나 '사회적 지지'와 같은 핵심 개념의 정의와 측정 척도가 연구마다 상이해 일관된 평가가 어렵고 실증 연구의 신뢰도·타당도가 낮아질 위험이 있다. 여기에 서구 중심 이론에 기반해 개발된 만큼 비서구권 문화나 소수자 집단의 가치·관습을 충분히 반영하지 못해 문화적 맥락별 추가 적응이 필요하다.

둘째, 내적 역동과 개입 전략의 구체성 부족

심리사회모델은 의식적 경험과 환경 요인에 집중하는 경향이 있다. 프로이트식 무의식 역동이나 방어기제 같은 내적 갈등 구조를 충분히 다루지 못한다. 이로 인해 심층적 심리치료 기법과 보완적 관계를 형성해야 한다. '개인 대 환경' 상호작용만 강조하다 보니 구체적 기법 선택이나 우선순위 설정에 혼선이 발생할 수 있다. 예컨대 위기 상황에서 어떤 차원의 개입을 먼저 수행해야 할지 모델 차원에서 명확히 제시되지 않는다.

셋째, 치료관계 및 윤리적 고려의 미흡

사회적 자원 동원과 네트워크 복원에 주력하는 동안 치료 동맹 형성을 위한 공감 · 신뢰 구축 과정이나 사례관리 중 발생할 수 있는 권력 불균형 · 비밀보장 · 이해 충돌 등의 윤리적 쟁점을 체계적으로 다루지 못한다. 이러한 한계는 클라이언트의 심리적 안전을 저해하고 개입의 지속 가능성을 약화시킬 수 있으므로 심리사회모델에 치료관계 강화와 윤리적 의사결정 틀의 통합이 필수적이다.

CHAPTER 05

인지행동모델

개 요

인지행동모델은 사고, 감정, 행동이 서로 영향을 주고받는다는 전제하에 비합리적 사고와 인지왜곡이 부적응을 유발한다는 점에 주목한다. 이 모델은 알버트 엘리스와 아론 벡의 이론적 공헌을 바탕으로 발전하였다. 엘리스는 합리-정서-행동치료(REBT)를 통해 클라이언트의 비합리적 신념을 논박하고, 합리적 사고로의 전환을 도모하였다. 벡은 인지치료(Cognitive Therapy)를 통해 자동적 사고, 인지도식(스키마), 인지삼제 등 체계적인 개념 틀로 인지 재구조화를 시도하였다. 이 장에서는 이 두 접근의 공통점과 차이점을 구분하고 사회복지 현장에서 인지행동모델이 어떻게 실천적으로 적용되는지를 체계적으로 탐색한다. 이를 통해 학습자는 이론적 이해를 넘어 실천 역량을 함양할 수 있다.

학습목표

1. 인지행동모델의 개념과 주요 개념을 설명할 수 있다.
2. 엘리스의 합리정서행동치료(REBT)와 벡의 인지치료(CT)의 차이점을 비교할 수 있다.
3. 사회복지실천 현장에서 인지행동모델을 활용하는 실제 개입 전략을 수립할 수 있다.

1. 이론적 배경

인지행동모델(Cognitive Behavioral Model, CBM)은 클라이언트가 경험하는 심리사회적 문제에 대한 개입에 있어 역기능적인 인지(사고)와 행동 패턴의 변화를 핵심으로 하는 통합적인 접근 방식이다. 다양한 심리학적 이론과 철학적 관념의 영향을 받아 발전하였으며, 특히 행동주의이론과 인지이론이라는 두 가지 주요 사조의 통합을 통해 정립되었다.

1) 행동주의이론

인지행동모델의 근원적 배경 중 하나는 20세기 초에 발전한 행동주의(Behaviorism)이론이다. 이반 파블로프(Ivan Pavlov)의 고전적 조건형성, 버러스 프레데릭 스키너(Burrhus Frederic Skinner)의 조작적 조건형성, 그리고 존 브로더스 왓슨(John Broadus Watson)의 연구는 인간의 행동이 환경과의 상호작용, 즉 학습된 경험에 의해 형성된다는 기본 전제를 확립하였다.

고전적 조건형성은 특정 자극에 대한 무의식적 반응이 다른 중립적 자극과 연합되어 학습되는 과정을 설명하며 특정 공포증과 같은 정서 반응의 습득 기전을 이해하는 데 기여하였다. 조작적 조건형성은 행동이 그 결과(강화 또는 처벌)에 의해 증감되는 원리를 제시함으로써 바람직한 행동의 증가 및 부적응적 행동의 감소를 목표로 하는 행동 수정 기법의 이론적 기반을 제공하였다.

알버트 반두라(Albert Bandura)의 사회학습이론은 행동주의를 확장하여 관찰 학습과 모델링의 중요성을 강조하였다. 반두라는 인간이 직접적인 경험뿐만 아니라 타인의 행동을 관찰하고 모방함으로써 학습한다고 주장하였으며 이는 행동 형성에 있어 인지적 요소(기대, 신념 등)의 영향을 인정함으로써 인지적 접근으로의 전환을 위한 교두보 역할을 수행하였다. 행동주의는 이와 같이 관찰 가능하고 측정 가능한 행동에 초점을 맞춤으로써 객관적이고 실용적인 개입 방안을 모색하는 데 중대한 영향을 미쳤다.

2) 인지이론

행동주의가 주로 외현적 행동에 집중한 반면 인지이론(Cognitive Theory)은 인간의 사고, 신념, 태도, 기억 등 내면적인 사고 과정이 감정과 행동에 결정적인 영향을 미친다고 보았다. 이러한 인지이론의 발전은 인지행동모델의 형성에 결정적인 기여를 하였다.

(1) 알버트 엘리스(Albert Ellis)는 합리적 정서행동치료(Rational Emotive Behavior Therapy, REBT)를 통해 인간의 정서적 문제가 사건 자체가 아닌 사건에 대한 비합리적인 신념에서 비롯된다고 주장하였다. 그는 ABC 모델(Activating event–Belief–Consequence)을 제시하며 클라이언트의 비합리적인 신념을 논박하여 합리적인 신념으로 대체하는 것이 치료의 핵심임을 강조하였다.

(2) 아론 벡(Aaron T. Beck)은 우울증 환자들을 대상으로 한 연구에서 부정적인 감정이 역기능적인 자동적 사고와 인지적 왜곡에서 비롯됨을 발견하였다. 그는 우울증, 불안장애 등 심리적 어려움이 특정 사건에 대한 부정적인 사고(예 : 선택적 추상화, 과잉일반화, 개인화 등)와 뿌리 깊은 핵심 신념(예 : '나는 무능하다') 때문에 심화된다고 보았다. 벡의 인지치료는 이러한 역기능적 사고를 체계적으로 식별하고 평가하며 보다 현실적이고 적응적인 사고로 변화시키는 방법을 제시하여 현대 인지치료의 초석을 확립하였다. 〈표 5-1〉은 합리정서행동치료와 인지치료를 비교한 내용이다.

표 5-1 합리정서행동치료와 인지치료의 비교

구분	REBT(합리-정서-행동치료)	인지치료(Cognitive Therapy)
출발 시기	1955년경	1960년대 초
창시자	알버트 엘리스(Albert Ellis)	아론 벡(Aaron T. Beck)
핵심 초점	비합리적 신념에 대한 논박 및 재구성	자동적 사고와 인지왜곡의 수정
핵심 모델	ABCDE 모델(Activating Event, Belief, Consequence, Disputation, Effect)	인지삼제(Cognitive Triad), 인지도식(schema), 자동적 사고

구분	REBT(합리-정서-행동치료)	인지치료(Cognitive Therapy)
문제의 원인	비현실적이고 경직된 신념	반복적 자동적 사고 및 왜곡된 인지도식
개입 방식	적극적이고 논박 중심(직면, 설득)	협력적 탐색(질문, 기록, 사고 실험)
상담자 역할	지시적, 교육자적, 논박자	협력자, 탐색자, 촉진자
상담 기법	논박(D), 합리적 대안 제시, 감정 표현 훈련	사고기록지, 소크라테스식 질문, 행동 실험
적용	분노, 불안, 낮은 자존감, 자기비난 등	우울증, 불안장애, 자기비판, 회피행동 등

3) 두 이론의 통합과 모델의 발전

1970년대 이후 행동주의와 인지이론은 각각의 한계를 상호 보완적으로 극복하며 인지행동모델로 통합되었다. 행동주의는 관찰 가능한 행동 변화에 대한 명확한 개입 기법을 제공함으로써 실천적 적용 가능성을 높였으며 인지이론은 행동 이면에 존재하는 사고 과정의 중요성을 강조함으로써 문제에 대한 보다 포괄적인 이해와 개입을 가능하게 하였다. 이러한 이론적 통합은 클라이언트의 역기능적 사고와 행동 패턴을 효과적으로 변화시켜 다양한 심리사회적 문제를 해결해 가고 있다. 현재 사회복지실천에서 가장 널리 활용되는 개입모델 중 하나로 자리매김하였다.

2. 기본 가정

인지행동모델은 인간의 심리적 문제와 행동에 대한 이해를 바탕으로 여러 핵심적인 가정을 제시한다. 이러한 가정들은 모델의 개입 전략과 목표를 형성하는 데 중요한 토대가 된다.

1) 인지의 중요성

인지행동모델은 인간의 사고(인지)가 감정과 행동에 결정적인 영향을 미친다고 가정한다. 단순히 외부 사건 자체가 아니라 개인이 그 사건을 어떻게 해석하고 의미를 부여하는지가 정서와 행동적 반응을 결정한다는 것이다. 예를 들어 동일한 실패 상황에서도 어떤 사람은 자신을 비난하며 절망하는 반면 다른 사람은 이를 통해 배우고 성장할 기회로 삼을 수 있다. 이는 각자의 인지 방식이 다르기 때문이다. 모델은 이러한 인지적 과정, 생각, 신념, 태도, 기대 등이 심리적 불편함과 부적응적 행동의 핵심적인 원인이 될 수 있다고 본다.

2) 학습의 역할

인지행동모델은 부적응적인 사고 방식이나 행동이 학습된 것이라고 가정한다. 이는 직접적인 경험, 타인과의 상호작용, 관찰 학습 등을 통해 형성될 수 있다. 예를 들어, 특정 상황에서 불안을 경험하고 이를 회피함으로써 일시적인 안도감을 얻는 과정이 반복되면 불안-회피 행동 패턴이 강화될 수 있다. 따라서 부적응적인 인지와 행동은 학습된 것이므로 재학습을 통해 변화될 수 있다는 긍정적인 변화 가능성을 내포한다.

3) 문제의 현재성 및 구조화된 개입

이 모델은 현재 클라이언트가 경험하는 문제의 원인이 현재 시점의 인지적 · 행동적 요인에 있다고 가정한다. 과거의 경험이 현재의 문제에 영향을 미칠 수 있지만 핵심적인 치료 초점은 현재의 생각과 행동을 파악하고 변화시키는 데 두어진다. 이러한 관점은 정신분석과 달리 장기간의 심층 분석보다는 단기적이고 구조화된 개입을 선호하게 만든다. 치료 과정은 명확한 목표를 설정하고 체계적인 기법들을 적용하여 클라이언트가 스스로 문제를 해결할 수 있도록 돕는 방향으로 진행된다.

4) 변화 가능성과 자기조절 능력

인지행동모델은 인간이 자신의 생각과 행동을 변화시키고 조절할 수 있는 능력을 가지고 있다고 가정한다. 클라이언트가 자신의 비합리적인 생각이나 비효율적인 행동 패턴을 인식하고 이를 수정하려는 의지를 가질 때 변화는 가능하다는 것이다. 사회복지사는 클라이언트의 이러한 자기조절 능력을 강화하고 새로운 대처 기술을 학습하도록 돕는 촉진자의 역할을 수행한다. 즉, 클라이언트를 문제 해결의 능동적인 주체로 본다.

5) 경험적 검증의 중요성

인지행동모델은 그 효과성을 경험적으로 검증하는 것을 중요하게 생각한다. 개입의 효과를 측정하고 평가함으로써 치료의 효율성을 높이고 특정 문제에 가장 효과적인 기법을 개발하려는 경향이 강하다. 이는 과학적이고 증거 기반 실천을 지향하는 모델의 특징을 잘 보여 준다.

3. 주요 개념

인지행동모델은 인간의 심리적 문제와 행동이 인지(생각, 신념, 해석)와 행동(학습된 반응, 대처 방식)의 복합적인 상호작용으로 발생한다고 설명한다. 이 모델에서 인지는 개인이 세상을 인식하고 해석하는 과정이다. 상황에 따라 자동적으로 떠오르는 자동적 사고와 현실을 비논리적으로 해석하는 인지적 왜곡(예 : 흑백논리, 과잉일반화 등)을 포함하며 이 모든 것의 기저에는 자신, 타인, 세상에 대한 깊고 근본적인 핵심 신념/스키마가 자리한다. 행동은 학습을 통해 형성되고 유지되며 강화, 처벌, 소거와 같은 원리에 의해 영향을 받는다. 이러한 인지적 · 행동적 요소들은 정서를 형성하는 주관적인 경험과 밀접하게 연결되어 있다.

1) 엘리스의 합리적 정서행동치료(REBT)

(1) REBT의 핵심 이론적 관점

엘리스는 인간이 합리적이고 성장을 지향하는 경향과 동시에 비합리적이고 자기파괴적인 경향을 모두 타고난다고 보았다. 심리적 고통은 주로 다음 네 가지 유형의 비합리적 신념에서 비롯된다고 설명하였다.

- **절대주의적 당위성** : 세상, 타인, 그리고 자기 자신에게 "반드시 ~해야 한다", "~이어야만 한다", "~해야만 한다"와 같이 경직되고 절대적인 기대를 부여하는 것이다. 예를 들어, "나는 모든 사람에게 항상 인정받아야만 한다"는 신념이 이에 해당한다.
- **좌절에 대한 낮은 인내심** : 삶의 불편함이나 어려움을 견디기 힘들어하며 즉각적인 만족과 안락함을 추구하는 신념이다. "내 뜻대로 되지 않으면 나는 도저히 견딜 수 없어"와 같은 생각이 대표적이다.
- **파국적 사고** : 부정적인 사건이나 발생 가능한 일을 과장하여 최악의 시나리오로 치부하는 신념이다. "만약 시험에 떨어진다면 내 인생은 완전히 끝장날 거야"와 같은 사고 방식이다.
- **총체적 자기비하** : 자신이나 타인의 특정 행동이나 특성을 근거로 개인의 전체적인 가치를 부정적으로 평가하는 신념이다. "한 번 실수했으니 나는 전혀 쓸모없는 인간이야"라고 생각하는 것이 이에 속한다.

엘리스는 이러한 비합리적 신념들이 비현실적이고, 비논리적이며, 유연하지 않아 정서적 혼란과 역기능적인 행동을 유발한다고 강조하였다.

(2) REBT의 ABC(DE) 모형

엘리스는 심리적 문제의 발생 과정을 설명하기 위해 ABC(DE) 모형을 제시했다.

- A(Activating Event) : 유발 사건

  객관적으로 발생한 사건이나 상황을 의미한다. 이는 긍정적이거나 부정적일 수 있으며, 직접적인 경험이거나 상상 속의 사건일 수도 있다.

- B(Belief) : 신념

  유발 사건(A)에 대한 개인의 해석, 생각, 혹은 신념이다. 이는 합리적 신념(rB)과 비합리적 신념(iB)으로 구분된다. 비합리적 신념은 주로 'must', 'should', 'ought to'와 같은 절대적 요구, 낮은 좌절 인내심, 파국적 사고, 총체적 자기비하 등으로 나타난다.

- C(Consequence) : 결과

  유발 사건(A)과 신념(B)에 의해 발생하는 정서적 및 행동적 결과이다. 비합리적 신념은 비건강한 부정적 감정(예 : 극심한 불안, 깊은 우울, 격렬한 분노)과 비적응적인 행동(예 : 회피, 무기력)을 초래한다. 합리적 신념은 건강한 부정적 감정(예 : 실망, 후회)과 적응적인 행동을 유도한다(예 : 극심한 우울감, 공부 포기).

- D(Dispute) : 논박

  비합리적 신념(iB)에 대해 적극적으로 도전하고 반박하는 과정이다. 사회복지사는 클라이언트가 자신의 비합리적 신념이 비논리적이고, 비현실적이며, 비효율적임을 스스로 깨닫도록 돕는다. 논박은 소크라테스식 질문, 논리적 반박, 경험적 증거 제시, 실용적 결과 검토 등을 통해 이루어진다.

- E(Effective New Philosophy) : 합리적인 새로운 신념

  논박(D)을 통해 비합리적 신념이 합리적인 신념으로 변화된 결과이다. 이는 보다 현실적이고 유연하며 기능적인 새로운 사고 방식으로 건강한 정서와 적응적인 행동을 유도한다.

(3) REBT의 주요 기법

엘리스의 REBT는 인지적 · 정서적 · 행동적 기법을 통합적으로 활용하여 클라이언트의 비합리적 신념을 수정하고 건강한 변화를 이끌어 낸다. REBT는 클라이언트가 자신의 비합리적인 사고 방식을 적극적으로 인식하고 논박함으로써 정서적 자유와 자기수용을 증진시키도록 돕는 강력하고 직접적인 접근 방식으로 평가받는다. 〈표 5-2〉는 REBT(합리정서행동치료)에서 사용되는 인지적 · 정서

적 · 행동적 기법과 각 기법의 설명 및 구체적 예시를 정리한 것이다.

표 5-2 REBT 적용 기법 및 예시

분류	기법	설명	예시
인지적 기법	비합리적 신념 논박	REBT 핵심 기법으로 클라이언트의 비합리적 신념에 논리적 · 경험적 · 실용적 질문을 던져 스스로 그 비합리성을 인식하도록 돕는다.	"항상 실패할 거야"라는 생각에 "과거에 성공한 경험은 없나요?"라고 질문해 신념을 도전함
	비합리적 신념 식별	자동적 사고와 그 밑바탕에 있는 비합리적 신념을 구별하도록 지원하여 문제의 핵심을 명확히 파악하게 한다.	"사람들이 나를 비난할 거야"라는 자동적 사고 뒤 "완벽해야만 인정받는다" 신념을 찾아냄
	인지 과제	자신의 비합리적 신념을 기록 · 논박하거나 관련 자료를 읽는 과제를 부여해 인지적 변화 연습을 지속하도록 유도한다.	매일 부정적 생각을 일지에 기록하고 그에 대한 반증 사례를 3가지씩 작성하도록 과제 제시
	합리적 신념 형성	비합리적 신념을 대체할 수 있는 현실적 · 유연 · 기능적 합리적 신념을 함께 구축하여 심리적 안정을 돕는다.	"완벽해야 해" → "노력으로 최선을 다하면 충분히 가치 있다"로 재구성
	참조 그룹 상담	다른 사람들의 비합리적 신념 논박 과정을 관찰하며 자신의 문제에 적용해 보는 기회를 제공해 집단 속에서 학습하도록 한다.	그룹 세션에서 타인이 "나는 무가치해"를 논박하는 과정을 지켜보고 자신의 사고에 적용해 봄
정서적 기법	사고-감정 연결 인식	클라이언트가 자신의 비합리적 사고가 어떻게 고통스러운 감정을 유발하는지 인식하도록 돕고 감정 반응의 기원을 탐색하게 한다.	"실수했어"라는 생각이 "수치감"을 불러일으키는 연결 고리를 설명
	무조건적 자기수용 (USA)	자신의 실수나 단점에도 불구하고 인간으로서의 가치를 무조건적으로 수용하도록 격려하여 자기비하 신념에서 벗어나게 한다.	"실수했지만 나는 존중받을 자격이 있다"고 스스로에게 매일 다짐하게 함
	유머 활용	비합리적 신념의 터무니없음을 유머로 드러내 심각성을 완화하고 새로운 관점 전환을 유도한다.	"모두가 나를 싫어해"라고 말할 때, "그럼 강아지는 어때?"라며 웃음 유발

분류	기법	설명	예시
	역할극	특정 상황에서 비합리적 신념을 표현·논박하는 역할극을 통해 정서적 해방을 경험하고 새로운 반응 패턴을 실습한다.	상사가 질책할 때 "내가 무능해" 역할극을 해보고 동료 역할이 논박해 주는 연습
	수치심 공격 훈련	사회적 비난에 대한 두려움을 줄이기 위해 의도적으로 수치스럽다고 여겨질 행동을 실행한다. 예상보다 타인의 시선이 중요하지 않음을 체험하게 한다.	공공장소에서 일부러 바보같은 춤을 춰보고 주변 반응이 크지 않음을 경험
행동적 기법	실행 과제	상담실 밖에서 새로운 행동을 시도하거나 비합리적 신념에 도전하는 과제를 부여하여 인지적 변화가 실제 행동으로 이어지도록 한다.	낯선 사람에게 먼저 인사해 보기 과제를 통해 "사람들은 나를 무시할 거야" 신념 도전
	노출 치료	두려워하는 대상이나 상황에 점진적으로 노출시켜 불안을 감소시키고 회피 행동을 줄여 직면 능력을 향상시킨다.	고소공포증 환자에게 낮은 다리 → 높은 계단 순서로 점진적 노출 시행
	기술 훈련	부족한 사회적 기술, 주장 훈련, 문제 해결 기술 등을 체계적으로 훈련시켜 일상에서 바로 활용할 수 있도록 역량을 강화한다.	"싫어요"라고 말하기 어려운 대상자에게 자신감 있게 거절하는 연습 세션 제공
	강화	바람직한 행동이나 긍정적 변화를 보일 때 보상을 제공하여 행동 반복을 촉진하고 변화 과정을 긍정적으로 강화한다.	매일 계획한 과제를 완료할 때 스티커를 주고 5개 모으면 작은 선물 제공

(4) 비합리적 신념의 종류

엘리스가 개발한 합리적 정서행동(REBT) 치료는, 비합리적 신념이 심리적 고통의 핵심 원인이라는 전제로 한다. 이 비합리적 신념들은 비현실적이고, 비논리적이며, 융통성이 없어 정서적 혼란과 부적응적 행동을 초래한다. 엘리스가 제시한 비합리적 신념의 유형은 〈표 5-3〉과 같다.

표 5-3 비합리적 신념 유형

유형	설명	예시
인정 욕구	모든 사람에게 인정받아야 한다는 과도한 욕구	클라이언트가 사회복지사에게 지나치게 인정받으려 하며 거절에 민감함
비난 성향	타인의 실수는 용납할 수 없으며 비난받아야 한다는 신념	동료 입소자의 작은 실수를 반복적으로 비난하고 갈등을 유발함
좌절에 대한 낮은 인내심	불편함이나 실패를 참지 못하고 즉각적으로 회피하려는 경향	상담실 환경 변화에도 민감하게 반응하며 불편함을 참지 못함
정서적 무책임	감정은 외부 요인에 의해 결정된다는 사고	기분이 나쁜 이유를 '사회복지사가 나를 무시해서'라고 외부 탓만 함
자기비하	실수나 결함이 있으면 자신은 무가치하다고 여김	실직한 것을 이유로 '나는 쓸모없는 인간'이라 표현함
파국화	사소한 문제를 재앙적으로 해석함	면담 시간 지각을 '내 인생은 망했다'로 해석하며 불안을 과장함
무력감	자신의 노력으로는 상황을 바꿀 수 없다는 신념	구직 시도조차 하지 않으며 '해봤자 안 될 거다'는 말을 반복함
과도한 불안	항상 나쁜 일이 생길 수 있어 계속 걱정해야 한다는 생각	일어나지도 않은 문제를 미리 걱정하며 수면장애를 호소함
타인에 대한 지나친 염려	타인의 문제에 과도한 책임감과 감정적 휘둘림	가족 문제를 모두 자신이 책임져야 한다고 생각하며 소진됨
완벽주의	실수 없이 완벽해야 하며 실패는 용납할 수 없다고 여김	완벽하지 않으면 시도조차 하지 않으며 업무를 계속 미룸

2) 아론 벡의 인지치료

백은 인지치료의 창시자로, 우울증 치료 발전에 크게 기여했다. 그는 엘리스와 유사하게 인간의 심리적 어려움이 비합리적인 신념보다는 인지적 왜곡(Cognitive Distortions)과 역기능적 핵심 신념(Dysfunctional Core Beliefs)에서 비롯된다고 보았다. 벡은 자신의 임상 경험을 통해 우울증 환자들이 공통적으로 부정적인 사고 방식을 가지고 있음을 발견했고 이를 체계적인 인지치료모델로 발전시켰다.

(1) 인지치료의 핵심 개념

인지치료는 개인이 삶을 해석하는 인지 스키마(핵심 신념 · 가정 체계)에 기반해 부정적 자동적 사고와 인지적 왜곡을 탐색 · 교정하는 심리치료법이다. 새로운 정보는 기존 스키마에 동화되거나 조절 · 적응을 통해 통합되지만 왜곡된 스키마는 경험을 부정확하게 해석하게 만든다. 사회복지사는 논리적 재구조화를 통해 인지 오류를 바로잡아 건강한 스키마로 재편성하도록 돕는다. 이를 통해 클라이언트는 부정적 정서와 문제적 행동 패턴을 긍정적으로 변화시키고 현실 검증력과 자기효능감을 강화하여 지속 가능한 심리적 적응과 회복력을 확보한다.

① 인지도식

인지도식(Cognitive Schema)은 개인이 반복된 경험을 통해 형성된 인지 구조로 외부 자극의 선택 · 해석 · 기억 방식을 규정한다. 자신 · 타인 · 세상에 대한 기본 관점을 구성하며 무의식적 자동사고를 유도한다. 왜곡된 도식은 현실 인식을 부정확하게 만들고 부정적 정서 · 행동을 강화한다. 인지치료는 이러한 도식을 의식화하여 논리적으로 검토하고 현실에 부합하도록 재구성해 적응적 사고 체계를 구축하는 데 중점을 둔다.

② 동화

동화(Assimilation)는 새로운 정보를 기존 도식에 맞추어 해석하려는 인지적 경향으로 기존 신념을 유지하기 위한 자동적 반응이다. 예를 들어, “나는 항상 실패한다”는 도식을 가진 사람이 성공 경험조차 예외로 치부하며 실패로 해석하는 경우가 이에 해당한다. 이는 현실을 필터링하는 왜곡된 정보처리 양식을 낳는다.

③ 조절

조절(Accommodation)은 기존의 도식을 새로운 정보에 맞게 수정하는 인지적 재구성 과정이다. 부정적 도식을 가진 클라이언트가 상담 과정에서 새로운 해석 가능성을 받아들이고 신념체계를 보다 현실적이고 유연하게 조정할 때 조절이 일어난다. 이는 인지치료가 지향하는 치료적 변화의 핵심이다.

④ 적응

적응(Adaptation)은 인지적 · 정서적 · 행동적 수준에서 환경의 요구에 효과적으로 대응하는 심리적 역량을 말한다. 왜곡된 사고를 조정하고, 정서 반응을 조절하며, 기능적인 행동을 선택하는 과정을 통해 클라이언트는 보다 건강한 대처 방식을 습득하게 된다. 인지치료는 이러한 심리적 적응 능력의 회복을 목표로 한다.

⑤ 조직화

조직화(Organization)는 다양한 정보와 경험을 일관된 인지 구조로 통합하는 과정이다. 이는 도식과 사고의 체계를 형성하고 강화시키는 작용을 하며 개인의 가치관과 정체성에도 영향을 미친다. 지나치게 경직된 조직화는 인지적 유연성을 떨어뜨리고 반복적인 사고 왜곡을 초래할 수 있으므로 치료적 개입을 통해 해체와 재구성이 필요하다.

⑥ 핵심 신념과 스키마

핵심 신념(Core Belief)은 개인의 정체성과 자기가치에 대한 근본적인 믿음으로 "나는 쓸모없다", "나는 사랑받을 자격이 없다"와 같은 깊이 뿌리박힌 자기인식을 의미한다. 이러한 신념은 주로 유년기나 반복된 부정적 경험을 통해 형성되며 정서적 고통과 부적응 행동의 근원이 된다.

스키마(Schema)는 핵심 신념을 포함하는 상위 인지 구조로 외부 자극을 해석하고 의미를 부여하는 사고의 틀이다. 다양한 정보와 경험을 통합해 개인의 세계관을 조직화하며 자동적 사고를 촉발한다. 그러나 부정적 스키마와 왜곡된 핵심 신념이 결합되면 현실 인지가 비합리적으로 치우쳐 반복적 부정 패턴을 형성한다. 인지치료는 이 과정을 의식화해 논리적 재구조화를 통해 인지 오류를 바로잡고 적응적 스키마로 재편성하도록 돕는다. 이를 통해 클라이언트는 부정적 정서와 문제 행동을 긍정적으로 변화시키고 현실 검증력과 자기효능감을 강화하여 지속 가능한 심리적 회복력을 확보할 수 있다.

⑦ 자동적 사고

자동적 사고(Automatic Thoughts)는 상황이 발생했을 때 무의식적으로 떠오르는 신속한 사고이다. 이 사고는 기존의 도식에 의해 촉발되며 감정과 행동에 직접적인 영향을 준다. 자동적 사고는 자주 반복되고 강도는 강하지만 대부분 검토되지 않은 채 수용된다. 인지치료는 이러한 자동적 사고를 인식하고 현실 검토를 통해 수정하는 것을 핵심 전략으로 삼는다.

⑧ 인지적 왜곡

인지적 왜곡(Cognitive Distortion)은 정보 처리 과정에서 현실을 부정확하게 해석하는 일련의 오류를 말한다. 인지적 왜곡은 부정적인 자동적 사고를 지속시키며 정서적 고통을 심화시킨다. 〈표 5-4〉는 인지적 왜곡의 유형과 예시를 정리한 표이다.

표 5-4 인지 왜곡의 정의 및 예시

종류	정의	예시
정서적 추론	자신의 감정을 사실로 판단하여 결론을 내림	"불안해! 뭔가 나쁜 일이 생길 거야."
과도한 일반화	한 가지 부정적 사건을 전체 상황에 적용함	"한 번 거절당했으니 모두 나를 싫어할 거야."
임의적 추론	충분한 증거 없이 부정적인 결론을 내림	"그 사람이 날 싫어할 거야. 그냥 느낌이 그래."
이분법적 사고	모든 상황을 흑백논리로만 판단함	"실패했으니 난 완전히 무가치한 사람이야."
극대화/극소화	자신의 실수는 과장하고, 장점은 축소함	"발표할 때 한 번 말이 꼬였어요. 아마 모두가 제가 무능하다고 생각했을 거예요." "시험에서 1등을 했지만, 사실 문제가 쉬워서 그렇지, 나는 잘한 게 아니에요."
파국화	일이 최악으로 진행될 것이라고 단정함	"시험에 떨어지면 인생이 끝날 것 같아."
개인화	책임을 자신에게 과도하게 돌림	"친구가 기분이 안 좋아 보이는 건 내 탓일 거야."

종류	정의	예시
선택적 추상화	전체 중 부정적인 세부만 선택적으로 인식함	"친구들이랑 하루 종일 즐겁게 놀았는데, 마지막에 한 명이 농담한 게 마음에 걸려서 기분이 다 망쳤어요."
낙인화	자신이나 타인을 과도한 부정적 단어로 규정함	"나는 멍청이고, 너는 쓰레기야."
긍정격하	긍정적인 경험을 의미 없다고 여기거나 평가절하함	"이건 운이었을 뿐, 내가 잘해서 된 건 아니야."
당위적 사고	자신이나 타인에게 과도한 기준을 강요함	"나는 항상 친절해야만 해."
터널시야	상황의 일부만 보고 전체 맥락을 보지 못함	"내 단점만 보이고 장점은 눈에 안 들어와."
정신적 여과	부정적인 정보만을 걸러서 받아들임	"그가 날 한 번 째려본 걸로 날 싫어한다고 확신함."
외재화	문제의 원인을 외부 요인에만 귀속함	"모두 네 탓이야. 내가 이럴 수밖에 없던 건."
이상화	타인을 과도하게 긍정적으로만 평가함	"그 사람은 완벽하고 실수하지 않아."
독심술	타인의 생각이나 감정을 근거 없이 추측함	"그는 날 무시하고 있을 거야. 말하지 않아도 알아."

4. 실천 과정

1) 실천 목표

인지행동모델의 실천목표는 클라이언트가 비합리적 신념과 자동적 부정적 사고를 자각·수정하여 정서적 고통을 경감한다. 현실적 인지 구조를 강화해 왜곡된 해석을 교정하도록 돕는 것이다. 생각·감정·행동 간 상호작용을 이해시켜 부정적 순환을 차단하며 스트레스 관리·의사소통·문제 해결·이완 등 구체적 기술을 습득·적용하도록 지원한다. 세션 과제를 통해 새 전략을 경험적으로 검증하고 자기관찰과 피드백을 통해 변화 과정을 점검하며 자기효능감을 높인다. 마지막으로 단·중·장기 목표를 체계화해 달성하고 재발 방지를 위한 유지·관리 계획을 수립함으로써 지속 가능한 변화를 도모한다.

(1) 부정적 자동사고 인식 및 검토

클라이언트가 일상에서 자동적으로 떠오르는 부정적 생각을 인식하도록 돕고 이를 구체적인 상황과 함께 기록하도록 유도한다. 예를 들어 '나는 실패자야'라는 자동사고가 나타난 순간을 포착해 언제, 어디서, 어떤 감정과 함께 발생했는지 일지 형태로 작성하게 한다. 이후 사회복지사는 기록된 내용을 함께 검토하며 사고의 근거를 질문한다. 사고가 과장되거나 왜곡된 부분이 있는지 탐색하여 클라이언트가 스스로 사고의 타당성을 따져볼 수 있도록 지원한다.

(2) 인지 재구조화

인식된 비합리적 신념과 인지적 왜곡을 현실 검증을 통해 수정하는 과정이다. 사회복지사는 '증거는 무엇인가?', '다른 해석이 가능한가?' 등의 질문을 던져 클라이언트가 자신의 부정적 신념을 비판적으로 검토하도록 돕는다. 이 과정을 통해 '나는 실패자야'라는 신념이 '어떤 상황에서는 실패했지만 배울 기회도 있었다'처럼 보다 균형 잡힌 생각으로 대체될 수 있도록 대안적인 긍정 문장을 함께 작성 · 연습하도록 유도한다.

(3) 행동 활성화

우울 · 불안으로 인해 위축되거나 회피하던 행동을 점진적으로 늘려 긍정적 경험을 확대하는 전략이다. 클라이언트와 함께 일주일 단위의 활동 일정을 계획해 기분이 나아지는 활동(산책, 취미, 사회적 모임 등)을 우선 배치한다. 매일 수행한 활동과 기분 변화를 기록하도록 한 뒤, 일지 결과를 토대로 활동의 효과를 검토하고 다음주 계획을 수정한다. 이를 통해 회피 패턴에서 벗어나 삶의 만족도를 높인다.

(4) 문제 해결 및 대처 기술 강화

구체적인 문제 상황을 단계별로 분석하고 해결책을 모색하는 훈련이다. 첫째 문제 정의, 둘째 가능한 해결 방안 나열, 셋째 장단점 비교, 넷째 실행 계획 수립, 다섯째 결과 검토의 순서로 진행된다. 사회복지사는 각 단계마다 체크리스트나 도표를 활용해 클라이언트가 논리적으로 접근하도록 지원한다. 스트레스 관리 기법(이완훈련, 마음챙김)을 병행해 실제 상황에서 긴장을 완화하며 적용할 수 있도록 돕는다.

(5) 정서 조절 능력 향상

생각-감정-행동의 상호작용을 이해시키고 다양한 정서 조절 기법을 연습하도록 한다. 호흡 조절, 근육 이완, 주의 전환, 긍정적 자기대화 등의 전략을 단계별로 소개하고 실제로 시연해 본 뒤 일상에서 적용한 경험을 공유하도록 유도한다. 클라이언트는 매회 훈련 후 변화된 감정 상태를 기록한다. 어떤 기법이 자신의 감정 조절에 가장 효과적이었는지 피드백하여 자기만의 조절 전략을 개발하게 된다.

(6) 재발 방지 및 자기관리 능력 강화

치료 종료 후에도 배운 전략을 지속하도록 자기모니터링 체계를 구축한다. 정기적으로 생각 기록지와 활동 일지를 검토한다. 위험 신호(부정적 자동사고, 회피 행동 등)가 나타날 때 즉시 대처 계획을 실행하도록 한다. 재발 방지 계획을 작성해 위기 시 사용할 구체적 행동 목록(지원망 연락, 이완훈련, 문제 해결 절차 등)을 마련하고 정기적인 자기점검과 슈퍼비전을 통해 유지·개선해 나간다.

2) 실천 과정

(1) 사정 및 사례개념화(Assessment and Case Conceptualization)

첫 면담에서 클라이언트의 문제 양상, 관련된 정서·신체 증상, 자동적 사고 패턴, 행동 회피 경향을 종합적으로 평가한다. 심리검사·자기보고·면담기록을 바탕으로 인지-행동모델 관점의 사례개념화 도식을 작성하여 주요 가설(유발 조건→사고·감정→행동)을 시각화하고 치료 방향을 명료히 설정한다.

(2) 목표 및 계획 수립(Treatment Goal Setting and Planning)

사례개념화를 공유한 후 클라이언트와 협력해 단기(예 : 자동사고 인식), 중기

(인지 재구조화), 장기(자기관리 체계 확립) 목표를 구체화한다. 각 목표 달성을 위해 사용할 기법(심리교육 · 자동사고 기록 · 행동 실험 등) 세션 횟수 · 빈도, 과제 수행 방식을 합의하고 일정표로 문서화해 치료 참여도를 높인다.

(3) 심리교육(Psychoeducation)

인지행동모델의 핵심 개념(자동사고 · 인지적 왜곡 · 행동 회피)을 이해시키기 위해 시각 자료와 사례를 활용한다. 클라이언트가 자신의 문제를 모델에 적용해 해석하도록 안내하며 자기모니터링 중요성과 치료 목표 달성 과정을 설명해 치료에 대한 동기를 강화한다.

(4) 인지 개입(Cognitive Intervention)

클라이언트가 일상에서 경험한 자동적 사고를 기록지에 구체적으로 적도록 유도한다. 이후 '사고의 증거는 무엇인가?', '대안적 해석은 가능한가?'라는 질문을 통해 오류를 확인한다. 이는 '균형 잡힌 생각 작성' 과제를 통해 비합리적 신념을 합리적 · 유연한 사고로 재구조화하도록 돕는다.

(5) 행동 개입(Behavioral Intervention)

행동 활성화 계획을 수립해 우울 · 불안으로 회피하던 활동을 점진적으로 재개하도록 한다. 노출훈련이나 행동 실험 과제를 통해 두려운 상황에 안전하게 노출시킨다. 수행 후 기분 변화를 모니터링하여 긍정적 경험을 강화하며 계획을 지속적으로 조정해 자율적 행동 변화를 촉진한다.

(6) 종결 및 유지 관리

목표 달성 정도를 평가하고 세션 수를 단계적으로 줄인다. 재발 방지를 위해 자동사고 기록과 대처 전략 목록(긴급 연락망 · 이완 기법 등)을 포함한 자기관리 계획을 수립하도록 지원한다. 필요시 '점검 세션'을 예약해 장기적 유지 · 보완 학습 기회를 제공한다.

인지행동모델은 [그림 5-1]과 같이 순차적이고 구조화된 과정을 통해 단기적 증상 완화뿐 아니라 중장기적 자기통찰과 대처 능력 강화를 동시에 도모할 수 있다.

인지행동모델은 [그림 5-1]과 같이 순차적이고 구조화된 과정을 통해 단기적 증상 완화뿐 아니라 중장기적 자기통찰과 대처 능력 강화를 동시에 도모할 수 있다.

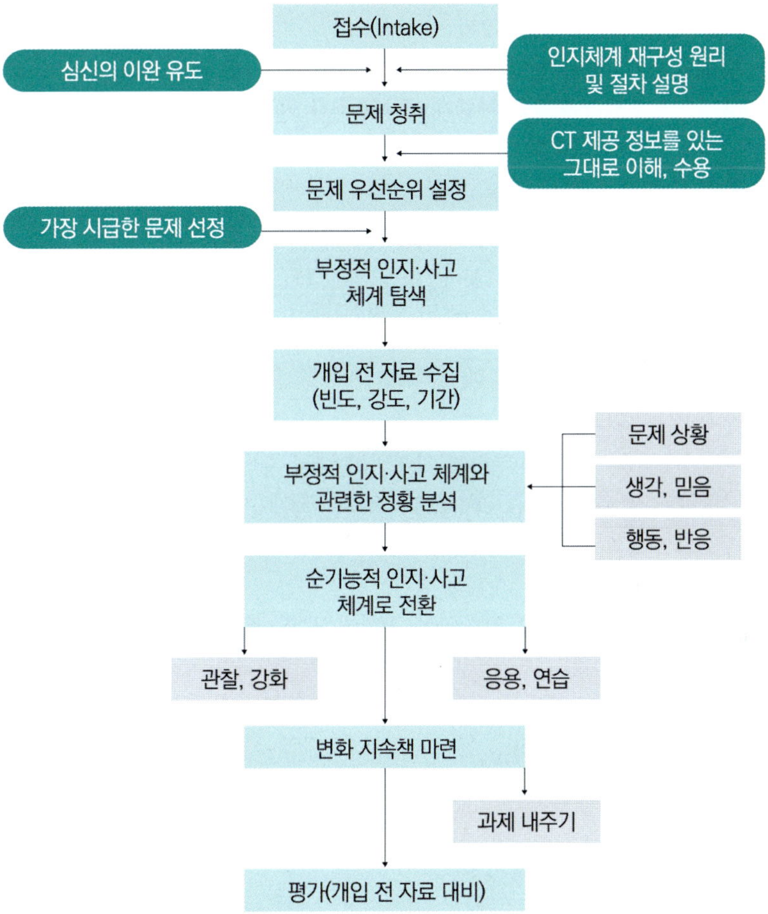

그림 5-1 인지행동모델의 개입 철차

3) 실천 과정에 따른 예시

모델 적용

1. 사정 및 문제 정의

■ 클라이언트 정보

- 이름(가명) : 김민지, F, 42세, 회사원
- 주요 호소 : 6개월 전 입사 후 첫 프로젝트 실패 이후 "아무것도 잘할 수 없다"는 생각에 잠을 이루지 못하고 식사 거부 · 의욕 저하로 업무 · 가사 기능이 급격히 떨어짐.

■ ABC 분석

- A(선행 사건) : 상사가 프로젝트 결과를 비판했음
- B(자동적 사고) : "나는 무능력하다. 모두 나를 무시할 거야."
- C(정서 · 행동 결과) : 깊은 슬픔 · 수치심, 직장 회의 결석 · 가사 방치

2. 목표 설정 및 계획 수립

■ 단기 목표(1~3회기)

- 매일 자동적 사고를 기록하여 자신의 부정적 패턴을 자각
- 간단한 일상 활동(산책 · 가벼운 가사)부터 재개

■ 중기 목표(4~8회기)

- 핵심 신념("나는 무능력하다") 점검 · 재구조화
- 긍정적 활동 스케줄(주 3회 이상 사회적 만남 · 취미) 실행

■ 장기 목표(9~12회기)

- 업무 스트레스 상황에서 대처 전략(사실 검증 · 문제 해결적 대화) 활용
- 우울 재발 징후를 스스로 인식하고 조기 개입

3. 심리교육 및 자기관찰 훈련

■ 모델 설명 : "생각-감정-행동이 연결되어 우울이 강화됩니다"를 ABC 예시로 설명

■ 사고기록지 사용법 : 일별로 사건 · 자동적 사고 · 증상 강도(0~10) · 대안적 사고 입력

4. 인지적 개입

■ 자동적 사고 도전

- B1 : "나는 무능력하다"
- 증거 탐색 : "프로젝트 전 업무 성과는 모두 양호했음"
- 대안적 사고 : "이번 실수는 학습 기회다. 나는 이전에도 성과를 내 본 적이 있다."

- **핵심 신념 재구조화**
  - "무능력" → "나도 때때로 실수하지만, 나는 배우고 성장할 수 있다"

5. 행동적 개입

- **활동 스케줄링** : 매일 오전 30분 산책, 화·목 저녁 친구 통화, 주말 독서 모임 참가
- **활동 실험** : "이번 주말 모임에 가면 얼마나 기분이 나아질까?" 계획·실행 후 결과 점검

6. 과제(홈워크) 부여 및 피드백

- **매일 사고기록지 작성**
  - 주 2회 이상 계획된 활동을 수행하고, 활동 후 기분 변화를 기록
  - 다음 회기에 성공 경험·어려움 사례 리뷰

7. 진행 점검 및 수정

- **매회기 말** : 과제 완수율, 증상 강도 변화(VAS 척도) 점검
- **중간 평가(6회기)** : 목표 달성도 확인 후 스케줄·과제 조정

8. 종결 및 재발 방지

- **성과 정리** : 초기 대비 우울 점수 8 → 3, 사회·직장 기능 회복
- **유지 계획**:
  - 우울 징후 체크리스트(수면·식사·사고기록 변화)
  - 조기 개입 : 사고기록지 복기, 활동 스케줄 강화, 동료·가족에 도움 요청
- **종결 의례** : "이제 제 생각과 감정을 스스로 관찰하고 대처할 수 있게 되었습니다"라는 성취 언어화

5. 실천 기법

1) 내적 의사소통의 명료화

내적 의사소통의 명료화(Clarification of Intrapersonal Communication)는 사회복지사가 클라이언트로 하여금 자신의 자동적 사고, 자기말걸기(self-talk), 신념 등을 언어화하고 구조화하도록 돕는 과정이다. 이 과정에서 사회복지사는 피드백을 통해 클라이언트가 자신의 인지적 오류를 인식하고 보다 합리적인 사고로 전환

할 수 있도록 지원한다. 이는 인지 재구조화 이전 단계에서 통찰을 촉진하는 핵심 기술이다.

2) 설명

설명(Explanation)은 클라이언트가 감정 · 사고 · 행동 간의 상호 연관성을 이해하고 인지행동모델 관점에서 문제의 발생 · 지속 원인을 해석하도록 돕는 교육적 개입이다. 엘리스의 ABC모델(A : 사건, B : 신념, C : 정서 · 행동 결과)을 활용해 감정이 사건 자체가 아닌 개인의 해석에서 비롯됨을 강조한다. 클라이언트가 "화를 느낀다"고만 여길 때 "상대가 나를 무시한다"는 비합리적 신념 개입을 자각하도록 안내하여 이후 인지 재구조화와 행동 개입의 준비를 돕는다.

3) 경험적 학습

경험적 학습(Experiential Learning)은 클라이언트가 실제 삶의 맥락 속에서 새로운 행동을 직접 경험한다. 그 결과에 대해 성찰하는 과정을 중심으로 이루어진다. 사회복지사는 과제나 행동 실험을 설계하여 클라이언트가 이전에 회피하던 상황에 점진적으로 노출되도록 돕는다. 이러한 과정에서 클라이언트는 자신의 예측이 항상 옳지 않음을 깨닫고 유연한 사고와 행동을 학습하게 된다.

4) 인지 재구조화

인지 재구조화(Cognitive Restructuring)는 클라이언트가 자신의 자동적 사고나 비합리적 신념을 인식한다. 이를 보다 논리적이고 현실적인 사고로 교체하도록 돕는 기법이다. 사회복지사는 왜곡된 사고의 근거를 함께 탐색한다. 대안적 사고를 형성하는 과정에서 사고의 정확성, 유용성, 맥락 적합성을 평가하도록 유도한다. 이를 통해 정서적 고통이 완화되고 행동적 반응이 보다 적응적으로 변화된다.

5) 모델링

모델링(Modeling)은 사회복지사 또는 타인이 긍정적이고 바람직한 행동을 시연하거나 설명함으로써 클라이언트가 이를 관찰하고 모방하도록 유도하는 기술이다. 이는 특히 새로운 사회기술을 배우거나 자기주장 훈련이 필요한 클라이언트에게 효과적이다. 관찰학습과 대리강화를 통해 행동 변화의 동기가 강화된다.

6) 시연

시연(Demonstration)은 클라이언트가 특정 상황에서 바람직한 행동을 실제로 연습해 보는 과정이다. 주로 역할극이나 행동 시나리오를 통해 이루어진다. 사회복지사는 예상되는 어려운 상황을 재현한다. 그 상황에서 클라이언트가 적절한 행동을 할 수 있도록 피드백과 강화 자극을 제공한다. 이 기술은 행동적 자신감을 향상시키고 실제 상황에서의 성공 가능성을 높인다. 반복 연습을 통해 클라이언트의 기술 내재화가 강화된다.

7) 체계적 둔감화

체계적 둔감화(Systematic Desensitization)는 불안이나 공포를 유발하는 자극에 대해 점진적으로 노출시킨다. 동시에 이완 반응을 학습하도록 하는 고전적 조건화 기반의 기법이다. 사회복지사는 클라이언트와 함께 불안 위계 목록을 작성하고 가장 약한 자극부터 순차적으로 노출하면서 심리적 탈조건화를 유도한다. 이는 공황장애, 대인기피, 특정공포 등 회피행동을 극복하는 데 효과적이다. 이완훈련과 함께 사용될 경우 더욱 안정적인 효과를 얻을 수 있다.

8) 홍수법

홍수법(Flooding)은 불안을 유발하는 자극에 갑작스럽고 강하게 노출시켜 직면하도록 하는 기술이다. 이는 불안이 실제로 예상한 만큼의 위협을 가지지 않는다는 것을 학습하게 하여 공포 반응을 소진시키는 데 목적이 있다. 사회복지사는 사전에 충분한 설명과 동의를 구하고 정서적 안정이 확보된 상황에서 개입을 실시해야 한다.

9) 자기지시기법

자기지시기법(Self-Instructional Training)은 클라이언트가 스스로를 격려하고 지시하는 자기언어를 개발하고 사용하는 훈련이다. 이 기법은 주의집중력, 충동조절, 문제 해결력 향상에 효과적이다. 아동이나 청소년에게 유용하다. 사회복지사는 클라이언트가 부정적 자기대화 대신 긍정적 자기지시를 선택하도록 지도하고 일상생활 속에서 반복적으로 연습하게 한다. 이는 자기조절 능력과 정서적 자기통제에 도움을 준다.

10) 사회기술훈련

사회기술훈련(Social Skills Training)은 의사소통, 자기주장, 갈등 해결, 감정 표현 등 사회적 상호작용에서 필요한 행동을 학습하고 연습하는 개입 기법이다. 사회복지사는 클라이언트의 대인관계 문제를 진단한 후 적절한 기술을 설명하고 시연한다. 연습과 피드백을 반복함으로써 기술 습득을 돕는다. 이 훈련은 청소년, 발달장애인, 정신장애인 등 다양한 대상에게 적용되며 사회적 적응력 향상에 중점을 둔다.

11) 이완훈련

이완훈련(Relaxation Training)은 신체적 긴장을 완화하고 스트레스와 불안을 감소시키기 위한 일련의 기술을 포함한다. 복식호흡, 점진적 근육이완법, 자율훈련, 명상, 시각화 등 다양한 방법이 활용된다. 정서 조절력과 심리적 안정성을 높이는 데 기여한다. 사회복지사는 클라이언트의 스트레스 반응을 평가한 후 적절한 이완기술을 교육하고 일상에서 활용하도록 지도한다. 인지행동모델의 개입기술은 〈표 5-5〉와 같다.

표 5-5 인지행동모델의 개입기술

기술	정의	예시
내적 의사소통의 명료화	클라이언트가 자신의 자동적 사고나 자기말 걸기를 언어화하여 인지적 왜곡을 인식하도록 돕는 기술	"나는 항상 실패해요"라는 말에 대해, 사회복지사가 "그 생각이 들게 된 상황을 더 자세히 말해줄 수 있나요?"라고 질문함
설명	사고, 감정, 행동의 상호작용 구조를 도식화하거나 사례로 설명하여 자기이해를 돕는 기술	사회복지사가 ABC모델을 사용해 "감정은 사건 때문이 아니라 그에 대한 생각 때문일 수 있어요"라고 설명함
경험적 학습	실제 행동이나 과제를 통해 클라이언트가 새로운 인지나 감정을 체험하고 검토하게 하는 기법	"일주일 동안 카페에서 낯선 사람에게 인사해 보기"라는 과제를 수행하게 함
인지 재구조화	자동적 사고나 비합리적 신념을 논박하고 보다 현실적인 사고로 전환하는 기법	"나는 무능해"라는 사고에 대해 "최근에 잘한 일이 없나요?"라고 질문하며 대안적 사고를 유도
모델링	사회복지사 또는 타인이 바람직한 행동을 시범 보이며 학습하도록 돕는 기법	사회복지사가 '거절하는 대화 방식'을 시연함
시연 (행동 연습)	클라이언트가 실제 상황을 가정해 말하거나 행동을 반복 연습해 보는 기법	친구에게 부탁하기 연습을 역할극으로 진행하고 피드백 제공
체계적 둔감화	불안을 유발하는 자극에 점진적으로 노출하면서 이완훈련을 병행하는 기법	발표 공포를 가진 클라이언트가 일대일 발표 → 소그룹 → 전체 발표 순으로 노출함
홍수법	두려운 자극에 강도 높고 즉각적으로 노출시켜 공포 반응을 약화시키는 기법	엘리베이터 공포가 있는 클라이언트를 즉시 엘리베이터에 태움
자기지시 기법	긍정적 자기언어를 사용하여 행동을 조절하고 정서를 안정시키는 기법	"나는 할 수 있어" 같은 문장을 반복해서 읽거나 속으로 되뇌게 함
사회기술 훈련	의사소통, 자기표현, 갈등 조절 등의 대인관계 기술을 설명, 시연, 연습, 피드백을 통해 습득하도록 돕는 기법	클라이언트가 "싫다고 말하기" 연습을 역할극으로 해보고 피드백 받음
이완훈련	복식호흡, 점진적 근육이완 등을 통해 긴장을 해소하고 신체적·정서적 안정을 유도하는 기법	긴장이 심한 클라이언트에게 복식호흡과 근육이완법을 함께 지도함

6. 효과와 한계점

1) 효과

인지행동모델은 부정적 자동사고를 수정함으로써 심리적·신체적 증상을 신속히 완화하고 장기적 자기관리 능력을 강화한다. 다양한 인구집단과 실천 현장에서 비용 효과성을 보이고 있으며 주요 효과는 다음과 같다.

첫째, 증상 완화 효과

우울증과 불안장애에서는 부정적 자동사고를 체계적으로 도전·수정하여 기분 저하와 과도한 걱정을 빠르게 경감시킨다. 만성 통증이나 과호흡증 같은 신체 증상에서도 고통에 대한 인지적 반응을 줄이고 일상 기능 회복을 돕는다.

둘째, 재발 방지 및 자기관리 강화

클라이언트가 스스로 부정적 사고를 인식하고 대처 전략을 활용하도록 훈련받기 때문에 치료 종료 후에도 재발 위험이 낮으며 자기관리 역량이 지속적으로 향상되어 장기적 회복탄력성을 확보할 수 있다.

셋째, 적용 범위 및 비용효과성

아동·청소년부터 성인·노인에 이르기까지 전 연령대와 다양한 문화권에서 효과가 검증되었고, 학교·직장·의료 현장 등에서 짧은 세션으로도 증상 호전을 이끌어 내 높은 비용효과성을 자랑한다.

2) 한계점

인지행동모델은 사회복지실천 현장에서 광범위하게 활용되며 그 효과성을 인정받고 있지만 다음 세 가지 측면에서 한계를 드러낸다.

첫째, 구조적 · 환경적 요인 간과

현장의 클라이언트는 빈곤, 실업, 주거 불안정, 폭력 경험, 차별 등 다층적 사회경제적 어려움과 트라우마를 동시에 겪는다. 그러나 인지행동모델은 주로 개인의 사고 패턴과 행동에 초점을 맞추기 때문에 이들의 문제를 단순한 '인지적 오류'로 환원하거나 환경적 제약을 배제할 위험이 있다. 예컨대, 주거 불안정으로 불안이 지속되는 경우 인지 재구조화만으로는 근본적 안정이 어렵다.

둘째, 참여 동기 및 인지 능력의 제약

인지행동적 개입은 클라이언트의 자발적 참여와 과제 수행을 전제한다. 그러나 사회복지 현장에는 비자발적 개입 대상자가 많아 초기에 라포가 형성되지 않으면 구조화된 기법이 거부감을 키울 수 있다. 또한 지적 장애 · 심한 인지 손상 · 낮은 교육 수준을 가진 클라이언트는 사고 기록지 작성이나 소크라테스식 질문을 활용하기에 어려움이 있다. 불안정한 생활 환경(장시간 노동 · 주거 불안정)은 과제 완수를 가로막아 개입 효과를 저해한다.

셋째, 단기성 및 윤리적 고려 부족

인지행동모델은 단기 개입에 강점을 보이나 핵심 신념에 뿌리내린 복합 문제를 근본적으로 재구조화하기에는 시간이 부족하다. 치료 후 재발 위험이 상존하며 클라이언트가 스스로 기법을 지속 적용해야 한다는 과제도 남는다. 아울러 '비합리적 신념' 규정 과정에서 클라이언트의 개인적 가치관 · 문화적 배경을 충분히 반영하지 못하면 사회복지사의 기준이 일방적으로 주입된다는 윤리적 갈등이 발생할 수 있다.

CHAPTER 06

위기개입모델

개 요

오늘날 사회는 빠른 변화와 복잡한 문제로 인해 개인과 가족이 예기치 못한 위기를 겪을 수 있다. 이에 사회복지사는 단순한 정서 지원을 넘어 과학적 이론과 기술로 위기를 효과적으로 다루는 전문 개입자로 활동한다. 이 장은 위기 상황에 대한 이론적 이해를 바탕으로 위기개입모델의 개념, 원칙, 실천 과정을 설명하고, 효과적인 기법과 실제 적용 방안을 제시한다. 또한 효과와 한계점을 함께 다뤄 실천적 통찰을 제공한다.

학습목표

1. 위기개입의 개념과 이론적 배경을 이해할 수 있다.
2. 위기개입의 단계별 과정과 실천 기법을 이해하고 적용할 수 있다.
3. 사회복지실천 현장에서 위기개입모델을 활용하는 실제 개입 전략을 수립할 수 있다.

1. 이론적 배경

'위기(crisis)'라는 용어는 일상에서도 자주 사용되지만 사회복지실천에서는 특정 조건과 반응 양식을 포함하는 중요한 개념으로 정의된다. 위기는 단순히 스트레스 상황이나 어려움을 뜻하는 것이 아니라 개인의 기존 방어기제가 작동하지 않는 내적 방어나 기능이 무너진 상태를 의미한다. 위기개입모델은 고전 이론부터 현대적 접근에 이르기까지 다양한 학문적 배경에 기반을 두고 발전해왔으며 초기의 임상심리적 관점에서 출발하여 점차 인지적, 생태학적, 트라우마 중심 접근으로 확장되었다. 오늘날에는 다차원적이고 통합적인 실천모델로 발전하고 있다.

1) 등장 배경

위기개입모델(Crisis Intervention Model)은 제2차 세계대전 이후 전쟁의 후유증에 대응하기 위해 등장했다. 당시 많은 사람이 불안, 자살 충동, 가족 해체 등 심각한 위기 상황을 겪었고 장기 치료만으로는 해결이 어려웠다. 이에 따라 빠르고 집중적인 개입 방식이 필요해졌고 에릭 린드만(Erich Lindemann)은 상실 반응을, 제럴드 카플란(Gerald Caplan)은 예방 중심 접근을 제시하며 이론적 기반을 마련했다. 위기개입모델은 이후 의료와 지역사회 영역에서 적극적으로 활용되며 실용적인 개입 방식으로 자리 잡았다.

2) 초기 접근

위기개입의 초기 접근은 린드만의 급성 그리프 반응 연구(Acute Grief Reaction Study, 1944)에서 시작되었다. 그는 보스턴 코코넛그로브 화재 사건의 유가족을 대상으로 갑작스러운 상실 이후 사람들이 겪는 심리적·신체적 반응을 체계적으로 분석하였다. 린드만은 불안, 죄책감, 신체 증상 등 복합적인 반응을 정상적인 애도 과정으로 보며 이를 통해 초기 개입의 중요성을 강조했다.

이후 카플란은 이 연구를 기반으로 위기를 단지 병리적 현상이 아닌 잠재적 성장 기회로 보고 예방정신의학 개념을 도입하였다. 그는 지역사회 기반의 조기 개입과 지원 체계의 중요성을 강조하며 위기 상황을 개인의 회복탄력성과 적응 능력을 강화하는 전환점으로 해석하였다. 이러한 초기 접근은 이후 위기개입모델의 핵심 이론적 토대가 되었으며 오늘날의 사회복지실천에서도 빠르고 구조화된 개입의 필요성을 설명하는 근거가 된다.

3) 심리사회적 접근

에릭슨은 인간의 생애주기마다 고유한 심리사회적 발달 과제가 존재한다고 보았으며 각 단계에서 이러한 과제가 제대로 해결되지 않으면 정체감 혼란, 역할 갈등 등 심리적 위기로 이어질 수 있다고 보았다. 이 이론은 위기를 단순한 외부 사건이 아닌 발달 과정의 일부로 이해하게 하며 발달적 위기의 개념을 이론적으로 정립하는 데 중요한 기반이 되었다.

4) 인지적 접근

리차드 라자루스(Richard S. Lazarus)와 수잔 폴크만(Susan Folkman)은 스트레스와 대처이론을 통해 개인이 위기 상황을 어떻게 인지하고 평가하는지가 반응의 강도와 방식에 결정적인 영향을 미친다고 보았다.

스트레스 이론(Lazarus's Stress Theory)은 스트레스를 개인의 인지적 평가와 대처 능력에 따라 결정되는 심리적 과정으로 본다. 스트레스는 단순히 자극에 의해 발생하는 것이 아니라 그 자극을 어떻게 해석하고 받아들이는지에 따라 달라진다는 것이 핵심이다. 즉 스트레스 사건을 위기로 인식하고 대처 자원을 검토하는 과정은 이후 위기개입모델의 인지적 접근에 중요한 틀을 제공했다.

5) 최근 접근

현대 위기개입이론은 기존 심리 중심적 관점에서 벗어나 보다 다차원적이고 통합적인 접근으로 확장되고 있다. 특히 브론펜브레너의 생태체계이론과 트라우마 인식 기반 실천의 통합은 위기를 개인의 문제로 국한하지 않고 개인을 둘러싼 환경과의 상호작용 속에서 발생하는 구조적·맥락적 현상으로 이해하는 틀을 제공한다.

반복적인 학대 경험이나 만성적인 사회적 배제는 복합 외상(complex trauma)으로 발전할 수 있으며 이는 단기 개입만으로 해결이 어렵고 장기적 개입과 회복이 요구된다.

트라우마 인식 기반 접근은 클라이언트의 위기 반응을 병리화하거나 개별적 책임으로 귀속하지 않고 트라우마가 개인의 생물학적, 정서적, 사회적 기능에 미치는 영향을 인정한다. 이러한 관점은 특히 젠더 기반 폭력, 인종차별, 이주 경험 등 구조적 위기와 연결된 집단에 대한 개입에서 필수적이다.

따라서 오늘날 사회복지사는 단순한 심리적 지지자 역할을 넘어 사례관리자, 옹호자, 촉진자로서의 역할을 수행해야 한다. 이와 같은 접근은 위기의 재발을 방지하고 지속 가능한 회복과 삶의 질 향상을 위한 실천 전략으로 기능할 수 있다.

2. 기본 가정

위기개입모델은 위기 상황에 놓인 개인이나 집단이 심리적·정서적 혼란에서 벗어나 일상 기능을 회복하도록 돕는 구조화된 실천 전략이다. 위기를 단순한 취약성 문제가 아닌 환경과의 상호작용 속에서 발생하는 적응의 어려움으로 보며 감정 지지뿐 아니라 실제 문제 해결과 자원 연결을 통해 회복을 지원한다. 그래서 위기개입에는 다음 네 가지를 기본 가정으로 하고 있다.

1) 위기는 누구에게나 발생할 수 있고 단순한 스트레스가 아니다.

위기개입모델은 위기를 특정 집단에 국한된 현상이 아니라 누구나 생애 어느 시점에서든 경험할 수 있는 보편적 현상으로 본다. 예상치 못한 사건이나 과도한 스트레스로 인해 기존의 대처 방식이 더 이상 효과를 발휘하지 못할 때 개인은 심리적 균형을 잃고 위기를 경험하게 된다. 이때 위기는 단순한 어려움이나 스트레스 반응을 넘어 정서적 혼란, 사고의 왜곡, 행동의 위축 또는 과잉반응, 사회적 기능 저하 등의 증상을 동반한다.

2) 위기는 단기적 개입이며 구조화된 단계로 이루어진다.

위기 상황은 짧은 시간 안에 집중적으로 나타나며 발생 직후 개입이 가장 효과적이다. 초기 24~72시간은 회복 가능성이 높은 시기로 신속한 대응이 중요하다. 위기개입은 상담 기술을 넘어선 구조화된 실천 과정이다. 초기 사정, 신뢰 형성, 감정 환기, 문제 규명, 자원 탐색, 계획 수립, 사후 관리의 단계로 진행되며 각 단계는 명확한 목표와 기술을 요구한다.

3) 위기는 성장의 기회가 될 수 있고 클라이언트는 해결 능력이 있다.

위기개입모델은 위기를 단순한 병리로 보지 않고 적절한 개입을 통해 회복력과 대처 능력을 강화할 기회로 본다. 이를 통해 삶의 방향을 재정립하고 자기효능감을 높이는 데 중점을 둔다. 이 모델에서는 클라이언트를 문제 해결의 주체로 보며 강점과 자원을 활용해 새로운 대처 방식을 찾도록 돕는다. 사회복지사는 클라이언트의 자율성과 선택을 존중하며 개입 방법을 계획해야 한다.

4) 문화적 감수성과 트라우마 인식이 필수이며 다학제적 협력이 필요하다.

현대 위기개입은 기술 중심 접근만으로는 한계가 있다. 문화, 정체성, 트라우마를 고려한 민감한 실천이 요구되며 위기는 젠더, 인종, 이주, 차별 등 구조적 문제와도 연결되어 있음을 인식해야 한다. 위기 상황은 복합적이므로 단일 전문가 개입에는 한계가 있다. 사회복지사는 의료, 교육, 법률 등과 협력하는 다학제 개입을 활용하고 중재자이자 사례관리자로서 자원 연계와 역할 조율을 맡아야 한다.

3. 주요 개념

1) 위기 개념

위기는 개인이 겪는 특정 사건이나 변화에 대해 기존의 대처 자원이나 방식이 더 이상 유효하지 않아 심리적 균형이 무너지고 정서적·행동적 기능이 급격히 저하된 상태를 뜻한다. 이러한 위기 상황은 누구에게나 발생할 수 있으며 갑작스럽고 예측 불가능한 특성을 지닌다. 따라서 짧은 시간 안에 효과적으로 대응하지 않으면 위기가 더욱 심화될 수 있어 조기 개입과 단기 집중 지원이 매우 중요하다. 아래는 여러 학자들이 제시한 위기의 개념이다.

표 6-1 위기의 개념

학자	위기 정의
린드만 (Lindemann, 1944)	중대한 상실에 대한 비정상적 반응
아길레라와 매식 (Aguilera & Messick, 1986)	개인이 일상적으로 사용하는 문제 해결 기술이 효과를 발휘하지 못하는 예기치 못한 사건에 직면할 때 발생하는 불균형 상태
로버츠 (Roberts, 2005)	즉각적인 심리사회적 개입이 요구되는 일상생활 기능을 급격히 저하시킬 수 있는 상태

2) 위기의 유형

사회복지실천의 현장에서는 위기가 일률적인 패턴으로 나타나기보다 개인의 생애주기, 주요 전환 사건, 사회경제적 지위, 문화적 배경 및 환경적 요인 등 복합적 변수들의 상호작용 속에서 다양한 형태로 발현된다. 이에 따라 사회복지사는 위기 상황의 다면성과 맥락을 정확히 이해하고 각 위기 유형의 발생 원인과 특성을 체계적으로 분석할 수 있어야 한다. 이러한 분석을 토대로 맞춤형 개입 전략을 수립하고 상황에 따른 차별화된 실천 방안을 적용함으로써 보다 효과적이고 지속 가능한 개입이 가능해진다.

(1) 발달적 위기 : 생애주기 전환에서의 도전

발달적 위기는 인간이 생애주기에서 겪는 변화 과정에서 나타나는 심리사회적 긴장 상태를 말한다. 역할 변화와 자아정체성 재정립 과정에서 불안과 갈등이 수반되며 청소년기의 진로 고민, 중년기의 노화 인식, 노년기의 상실 경험 등이 이에 해당한다. 에릭슨은 각 단계에 과제가 존재하며 이를 극복할 때 성숙한 자아발달이 가능하다고 보았다.

예 시 **대학 졸업 후 미래에 대한 불안과 자기가치감의 혼란을 겪는 청년**

사회복지사는 이런 위기를 성장의 기회로 인식하고 클라이언트가 변화에 적응할 수 있도록 정서적 지지와 실질적인 정보 제공으로 개입한다.

(2) 상황적 위기 : 예기치 못한 외부 사건의 충격

상황적 위기는 갑작스럽고 예기치 못한 사건으로 인해 기존의 대처 방식이 무너지며 심리적 균형이 흔들리는 상태를 말한다. 교통사고, 가족의 갑작스러운 사망, 실직, 이혼, 범죄 피해, 중대한 질병 진단 등이 여기에 해당한다. 준비되지 않은 상태에서 발생하기 때문에 정서적 충격이 크고 회복에도 상당한 시간이 걸릴 수 있다.

예 시 **가장의 실직으로 생계 불안에 직면하게 된 가족 구성원**

빠른 정서적 안정과 현실적인 개입이 필요하다. 사회복지사는 위기 초기에 심리적 안정을 도모하고 실질적인 지원과 자원 연계를 통해 클라이언트가 다시 일상을 회복할 수 있도록 돕는 역할을 수행한다.

(3) 실존적 위기 : 삶의 의미와 정체성 상실의 고통

실존적 위기는 삶의 의미나 존재 목적에 대한 혼란에서 비롯되는 내면의 위기다. 정체성 상실, 무의미감, 죽음에 대한 불안 등이 주요 특징이며 겉보기에 안정된 삶을 살아도 "나는 왜 사는가"라는 질문에 빠질 수 있다.

예 시 **졸업 후 진로를 찾지 못해 삶에 대한 의욕을 잃고 죽음을 고민하는 20대 청년**

사회복지사는 클라이언트와 삶의 의미, 정체성, 방향에 대한 혼란을 함께 탐색하며 내면의 자원을 발견할 수 있도록 지지한다. 이후 진로 탐색을 위한 정보 제공, 상담 연계, 자원 연결 등 현실적 지원을 함께 계획한다.

(4) 환경적·구조적 위기 : 외부 조건과 사회 구조의 억압

환경적 · 구조적 위기는 지진, 팬데믹, 전쟁, 빈곤, 차별 등 개인이 통제하기 어려운 사회적 요인으로 발생한다. 예를 들어 청년 주거 불안, 난민 문제, 기후 위기 등이 이에 해당한다. 사회복지사는 단순 개입을 넘어 권리 옹호와 정책 연계 등 구조적 대응이 필요하다.

예 시 **코로나19로 인한 해고와 소득 상실을 겪은 비정규직 노동자**

사회복지사는 먼저 생계 안정과 정서적 지지를 제공해야 한다. 긴급복지, 고용지원, 주거지원 등 공적 자원과 민간 연계를 통해 실질적인 생활 기반을 마련하고 클라이언트의 권리를 보호하는 옹호 활동도 함께 수행한다.

(5) 복합적 위기 및 트라우마성 위기 : 중첩된 상처와 반응

복합 위기는 반복된 학대, 이주, 빈곤, 가정폭력, 차별 등 다양한 요인이 동시에 작용해 발생하며 이는 개인의 정체감과 신뢰를 손상시키고 장기적인 위기 상태로 이어진다. 실직, 돌봄 부담, 고립 등 다중 스트레스 요인이 위기를 더욱 심화시킨다. 이런 상황에서는 단기 개입만으로는 부족하며 트라우마 인식 기반 실천, 다학제 팀 협력, 장기 사례관리, 전문 치료 연계가 함께 이루어져야 한다.

예 시 **학교 폭력 피해를 입은 탈북 청소년**

사회복지사가 클라이언트의 심리적 안정과 신뢰를 우선 확보하고 자율성과 회복 능력을 키울 수 있도록 돕는 접근이 필요하다. 특히 트라우마 경험이 있는 경우 개입 과정 전반에서 정서적 안전과 존중을 바탕으로 한 민감한 대응이 중요하다.

3) 위기의 구성 요소

위기는 단절된 사건이 아니라 시간의 흐름 속에서 정서, 인식, 행동의 변화가 수반되는 심리사회적 과정이다. 충격, 감정 반응, 인지 재구성, 적응 시도, 재통합의 단계를 거치며 개인은 혼란을 지나 현실을 받아들이고 새로운 대처 방식을 통해 위기를 삶에 통합하게 된다.

(1) 위험 사건(Risk Event)

위기의 출발점은 예기치 못한 사건이나 환경적 변화이다. 이 사건은 개인의 일상에 심리적 충격을 주며 기존의 안정된 삶의 흐름을 깨뜨리는 계기로 작용한다. 예를 들어 실직, 이혼, 사고, 상실 등의 사건이 이에 해당한다.

(2) 취약 상태(Vulnerable State)

위험 사건 이후 개인은 정서적 불안정, 사고의 혼란, 대처 능력 약화 등의 상태에 놓이게 된다. 이 시기는 겉보기에는 일상 기능이 유지되는 듯 보일 수 있으나 내면적으로는 감정과 인지의 균형이 흔들리며 위기 발생 가능성이 높아지는 시점이다.

(3) 촉발 요인(Precipitating Factor)

위기를 결정적으로 발생시키는 계기로 상대적으로 작아 보이는 자극이 클라이언트의 심리적 임계점을 건드리는 역할을 한다. 예를 들어 반복된 스트레스 상황 속에서의 마지막 충격, 누적된 긴장을 폭발시키는 사소한 갈등 등이 여기에 포함된다.

(4) 실제 위기 상태(Active Crisis State)

심리적 균형이 무너지고 기존의 대처 방안이 작동하지 않으며 정서 · 인지 · 행동의 전반적인 혼란이 나타나는 시점이다. 클라이언트는 불안, 분노, 절망 등 극단적 정서를 경험하며 일상 기능 수행에 심각한 어려움을 겪는다. 이 시기는 개입의 긴급성이 가장 높은 시기다.

(5) 재통합 단계(Reintegration Phase)

개입과 시간의 흐름을 통해 위기 상태를 벗어나며 개인은 새로운 균형을 모색하게 된다. 이 단계에서 클라이언트는 위기 경험을 삶의 일부로 통합하고 대처 능력과 회복력을 높이며 이전보다 성숙한 방식으로 삶을 재조직한다.

그림 6-1 골란의 위기 발달 단계

4) 위기개입의 기본 원칙

위기개입의 기본 원칙은 위기개입이 짧은 시간 안에 명확한 목표를 가지고 체계적으로 진행돼야 하고 클라이언트의 주체성, 강점, 문화적 배경을 존중하는 통합적 접근을 지향한다.

아래에서는 실천 현장에서 자주 활용되는 대표적인 위기개입의 핵심 원칙 여덟 가지를 간단히 소개하고 각 원칙의 실천적 의미를 설명한다.

(1) 신속한 개입(Immediacy)

위기 상황은 시간적 긴급성이 매우 높으며 초기 개입의 시기와 속도가 클라이언트의 회복 경로에 큰 영향을 미친다. 위기 발생 후 72시간 이내 특히 첫 24시간은 개입이 가장 효과적인 시기로 여겨진다.

예 시 **자살 시도 후 응급실에 온 청소년**

사회복지사는 즉시 위기상담을 진행하여 클라이언트의 정서적 탈진을 완화하고 추가 행동을 하지 않도록 노력한다.

(2) 제한된 초점(Focus)

위기개입은 개입 기간이 짧고 제한적이기 때문에 문제의 범위를 좁혀 핵심 위기 요소에 집중해야 한다. 과거의 문제나 주변적 이슈보다는 현재 위기 상황과 직접적으로 연관된 핵심 주제에 초점을 맞추어야 한다.

> **예 시** **가정폭력 생존자**
>
> 사회복지사는 아동 양육이나 가족 갈등보다 '현재의 안전 확보와 긴급 주거 문제 해결'에 우선 집중한다.

(3) 지금 여기(Here-and-Now)

위기개입의 핵심 원칙 중 하나는 과거의 해석에 집중하기보다는 현재 클라이언트가 겪고 있는 위기 상황과 감정, 행동 반응에 주목하는 것이다. 이러한 지금 여기(here-and-now) 접근은 클라이언트가 지금 느끼는 고통을 구체화하고 위기의 핵심 문제를 인식하도록 돕는다.

> **예 시** **배우자 상실로 인해 혼란스러워하는 50대 여성**
>
> "지금 가장 힘든 점은 무엇인가요?"라는 질문을 통해 클라이언트의 현재의 혼란과 감정 상태를 명확히 파악한다.

(4) 클라이언트의 강점 활용(Use of Client Strengths)

위기 상황에 놓여 있는 클라이언트라 하더라도 여전히 생존하고 있다는 사실은 이미 일정 수준의 강점(strength)과 자원이 존재함을 보여 준다. 따라서 위기개입은 클라이언트의 내적 자원과 회복력(resilience), 과거의 문제 해결 경험 등을 적극적으로 탐색하고 강화하는 방향으로 이루어져야 한다.

> **예 시** **자해를 반복하는 청소년**
>
> "예전에도 어려움을 극복했던 경험이 있나요?", "그때 무엇이 도움이 되었나요?"와 같은 질문을 통해 클라이언트가 자기효능감(self-efficacy)을 회복하고 미래에 대한 희망을 다시 가질 수 있도록 돕는다.

(5) 실질적 문제 해결(Problem Solving)

위기개입은 단순한 정서적 지지에 그치지 않고 클라이언트가 현실에서 직면하고 있는 구체적 문제를 해결하는 것을 필수 요소로 포함한다. 주거, 안전, 의료, 법률 등 실제적인 사안에 대해 즉각적인 지원을 제공하고 단기적이고 실행 가능한 행동 계획을 함께 수립하는 것이 중요하다.

> **예 시** **산불로 인해 집을 잃은 가족**
>
> "오늘 밤 안전하게 지낼 수 있는 장소를 함께 찾아보겠습니다"와 같은 실질적인 개입은 클라이언트가 즉각적인 위협에서 벗어나 심리적 안정감을 되찾도록 돕는다.

(6) 자원 연결(Linkage with Supports)

위기 상황에서는 클라이언트가 평소에 활용하던 지지체계나 자원이 단절되거나 제대로 기능하지 않는 경우가 많다. 이러한 상황에서 사회복지사는 공적, 민간, 비공식적 자원을 신속하게 파악하고 클라이언트가 실제로 활용할 수 있도록 효과적으로 연결해야 한다.

> **예 시** **고립, 은둔으로 가정에서 학대받는 10대 청소년**
>
> 지역 정신건강복지센터, 긴급 쉼터, 청소년상담복지센터, 법률구조공단 등과 연계할 때 단순히 정보를 제공하는 데 그치지 않고 필요하다면 동행, 서비스 조정, 지속적인 연결 관리까지 수행해야 한다.

(7) 일상 기능 회복 지원(Restoration of Functioning)

위기개입의 최종 목표는 클라이언트가 위기 이전 수준의 기능을 회복하거나 그보다 더 나은 상태로 성장할 수 있도록 돕는 것이다. 이를 위해 정서 조절, 일상생활의 회복, 자립 능력 강화, 사회적 역할 복귀 등을 단계적으로 지원해야 한다.

예 시 **등교를 거부하는 청소년**

사회복지사는 클라이언트의 감정과 경험은 비판 없이 인정하고 라포를 형성한다. 학교와 협력해 전일 등교보다는 주2일 등교 등 점진적인 등교 계획을 수립해 실행할 수 있다.

(8) 문화적 감수성 및 트라우마 인식(Cultural Sensitivity & Trauma-Informed Care)

다문화 배경, 젠더 정체성, 이주 경험, 소수자 위치는 위기 상황의 인식과 반응 방식에 큰 영향을 준다. 사회복지사는 클라이언트의 문화적 맥락과 삶의 조건을 고려해 개입해야 하며 트라우마 경험이 포함된 경우에는 트라우마 인식 기반 실천(Trauma-Informed Practice, TIP)을 활용해야 한다.

예 시 **가정폭력 피해를 경험하고 있는 이주여성**

사회복지사는 낯선 환경과 폭력 경험으로 불안정한 상태인 클라이언트에게 안전한 상담 공간을 제공한다. 통역 서비스나 폭력피해 전문 상담원을 통해 언어적·문화적 장벽을 최소화한다. 클라이언트의 출신 문화에서의 여성 역할, 가족관계, 폭력에 대한 인식 등을 존중하며 판단 없이 개입한다.

4. 실천 과정

1) 실천 목표

릴리언 라포포트(Lillian Rapoport)는 위기개입의 목표는 단기적이고 구체적으로 설정되어야 한다고 보았다. 위기 상황으로 무너진 개인의 기능과 균형을 회복하기 위한 단기 개입이므로 여섯 가지 목표를 제시하였고 이 중 네 가지는 반드시 달성해야 하며 나머지 두 가지는 상황이나 클라이언트 특성에 따라 달성할 수 있는 목표로 보았다.

(1) 심리적 증상 완화

위기 상황의 클라이언트는 불안, 공포, 무력감 등으로 인해 사고력과 판단력이 저하된다. 따라서 개입 초기에는 정서적 안정을 회복시키는 것이 중요하다. 이는 단순한 위로가 아니라 감정을 안전하게 표현하고 그 반응이 비정상이 아님을 인식하도록 돕는 과정이다.

(2) 위기 이전 수준의 일상 기능 회복

위기개입의 핵심 목표 중 하나는 클라이언트가 위기 이전에 수행하던 일상 기능을 회복하도록 돕는 것이다. 이는 사회적 관계 유지, 직무 수행, 일상생활 관리 등 개인의 역할을 정상적으로 수행할 수 있는 상태로 되돌리는 것을 의미한다.

(3) 촉발 요인 이해

클라이언트가 현재의 위기 원인을 인식하고 그 영향과 의미를 이해하도록 돕는 과정이다. 이는 감정에 휩쓸리지 않고 상황을 객관화하게 하며 효과적인 대처 전략을 세울 수 있는 기반을 마련해 위기 극복의 출발점이 된다.

(4) 대처 능력 향상 및 자원 연결

위기 상황에서 클라이언트의 회복을 돕기 위해서는 내면의 강점과 외부 자원을 함께 활용해야 한다. 대처 능력, 지지체계, 과거 경험 등 내부 자원을 확인하고 복지기관이나 지원 서비스와 연결해 실질적인 도움을 제공하는 것이 중요하다.

(5) 문제의 스트레스와 과거의 경험을 통합하여 이해

현재의 스트레스를 과거의 경험과 연결해 이해하도록 돕는 것은 클라이언트가 위기를 삶의 연속적인 과정으로 받아들이게 하며 자기통찰을 촉진한다. 이를 통해 위기를 단순한 사건이 아닌 성장의 기회로 전환할 수 있도록 지원한다.

(6) 새로운 인식, 태도, 기술 획득

위기 상황을 통해 클라이언트가 자신과 환경에 대한 새로운 인식과 대처 기술을 습득할 수 있도록 한다. 이는 위기를 단지 극복의 대상으로 보는 것이 아니라 성장을 위한 기회로 전환시키는 실천적 목표이다. 예컨대 분노조절훈련, 스트레스 관리, 의사소통 기술 등이 여기에 해당한다.

2) 실천 과정

위기개입모델의 실천 과정은 위기 상황에 놓인 클라이언트를 신속하고 효과적으로 돕기 위한 구조화된 개입 절차를 말한다. 나디아 골란(Nadia Golan)은 위기를 감정과 인식, 행동이 변화하는 심리사회적 과정으로 보고 단계별 개입의 중요성을 강조했으며 아귈레라와 매식(Aguilera & Messick)은 위기 상황에 효과적으로 대응하기 위한 실천 단계를 6단계로 제시하여 구체적이고 체계적인 실천 방향을 제시하였다. 이 두 모델은 위기개입의 실제 적용에 중요한 이론적 기초가 된다.

(1) 골란(Golan)의 위기개입모델

골란은 위기를 단순한 사건이 아니라 시간의 흐름 속에서 개인이 심리 · 사회적으로 경험하고 적응해 가는 과정으로 보고 위기는 일회성이 아니라 과정이며 각 단계마다 적절한 개입의 초점이 필요하다고 하였다.

초기 단계는 위기개입의 출발점으로 신뢰 관계 형성과 위기 사정이 핵심이다. 클라이언트의 감정적 불안정 상태를 이해하고 안정감을 제공하며 상황의 심각성과 긴급성을 정확히 평가하고 실천 목표를 설정한다.

중기 단계는 문제 해결을 위한 실제 행동이 이루어지는 시기로 클라이언트가 목표를 실천하도록 돕고 대처 기술을 익히며 자원과 연결한다. 실패 시에는 함께 새로운 전략을 모색한다.

종결 단계는 클라이언트가 회복된 기능을 유지하고 향후 위기에 대비할 수 있도록 준비하는 과정으로 성과를 점검하고 재발 방지 계획을 수립한다.

초기 단계	중기 단계	종결 단계
• 신뢰 관계 형성 • 위기의 실제 여부 확인 • 목표 설정	• 구체적인 과업 실행 • 새로운 대처 기술 습득 • 자원 활용	• 성과 검토 • 자원 강화 • 사후 계획 수립

그림 6-2 골란의 위기개입 단계

사 례

40대 여성 A씨는 남편의 급작스러운 사망 직후 응급실에서 사회복지사와 처음 만났다. 극도의 충격 상태였던 A씨는 현실을 부정하며 말을 잇지 못했다.

<초기 단계>
사회복지사는 "지금 이 순간 당신을 함께 돕고자 하는 사람이 있습니다"라는 말로 감정적 지지를 전하며 신중하게 신뢰를 쌓기 시작했다. 간단한 질문을 통해 A씨의 현재 상태와 위기 반응의 정도를 파악하고 상황의 긴급성과 실제 위기 여부를 확인했다. 이후 단기적인 정서 안정과 자녀 돌봄, 장례 준비 지원을 1차 목표로 설정하였다.

<중기 단계>
장례 후 A씨는 죄책감, 분노, 불면, 식욕 저하를 호소했으며 아이들 양육과 경제적 불안감으로 심리적 부담이 컸다. 사회복지사는 클라이언트가 감정을 억누르지 않고 표현하도록 격려했고 이를 통해 감정 해소와 현실 인식이 가능해졌다. 이후 '아이 돌봄 계획 세우기', '생계비 지원 신청서 제출' 등의 과업을 설정하고 함께 실행했다. 또한 A씨가 새로운 일상에 적응할 수 있도록 스트레스 관리법, 의사소통 기술 등 대처 전략을 교육하고 지역 상담센터와 여성 일자리 기관 등 외부 자원을 연계하였다.

<종결 단계>
몇 주 후 A씨는 감정이 한층 안정되었고 아이들과의 일상도 회복되어 가고 있었다. 사회복지사는 초기 설정한 목표들이 어떻게 이루어졌는지 함께 점검하며 클라이언트의 성장을 인식시켰다. 이어 위기 상황에서 도움을 줄 수 있는 자원과 사람들을 재확인하고 정기 상담 일정 및 위기 재발 시 대응 방안을 계획으로 세웠다. A씨는 "이제 다시 내 삶을 시작할 수 있을 것 같다"며 종결에 동의했다.

(2) 아귈레라와 메식(Aguilera & Messick)의 위기 개입 과정

아귈레라와 메식은 1980년대 초 의료사회사업과 정신건강 분야의 실천 경험을 바탕으로 위기 상황에 효과적으로 대응할 수 있도록 구성된 6단계 개입모델을 제시했다. 이들은 위기를 인지, 감정, 행동이 복합적으로 작용하는 상태로 보았으며 각 단계가 구체적으로 나뉘어 있어 현장에서 실용성이 높다. 아귈레라와 메식은 위기 상황이 혼란과 감정 불안이 뒤섞인 상태이기 때문에 이를 구조화된 개입 과정을 통해 다뤄야 한다고 보았다.

표 6-2 아귈레라와 메식의 6단계 위기개입모델

단계	내 용
문제 인식 (Problem Recognition)	클라이언트의 상황을 파악하고 위협 정도를 인지하여 개입 필요성을 확인한다.
문제 정의 (Problem Definition)	핵심 위기 상황을 구체화하여 명확한 개입 목표를 설정하고 상담 방향을 명료히 한다.
감정 환기 (Emotional Ventilation)	억눌린 감정을 안전한 환경에서 표현하도록 지지하여 정서적 해소를 돕고 이후 대화의 토대를 마련한다.
대처 전략 탐색 (Examination of Coping Mechanisms)	과거와 현재에 활용 가능한 현실적 대처 방안을 함께 모색하여 즉각적 위기 대응과 장기 회복을 위한 방법을 발굴한다.
대안 계획 수립 (Development of Action Plan)	실행 가능한 행동 계획을 설정하고 구체적 목표 · 단계 · 자원 · 지원체계를 포함한 실행 로드맵을 수립한다.
실행과 평가 (Implementation and Follow-up)	수립된 계획을 실행하면서 결과를 평가하고 필요 시 보완·조정하여 지속적 효과를 확보한다.

3) 실천 과정에 따른 사례

모델 적용

1. 사례 개요

20대 중반의 남성 대학생 A씨는 졸업을 앞두고 반복된 취업 실패와 연인과의 갑작스러운 이별을 겪은 후, 수면장애와 식욕 저하, 무기력증, 그리고 "내가 없어졌으면 좋겠다"는 표현을 하며 학생상담센터를 통해 위기 상담에 의뢰되었다.

2. 문제 인식

사회복지사는 면담을 통해 A씨의 위기 상태가 단순한 스트레스 수준을 넘어서 일상기능 저하, 자존감 급락, 자살 관련 언급 등 심리적 균형이 무너진 상태임을 확인하였다. 위기의 원인이 된 취업 실패와 이별이라는 사건은 A씨에게 큰 상실과 자아 정체성

혼란을 유발하였고, 현재는 그 어떤 해결 방안도 떠오르지 않는다고 호소하였다.

3. 문제 정의

A씨는 진로 실패, 가족과의 거리감, 연인과의 이별 등 복합적 요인을 동시에 경험하고 있었지만, 사회복지사는 이 중에서도 A씨의 정체성에 가장 깊은 타격을 준 '반복된 취업 실패에 대한 자기비난'과 '무가치감'을 중심 문제로 설정하였다. 이를 명확히 정의하고 "무엇이 가장 힘든가요?"라는 질문을 통해 문제의 초점을 좁혀 나갔다.

4. 감정 환기

A씨는 그동안 아무에게도 털어놓지 못한 감정을 눈물과 함께 쏟아냈고, 사회복지사는 판단 없이 경청하며 "그럴 수 있어요", "그 상황이라면 누구라도 힘들었을 거예요"라고 반응하였다. 감정 표현을 통해 A씨는 자신의 감정이 비정상이 아님을 인식하고 감정을 억제하지 않고 드러낼 수 있다는 심리적 안전감을 경험했다.

5. 대처 전략 탐색

사회복지사는 A씨가 과거에도 시험 낙방을 경험했지만, 친구와의 운동과 글쓰기를 통해 감정을 해소했던 기억을 상기시켰다. 또한, 현재 실현 가능한 대처 방안으로는 학생상담센터의 진로 컨설팅 이용, 규칙적인 식사, 수면 시간 조절, 가벼운 산책 등의 일상 회복 전략을 함께 도출하였다.

6. 대안 계획 수립

실제 실행 가능한 과업으로 '진로상담센터에 이번 주 중 예약 전화하기', '하루 한 끼는 영양 있는 식사하기', '이번 주 금요일까지 친구와 저녁 약속 잡기' 등을 A씨와 함께 구체적으로 계획하였다. 계획은 달성 가능한 수준으로 설정되어 있었고 A씨가 자신의 삶에 작은 통제감을 회복할 수 있도록 도왔다.

7. 실행과 평가

다음 면담에서 A씨는 일부 계획을 실행했다는 점을 공유했고 상담자는 그 성과를 구체적으로 긍정하며 자기효능감을 강화했다. 미이행된 부분에 대해서는 이유를 함께 검토하며 대안을 조정했다. 이후 상담은 격주로 전환되어 상태를 점검하며 A씨가 상담 없이도 감정과 행동을 조절할 수 있도록 자립적 대처 역량을 강화해 나갔다.

5. 실천 기법

위기개입은 단기간 내에 클라이언트의 심리적 균형을 회복시키고 위기를 극복할 수 있도록 돕는 목표 지향적 개입이다. 따라서 사회복지사는 위기의 특성과 클라이언트의 반응을 고려하여 효과적이고 구조화된 개입 기법을 적용해야 한다. 위기개입은 단순한 정서적 지지를 넘어, 감정 조절, 문제 해결, 자원 연계, 실천 계획 수립 등의 다양한 기술을 종합적으로 활용하는 전문적인 실천이다.

1) 안정화 기법(지금-여기 집중)

위기 상황에 처한 클라이언트가 느끼는 극심한 불안, 공포, 혼란 등의 정서적 반응을 완화하고 심리적 균형을 되찾을 수 있도록 돕는다. 위기 초기 단계에서 주로 사용되며 호흡 조절, 주변 환경 확인, 감각 자극 활용(예 : 차가운 물 마시기, 바닥 밟기) 등을 통해 '지금-여기'의 현실에 집중하도록 유도한다. 이를 통해 클라이언트는 과도한 감정 반응에서 벗어나 현재 상황을 인식하고 이후 개입에 참여할 수 있는 상태로 안정된다.

예 시

공황 증상을 호소하는 30대 남성에게 "지금 눈에 보이는 파란색 물건 세 가지를 말해볼래요?"라는 질문을 통해 클라이언트의 감각 중심의 질문을 통해 현실감을 회복시키고 공황 반응을 완화시킨다.

2) 위기 사정 및 위험 평가

개입 초기에는 자·타해 가능성, 정신적 탈진, 기능 저하 수준 등을 신속하게 사정해야 한다. 위기 사정은 단순한 정보 수집을 넘어서 클라이언트의 안전을 확보하고 이후 개입의 방향을 설정하는 데 핵심이 된다. 사회복지사는 비구조화 면접이나 간단한 체크리스트를 활용해 자살 사고, 공격성, 현실 왜곡 등의 징후를 탐지한다.

예 시

자살 충동을 호소하는 청년에게 “최근에 죽음에 대해 얼마나 자주 생각하셨나요?”, “구체적으로 계획하거나 시도한 적이 있으신가요?” 등 구조화된 질문으로 위험 수준을 확인한다.

3) 중심 문제의 구체화(초점화)

위기 상황은 흔히 여러 문제가 동시에 발생하며 복잡하게 얽혀 있다. 사회복지사는 클라이언트와 함께 현재 가장 시급한 핵심 문제를 정리하고 개입의 초점을 설정해야 한다. 이는 위기개입의 방향을 명확히 하고 실천 전략을 효과적으로 수립하는 기반이 된다.

예 시

남편의 지속적인 폭력을 견디다 도망쳐 쉼터에 들어온 여성에게 “지금 가장 불안한 점은 무엇인가요?”라고 질문하자 클라이언트는 “아이를 두고 나왔어요. 남편이 아이도 때릴까 봐 무서워요.”라고 답했다. 클라이언트는 자신의 안전보다 아이의 안전과 양육 문제가 더 절박하므로 “아이에 대한 보호조치를 우선 검토하고, 엄마로서 법적 권리를 확보할 수 있도록 지원할게요.”라며 중심 문제를 구체화시킨다.

4) 현실적 목표 설정 및 대처 전략 탐색

위기 상황에서의 개입 목표는 단기적이며 현실 가능한 수준이어야 한다. 사회복지사는 클라이언트와 함께 실행 가능한 목표를 설정하고 과거의 대처 경험이나 강점을 바탕으로 새로운 해결 전략을 함께 모색한다. 이 과정은 자기효능감을 회복하고 행동의 동기를 높이는 데 효과적이다.

예 시

경제적 위기로 절망감에 빠진 가장에게 "지금 상황에서 오늘 안에 할 수 있는 한 가지 일을 정해볼까요?"라고 제안하고 클라이언트가 현실에서 실천 가능한 '가까운 고용센터에 등록하겠다' 등의 구체적 목표를 세우도록 돕는다.

5) 실행 계획 수립과 자기효능감 강화

위기 상황에서의 계획은 모호하거나 장기적일 경우 효과가 떨어진다. 사회복지사는 구체적이고 측정 가능한 단기 행동계획을 수립하고 그 과정에서 클라이언트가 성취 경험을 통해 자기효능감을 회복할 수 있도록 돕는다.

예 시

정서적으로 위축된 청년이 첫 번째 목표로 '하루에 한 번 밖에 나가기'를 정하고 사회복지사는 이를 달성했을 때의 감정을 함께 나누며 동기를 강화한다.

6. 효과와 한계점

1) 효과

위기개입모델은 단기적이지만 구조화된 접근을 통해 위기 상황에 놓인 클라이언트가 빠르게 안정감을 되찾고 기능 회복과 삶의 재조정을 이룰 수 있도록 돕는 실천 전략이다. 이 모델의 효과는 여러 측면에서 확인된다.

첫째, 정서적 안정 회복에 기여한다.

위기 상황에서 클라이언트는 극심한 불안, 혼란, 분노, 무기력 등에 휩싸여 평소의 판단력과 통제력을 상실하기 쉽다. 위기개입은 감정 표현과 수용, 안정적인 관계 형성을 통해 정서적 긴장을 완화하고 현실 감각을 회복할 수 있는 토대를 제공한다.

둘째, 문제 해결 기능을 재활성화한다.

위기개입은 클라이언트와 함께 중심 문제를 규명하고 구체적이고 실천 가능한 목표를 세우는 데 집중한다. 이 과정은 클라이언트가 현실적인 대안을 찾고 행동에 나설 수 있도록 하며 자기효능감 향상과 문제 해결력 회복에 효과적이다.

셋째, 자원 활용 능력을 강화한다.

위기 상황에서는 기존의 지지체계가 약화되거나 단절되기 쉽다. 위기개입은 지역사회 자원, 전문 서비스, 비공식적 네트워크를 적시에 연결함으로써 클라이언트의 안전망을 재구성하고 회복 기반을 마련해 준다.

넷째, 재발 방지와 회복탄력성 향상에 기여한다.

단기 개입이지만 위기 이후의 삶을 어떻게 이어갈 것인지에 대한 계획을 수립하고 필요한 경우 장기적인 연계 서비스로 확장될 수 있다는 점에서 위기개입은 단기적 안정뿐 아니라 지속 가능한 성장과 예방 효과를 함께 갖춘다.

다섯째, 사회복지사의 전문성 강화에도 긍정적인 영향을 미친다.

위기 사정, 감정 환기, 행동계획 수립 등 각 단계에 대한 체계적인 실천 경험은 사회복지사의 개입 역량을 높이고 다양한 현장에서 효과적으로 활용될 수 있는 실천 기반을 확립한다.

2) 한계점

위기개입모델은 단기간 내 클라이언트의 정서 안정과 기능 회복을 도모하는 데 효과적인 실천 방법이지만 적용 과정에서 몇 가지 구조적 · 현실적 한계도 존재한다.

첫째, 단기 개입의 구조적 한계가 있다.

위기개입은 일반적으로 단기간 내 해결 가능한 문제를 전제로 설계되어 있어 만성적 문제나 복합 위기 상황에는 충분한 개입이 어려울 수 있다. 예를 들어 오랜 학대 경험과 트라우마가 축적된 클라이언트에게 위기개입만으로 근본적인 회복을 기대하기는 어렵다.

둘째, 심층적 문제 탐색이 제한된다.

위기 상황은 현재의 감정 반응과 긴급한 필요에 초점을 맞추기 때문에 문제의 이면에 있는 과거의 경험이나 심리적 상처에 대한 깊은 접근은 어렵다. 이는 반복적 위기 발생의 가능성을 간과할 수 있다는 점에서 한계가 된다.

셋째, 클라이언트의 수용 상태에 따라 개입 효과가 달라질 수 있다.

위기 상황에 있는 사람은 감정 조절이 어렵고 외부 개입에 저항감을 가질 수 있다. 특히 낯선 기관이나 개입자에 대한 불신이 클 경우 신뢰 형성이 지연되거나 실패해 개입의 효과가 떨어질 수 있다.

넷째, 문화적 맥락이나 개인 특성을 충분히 반영하지 못할 수 있다.

위기개입모델은 구조화된 절차와 개입 기술에 기반하고 있어 다양한 문화나 언어적 배경을 가진 클라이언트, 성소수자나 장애인 등 사회적 소수자의 특수한 요구를 반영하는 데 제한이 있다.

다섯째, 현장 자원 부족과 연계의 한계도 중요한 제약 요소다.

위기 상황에서 필요한 자원(긴급 쉼터, 의료 서비스, 심리상담, 법률지원 등)이 지역사회에 충분하지 않거나 접근성이 떨어지는 경우 사회복지사의 개입이 구조적으로 제한된다.

이처럼 위기개입모델은 실천적 유용성이 높은 반면 특정 조건에서는 개입의 효과성과 지속 가능성이 낮아질 수 있다. 따라서 사회복지사는 이 모델의 강점뿐 아니라 한계를 정확히 인식하고 필요한 경우 일반사회복지실천, 트라우마 회복모델, 사례관리, 정신건강 개입 등 다양한 방법과 통합적으로 활용해야 한다.

CHAPTER 07

동기강화모델

개 요

동기강화모델(Motivational Interviewing, MI)은 클라이언트의 내면적 동기를 강화하여 자발적인 변화를 유도하는 상담기법으로 사회복지실천 현장에서 효과적으로 활용된다. 특히 변화에 대한 양가감정을 겪는 클라이언트를 대상으로 공감적이고 비지시적인 대화를 통해 변화의 필요성과 가능성을 스스로 인식하도록 돕는다. 동기강화모델은 공감 표현, 불일치 개발, 저항과 논쟁하지 않기, 자기효능감 지지 등의 원리에 기반하여 실천된다. 또한 변화단계모델과 연계하여 클라이언트의 준비 상태에 따라 단계별 개입이 가능하며 다양한 영역에서 실질적인 변화와 성과를 이끌어 낸다.

학습목표

1. 동기강화모델의 이론적 배경과 개념을 이해할 수 있다.
2. 동기강화모델의 실천 목표와 과정을 설명할 수 있다.
3. 다양한 사회복지실천 영역에서 어떻게 활용되는지를 설명할 수 있다.

1. 이론적 배경

동기강화모델(Motivational Interviewing, MI)은 기존의 지시적이고 처벌 중심의 개입 방식이 오히려 클라이언트의 저항을 초래할 수 있다는 한계를 지적하며 이에 반해 공감적이고 비지시적인 대화를 통해 클라이언트가 스스로 변화의 동기를 발견하고 이끌어 내도록 돕는 접근이다. 동기강화모델은 알코올 중독 치료에서 처음 시작되었으나 건강행동 변화, 정신건강, 교육, 교정, 사회복지 등 다양한 분야에서 널리 활용되어 왔다. 변화의 초기 단계에 있는 개인에게 특히 효과적이며 변화의 주체로서 클라이언트의 자율성과 자기결정권을 강조한다. 동기강화모델은 다음과 같은 다양한 이론적 배경을 기반으로 구성되었다.

1) 인간중심 상담이론

1940년대 후반 로저스(Carl Rogers)가 제창한 인간중심 상담이론은 기존의 지시적이고 전문가 중심의 상담 방식에서 벗어나 클라이언트를 스스로 성장하고 변화할 수 있는 존재로 바라본다. 이 이론은 공감, 무조건적인 수용, 진실성과 같은 관계적 조건이 갖추어질 때 인간의 자기실현 잠재력이 발휘된다고 보며 상담자는 문제를 해석하거나 지시하는 존재가 아니라 클라이언트 곁에서 함께하는 동반자로서의 역할을 수행한다. 이러한 관점은 동기강화모델의 철학과 실천기술에도 깊은 영향을 미쳤다.

동기강화모델은 인간중심 상담의 기본 태도를 상담 과정의 전제로 삼는다. 특히 신뢰 관계 형성과 자율성 존중이라는 요소는 동기강화모델이 지향하는 협력적 상담의 핵심이다. 로저스의 이론은 클라이언트의 변화는 외부에서 강요되는 것이 아니라 그 사람 내부에 이미 존재하는 가능성을 환경이 어떻게 지지하느냐에 따라 좌우된다고 보았다. 동기강화모델은 바로 이 점에서 인간중심 상담이론의 연장선상에 있으며 클라이언트의 양가감정을 병리화하지 않고 자연스러운 변화 과정으로 이해하고 이를 탐색하고 통합하도록 돕는다.

(1) 무조건적인 긍정적 존중

무조건적인 긍정적 존중(Unconditional Positive Regard)은 사회복지사가 클라이언트의 말과 행동을 판단하거나 평가하지 않고 있는 그대로의 존재로 전적으로 수용하는 태도를 의미한다. 클라이언트는 가치 있는 존재로 존중받는 경험을 통해 자신의 감정과 생각을 왜곡 없이 표현할 수 있는 심리적 안전감을 얻게 된다. 이러한 수용적 분위기는 클라이언트가 자신의 감정과 경험을 왜곡 없이 표현하도록 돕고 자기이해와 자기수용을 촉진하며 사회복지실천 과정에서 신뢰를 형성하고 클라이언트가 자신의 경험과 감정을 솔직하게 표현할 수 있도록 돕는다.

(2) 공감적 이해

공감적 이해(Empathic Understanding)는 단순히 동의하거나 동정하는 것이 아니라, 클라이언트의 입장에서 세계를 바라보고 그 감정과 의미를 있는 그대로 이해하려는 태도를 말한다. 사회복지사는 클라이언트의 내면적 세계를 민감하게 포착하고 그 감정을 언어로 반영함으로써 클라이언트가 자신을 보다 명확히 이해할 수 있도록 돕는다. 로저스는 "진정한 공감은 클라이언트가 자신의 느낌을 처음으로 정확히 인식하게 하는 거울"이라고 강조했다. 클라이언트의 입장에서 세상을 바라보고 그것을 사회복지사의 언어로 반영하는 기술은 동기강화모델의 반영적 경청(reflective listening)과 긴밀하게 연계된다.

(3) 진실성

사회복지사는 자신의 감정과 반응을 부정하거나 감추지 않고 클라이언트와의 관계 속에서 일관되고 솔직한 태도를 유지해야 한다. 이는 사회복지사의 '겉모습'과 '내면'이 일치된 상태를 의미하며 사회복지사가 인간으로서 자연스럽고 개방적인 존재일 때 클라이언트 역시 방어를 줄이고 진솔한 소통에 참여할 수 있게 된다.

진실성(Congruence) 실천 관계를 '전문가 대 대상자'의 위계적 관계가 아니라 '인간 대 인간'의 수평적 관계로 전환시키는 핵심 요소로 사회복지사자가 자신의 감정과 반응에 솔직하며 일관된 태도를 보이는 것은 동기강화모델에서의 진실성(authenticity)과 신뢰 형성의 기반이 된다.

2) 자기결정성이론

자기결정성이론(Self-Determination Theory, SDT)은 1980년대 데시와 라이언(Deci & Ryan, 1985)에 의해 제안된 이론으로 인간은 외적 보상 없이도 자율적이고 지속적인 행동을 할 수 있는 내적 동기를 지닌 존재임을 강조한다. 이는 기존의 행동주의적 동기이론에 대한 대안으로 등장했으며 자율성, 유능감, 관계성이라는 세 가지 기본 심리 욕구가 충족될 때 동기가 활성화된다고 본다.

이 이론은 동기강화모델의 철학과 실천 원리에 이론적 토대를 제공하며 클라이언트가 자신의 삶을 스스로 선택하고 의미 있는 변화를 이루도록 돕는 데 중요한 역할을 한다.

(1) 자율성

자율성(Autonomy)은 개인이 자신의 행동을 외부의 통제나 강요 없이 자신의 의지에 따라 선택하고 조절할 수 있다는 심리적 감각을 의미하며 자기결정이론의 핵심 요소 중 하나이다. 동기강화모델은 바로 이 자율성의 원리를 실천의 중심에 두고 클라이언트가 자기결정을 통해 변화 과정을 스스로 이끌어 갈 수 있도록 돕는다. 사회복지사는 클라이언트의 선택권과 자기결정권을 존중하며 지시나 설득보다는 개방적 질문, 공감적 반영, 양가감정 탐색과 같은 대화 기법을 활용하여 클라이언트가 내면의 동기를 스스로 인식하고 표현할 수 있도록 돕는다. 이러한 접근은 클라이언트의 자발적 내적 동기 형성의 기반이 되며 지속적인 행동 변화를 가능하게 한다.

(2) 유능감

유능감(Competence)은 개인이 특정 환경이나 과업 속에서 효과적으로 기능하고 있다는 감각으로 변화에 대한 자신감과 실행력을 높이는 핵심 요소이다. 동기강화모델에서는 클라이언트가 이미 가지고 있는 자원과 강점을 발견하고 강화하는 과정에 초점을 맞춘다. 사회복지사는 클라이언트의 과거 성공 경험과 현재의 강점을 반영하고 강화하는 과정은 긍정적 자기인식을 강화하고 자기효능감을 높이는 데 도움이 된다. 또한 실현 가능하고 점진적인 목표를 함께 설정함으로써 '해냈다'는 성취 경험을 축적하게 하며 이는 클라이언트가 변화의 주체로서 자신감을 갖고 행동을 지속하는 데 중요한 심리적 자원이 된다.

(3) 관계성

공감적 관계 형성은 클라이언트가 안전감을 느끼고 자기개방을 할 수 있는 기반으로 관계성 욕구를 충족시킨다. 자기결정이론은 또한 통제적 동기(Controlled motivation)와 자율적 동기(Autonomous motivation)를 구분하며 동기강화모델은 외재적 동기를 내면화하여 자율적 동기로 전환하는 데 초점을 둔다. 이는 사회복지사가 정보를 제공할 때도 선택의 여지를 강조하고 클라이언트가 자신의 가치와 목표에 연결된 방식으로 행동의 이유를 명확히 할 수 있도록 유도하는 방식으로 실현된다. 결국 동기강화모델은 자기결정성이론의 이론적 틀을 실제 실천 장면에서 적용 가능한 언어와 기술로 구체화한 접근이라고 볼 수 있다.

3) 인지행동이론

인지행동이론(Cognitive Behavioral Theory)은 1960년대 아론 벡(Aaron T. Beck)과 알버트 엘리스(Albert Ellis)에 의해 발전된 이론으로 인간의 인지, 감정, 행동 간의 상호작용을 중심으로 심리적 문제를 설명한다. 동기강화모델 역시 이러한 인지행동적 원리를 부분적으로 수용하고 있으며 클라이언트가 자신의 자동적 사고나 비합리적 신념을 자각하고 스스로 변화할 수 있도록 유도하는 접근을 취한다.

동기강화모델은 직접적인 교정보다는 공감적이고 비판단적인 대화를 통해 인지적 통찰과 행동 변화를 유도하며 변화 언어를 이끌어 내고 자기효능감을 강화하는 데 중점을 둔다. 이러한 과정은 인지행동이론의 핵심 개념인 인지적 재구성과 긴밀하게 연결되어 있으며 동기강화모델을 보다 협력적이고 클라이언트 중심의 실천모델로 자리매김하게 한다.

2. 기본 가정

동기강화모델은 변화에 대한 동기를 클라이언트 내부에서 이끌어 내는 것을 핵심으로 한다. 동기강화모델은 변화 과정에서의 양가감정을 정상적인 현상으로 이해하고 강압적 개입 대신 공감적 · 비지시적 태도를 통해 클라이언트의 자율성과 자기효능감을 강화한다. 이 장에서는 동기강화모델의 기본 가정을 중심으로 변화 동기 유발의 핵심 요소들을 살펴본다.

1) 변화에 대한 동기는 클라이언트 내부에서 나온다.

변화에 대한 동기가 외부에서 강요되기보다는 클라이언트 자신의 내면에서 시작된다고 본다. 따라서 사회복지사는 클라이언트가 자신의 가치와 목표에 따라 스스로 변화의 이유를 발견할 수 있도록 돕는 조력자의 역할을 수행한다.

2) 변화에 대한 양가감정은 정상적인 과정이다.

많은 클라이언트는 변화에 대한 긍정적인 이유와 부정적인 이유를 동시에 가지고 있으며 이와 같은 양가감정은 변화 과정에서 매우 자연스러운 반응이다. 동기강화모델은 이러한 양가감정을 탐색하고 통합함으로써 변화의 방향으로 나아갈 수 있도록 돕는다.

3) 강압적이거나 지시적인 접근은 저항을 초래할 수 있다.

클라이언트의 자율성과 자기결정권을 존중하지 않는 방식, 즉 지시하거나 논쟁하는 태도는 방어적인 반응이나 저항(resistance)을 유발할 수 있다. 동기강화모델은 공감적 경청과 파트너십을 통해 이러한 저항을 최소화하고 변화 언어를 유도하는 데 초점을 맞춘다.

4) 클라이언트는 변화할 수 있는 능력과 자원을 지니고 있다.

클라이언트가 변화에 필요한 동기, 능력, 회복력 등 내적 자원을 지니고 있다고 보고 사회복지사는 이를 발견하고 강화하는 데 집중한다. 특히 자기효능감을 지지하는 태도, 개방적 질문, 반영적 경청은 변화 언어(change talk)를 유도하고 행동 변화를 촉진하는 핵심 전략이다.

3. 주요 개념

1) 개념

동기강화모델은 클라이언트의 변화에 대한 내면적 동기를 탐색하고 강화하는 데 초점을 둔 상담 접근으로 클라이언트 중심성과 목적 지향성을 동시에 갖춘 특수한 의사소통 방식이다. 이 모델은 특히 변화에 대한 양가감정을 경험하는 클라이언트의 상태를 효과적으로 다루는 데 유용하다. 사회복지사는 공감적이고 협력적인 관계 속에서 클라이언트가 스스로 변화의 이유와 방향을 발견하도록 지원한다. 동기강화모델의 가장 핵심적인 개념은 다음과 같다.

(1) 변화 언어와 유지 언어

변화 언어(change talk)는 클라이언트가 변화의 필요성이나 가능성, 의지에 대해 언급하는 표현으로 상담자는 이를 적극적으로 반영하고 강화함으로써 행동 변화를 유도한다. 반면 유지 언어(sustain talk)는 현재 행동을 계속하려는 경향을 나타내며 상담자는 이를 평가하거나 논박하기보다는 공감적으로 수용하며 변화 언어로 전환될 수 있는 가능성을 탐색한다.

(2) 양가감정의 탐색과 조율

클라이언트는 변화의 필요성을 느끼면서도 동시에 두려움이나 실패에 대한 우려를 갖기 마련이다. 이러한 상반된 감정을 탐색하고 현재 행동과 삶의 가치 혹은 목표 사이의 불일치를 명확히 드러냄으로써 내면의 동기를 자극하는 전략을 사용한다.

(3) 자율성의 존중

동기강화모델은 변화의 결정권이 전적으로 클라이언트에게 있음을 전제하며 강압이나 설득보다는 스스로 선택하도록 돕는다. 이를 통해 클라이언트는 외부 통제가 아닌 자기결정적 방식으로 변화에 접근하게 된다. 이는 자기결정성이론과도 일치하며 자율성이 높은 클라이언트는 지속 가능한 행동 변화를 보일 가능성이 크다는 연구 결과와도 부합한다.

(4) 상담자의 의사소통 방식

동기강화모델에서의 의사소통 방식으로 OARS(열린 질문(Open-ended Questions), 인정하기(Affirmation), 반영하기(Reflective Listening), 요약하기(Summarizing))가 핵심 기술이다. 사회복지사가 클라이언트와 신뢰 관계를 형성하고 변화 언어를 유도하는 데 사용된다. 이 기술들은 단순한 상담 기법이 아니라 동기강화모델의 철학과 정신을 구현하는 방식으로 이해된다.

2) 구성 요소

클라이언트의 내면적 동기를 존중하고 변화 가능성을 촉진하는 실천 접근으로 다양한 요인이 그 효과에 영향을 미친다. 다음은 동기강화모델을 구성하는 핵심 요소들을 개인, 관계, 환경, 문화적 요인의 측면에서 살펴보고 각 요인이 변화 과정에 어떻게 작용하는지를 설명하고자 한다.

(1) 개인 요인 : 자기인식과 자기효능감

동기강화모델에서 변화는 클라이언트의 내면적 자각(self-awareness)과 자기효능감에 기초한다. 변화에 대한 결정권이 외부가 아닌 클라이언트 내부에 있다는 전제에 기반하며 클라이언트 스스로 자신의 감정, 신념, 행동 사이의 상호작용을 인식하고 해석할 수 있도록 돕는다. 이러한 인식은 행동 변화의 출발점이 되며 특히 변화 언어를 유도하는 과정에서 클라이언트가 자신의 문제를 스스로 설명하고 동기를 자각하는 경험은 결정적인 전환점이 된다. 또한 클라이언트가 변화에 필요한 자원을 이미 가지고 있다고 전제하며 과거의 성공 경험이나 강점을 반영하여 자기효능감을 고취시키는 것을 핵심 전략으로 삼는다.

(2) 관계적 요인 : 공감적 의사소통과 협력적 관계

사회복지사와 클라이언트 간의 관계의 질이 변화 동기를 촉진하는 핵심 요인임을 강조한다. 모델의 네 가지 요인(파트너십, 공감, 자율성 존중, 내면 자원의 유도)은 수직적 관계나 전문가 중심의 지시적 상담을 지양하고 협력적이고 수평적인 상담관계를 지향한다.

(3) 환경적 요인 : 실천 맥락과 구조적 조건

클라이언트의 변화 동기는 개인의 내면적 요인뿐 아니라 그를 둘러싼 환경적 조건에 의해 영향을 받는다. 개별화된 접근을 지향하면서도 실천 현장의 제도적·시간적·물리적 조건을 고려하여 상담 구조를 설계한다. 예컨대 짧은 시간 내에 상담 효과를 기대하는 공공기관이나 의료 현장에서 단기 개입 방식으로 유용하게 활용될 수 있다. 그러나 환경이 클라이언트의 선택권을 지나치게 제한하거나 사회복지사의 지시적 개입을 요구하는 상황에서는 동기강화모델의 철학과 실행 간에 긴장이 발생할 수 있다.

(4) 문화적 요인 : 다양성 존중과 가치 기반 실천

변화의 주체로서 클라이언트를 이해할 때 그가 속한 문화적 맥락을 필수적으로 고려한다. 클라이언트의 가치관, 언어, 세계관, 가족관계, 권위에 대한 태도 등은 동기강화모델에서 강조하는 공감적 대화와 자율성 존중의 실천에 중요한 영향을 미친다. 사회복지사는 문화적으로 적합한 언어와 상호작용 방식을 선택하고 다양성을 존중하는 태도를 가져야 하며 변화 언어 또한 문화적 맥락 속에서 해석되어야 한다.

3) 기본 원리

동기강화모델은 다음 네 가지 핵심 원리에 기반하여 진행되며 이 네 가지 원리는 밀러와 롤닉(Miller & Rollnick)이 제시한 것으로 동기강화모델의 실천을 이끄는 철학적 기초이자 실천 전략의 중심이다. 각각의 원리는 클라이언트의 변화 동기를 자극하고 유지하는 데 중요한 역할을 하며 사회복지사가 클라이언트와 효과적인 관계를 형성하고 변화를 촉진하는 데 실질적으로 활용된다.

(1) 공감적 경청

공감적 경청(Express Empathy)이란 사회복지사가 클라이언트의 감정과 입장을 진심으로 이해하려는 태도로 언어적 · 비언어적 방식으로 이를 반영함으로써 신뢰 관계를 형성하는 접근으로 사회복지사는 클라이언트의 경험과 감정을 있는 그대로 수용하고 이를 공감적으로 반영함으로써 신뢰 관계를 구축한다.

사회복지실천 현장에서 공감적 경청은 클라이언트가 자신의 이야기를 비판단적인 환경에서 공유하도록 지지함으로써 초기 면접에서 신뢰를 형성하고 개입을 위한 관계 기반을 마련하는 데 기여한다. 또한 클라이언트는 자신의 감정이 존중받고 이해받고 있다는 느낌을 받게 되며 이로 인해 자기개방(self-disclosure)이 촉진되고 내면의 양가감정을 안전하게 탐색할 수 있는 심리적 공간이 형성된다. 이는 변화를 위한 첫걸음으로 작용한다.

(2) 불일치 개발

불일치 개발(develop discrepancy)이란 클라이언트의 현재 행동과 그들이 소중히 여기는 가치나 목표 사이의 불일치를 탐색하여 내면의 변화 동기를 유도한다. 사회복지사는 클라이언트가 스스로 변화의 필요성을 인식하도록 돕고 삶의 방향과 현실 간의 차이를 자각시킴으로써 자발적인 목표 설정을 유도한다. 이 과정은 클라이언트에게 자기성찰을 촉진하고 자신의 행동에 대한 인식의 전환을 일으키며 궁극적으로는 변화에 대한 내적 동기를 심화시키는 데 기여한다.

(3) 저항과 논쟁 피하기

저항과 논쟁 피하기(roll with resistance)란 클라이언트의 저항을 대립하거나 설득하려 하지 않고 유연하게 수용하며 자연스럽게 변화에 접근할 수 있도록 한다. 특히 강압적 상황에 있는 클라이언트(예 : 보호관찰, 아동복지 개입 대상자)와의 관계에서 갈등을 최소화하고 클라이언트가 심리적 안전감을 느끼며 자신의 입장을 표현할 수 있도록 돕는다. 이를 통해 클라이언트는 자신의 방어적 태도나 저항적 반응을 부정적으로 인식하지 않게 되며 상담 과정에 대한 신뢰를 갖고 보다 능동적으로 변화 과정을 수용하게 된다.

(4) 자기효능감 지지

자기효능감 지지(support self-efficacy)란 클라이언트가 변화할 수 있는 능력을 지니고 있음을 인정하고 격려함으로써 행동 변화에 대한 자신감을 높인다. 사회복지사는 클라이언트의 작은 변화 시도나 긍정적인 행동을 강화하고 피드백을 제공하여 그들의 잠재력을 알아차리도록 도울 수 있다. 이러한 과정에서 클라이언트는 변화에 대한 믿음을 형성하고 어려움 속에서도 지속적으로 행동을 유지하려는 내적 힘을 기르게 된다.

표 7-1 일반 원리

원리	전략	설명
공감 표현 (Expressing Empathy)	반영적 경청, 명료화, 재진술	클라이언트의 감정과 메시지를 정확히 이해하고 반영하여 신뢰 형성 예 클라이언트가 '힘들어요'라고 말했을 때 사회복지사가 '많이 지치셨군요'라고 반영하는 방식
불일치 개발 (Developing Discrepancy)	목표 탐색 질문, 변화 언어 유도	현재 행동과 장기 목표 간의 간극 인식 촉진 예 '자녀에게 좋은 부모가 되고 싶다고 하셨는데 지금의 음주 습관이 그 목표에 어떤 영향을 주고 있을까요?'
저항과 논쟁하지 않기 (Rolling with Resistance	역설적 반영, 재구성 질문	저항을 수용하고 클라이언트 주도성을 강조하여 갈등 회피 예 클라이언트가 '변하고 싶지 않아요'라고 말할 때 '아직은 변화할 준비가 안 되셨군요'라고 수용하는 반응
자기효능감 지지 (Supporting Self-Efficacy)	성공 경험 강조, 긍정적 피드백	클라이언트의 자원과 능력 인식을 통해 변화 가능성 제고 예 '이전에 금연에 성공하신 경험이 있으시니 이번에도 해낼 수 있을 거예요.'

4. 실천 과정

1) 실천 목표

동기강화모델의 핵심 실천 목표는 클라이언트의 내면에 존재하는 변화에 대한 동기를 발견하고 이를 강화하는 데 있다. 이는 외부에서 주입된 변화 요구에 반응하기보다는 클라이언트가 스스로의 가치, 목표, 삶의 방향에 따라 변화의 필요성을 인식하고 자발적으로 행동을 선택하도록 돕는 것이다. 따라서 이 모델은 행동 자체를 직접 변화시키기보다는 변화의 '준비도'를 높이고 '동기 언어'를 이끌어 내며 궁극적으로 클라이언트가 변화의 주체로서 역량을 회복하도록 지원하는 것을 중심 과제로 삼는다. 동기강화모델의 구체적인 실천 목표는 다음과 같다.

첫째, 변화에 대한 양가감정을 인식하고 명확히 표현할 수 있도록 돕는다.

둘째, 변화의 이유, 욕구, 능력, 필요를 내포한 변화 언어를 이끌어 내고 이를 강화한다.

셋째, 변화에 대한 자기효능감을 증진시키고 클라이언트가 스스로 실현 가능한 행동계획을 수립하도록 유도한다.

이러한 실천목표는 단기적 행동 수정에 국한되지 않고 지속 가능한 변화의 동기를 내면화시키는 데 초점을 둔다.

2) 실천 과정

동기강화모델의 실천 과정은 비선형적으로 전개되며 클라이언트의 준비도와 변화 단계에 따라 융통성 있게 적용된다. 동기강화모델의 상담 과정은 일반적으로 다음 네 단계로 구성되며 각 단계에서 상담자는 클라이언트의 변화 준비도를 고려한 개입기술을 적용한다.

(1) 관계 형성하기

관계 형성하기(Engaging)는 클라이언트와 신뢰 기반의 관계를 형성하는 데 중점을 두고 공감, 수용, 존중의 태도로 클라이언트의 이야기를 경청함으로써 저항을 줄이고 라포를 형성하는 과정을 의미한다. 관계 형성하기는 동기강화모델의 기초적 핵심 과정으로 치료 전반에 걸쳐 사용되며 OARS(열린 질문하기, 인정하기, 반영하기, 요약하기)를 사용한다.

관계 형성하기는 안전하고 지지적인 환경을 조성하는 것으로 단순히 초기 라포 형성에 그치지 않고 변화의 전 과정을 통해 지속적으로 유지되어야 한다.

(2) 초점 맞추기

초점 맞추기(Focusing)는 동기강화모델의 구조적 과정 중 하나로 관계 형성하기 단계 이후에 클라이언트와 사회복지사가 함께 상담의 주제를 명확히 설정하고 변화의 방향을 조율하는 과정이다. 클라이언트가 변화하고자 하는 여러 삶의 영역 중 가장 중요하게 여기는 부분에 집중함으로써 상담의 목적과 방향을 분명히 할 수 있다. 이 단계에서 사회복지사와 클라이언트가 최우선으로 다루고자 하는 것이 상이할 때는 우선순위에 대한 협력적인 방식으로 결정해 나가는 노력이 필요하다.

(3) 유발하기

유발하기(Evoking)는 동기강화모델의 중심으로 클라이언트의 내면에 존재하는 변화에 대한 동기를 끌어내는 과정을 의미한다. 이는 외부의 압력이나 설득이 아닌 클라이언트 자신의 언어와 통찰을 통해 변화의 필요성과 가능성을 스스로 인식하도록 하는 것에 중점을 둔다. 이 과정은 동기강화모델의 핵심 가치인 자율성, 공감, 협력이라는 정신을 바탕으로 하며 클라이언트가 변화에 대한 언어(change talk)를 표현할 수 있는 환경을 조성하는 것이 관건이다.

(4) 계획하기

계획하기(Planning)는 동기강화모델의 마지막 단계로 클라이언트가 자신의 변화 의지를 구체적인 행동계획으로 전환하는 과정이다. 이 단계는 단순히 계획을 세우는 것 이상의 의미를 지닌다. 클라이언트가 자신이 설정한 목표를 향해 자율적으로 나아갈 수 있도록 돕고 그 과정에서 예상되는 장애물을 함께 탐색하며 유연하고 실천 가능한 전략을 수립하는 것이 중요하다.

계획하기 단계에서는 현실적이고 효과적인 변화 계획을 함께 만들어 보고 그 계획을 실행할 수 있도록 격려해 주는 작업으로 만약 계획 단계에서 차질이 발생할 경우 앞의 세 과정으로 돌아가는 것도 도움이 된다.

(5) 실행 및 유지

실행 및 유지(Action & Maintenance)는 계획된 행동을 실천으로 옮기고 유지 전략을 통해 변화 행동이 일상화되도록 지원한다. 재발 가능성에 대비한 대처 계획도 이 단계에서 수립된다.

3) 실천 과정에 따른 사례

모델 적용 **음주 문제를 가진 40대 남성 클라이언트**

관계 형성하기 (Engaging)

김유명(가명, 남성, 45세) 씨는 음주 문제로 인해 배우자와의 관계가 악화되고 직장에서의 성과도 저하된 상태로 지역 사회복지관을 방문하였다. 사회복지사는 첫 만남에서 김 씨의 상황을 평가하기보다는 열린 질문을 통해 그가 상담을 받게 된 배경과 현재 느끼는 감정을 자연스럽게 이야기하도록 유도하였다.

사회복지사 : 최근 들어 어떤 점이 가장 힘들게 느껴지셨나요?
사회복지사 : 그럼에도 불구하고 가족을 위해 상담을 결심하셨다는 건 정말 큰 용기세요.

김 씨가 자신에 대해 말하는 동안 사회복지사는 반영적 경청과 인정의 표현을 반복하면서 신뢰 관계를 형성해 나갔다. 사회복지사의 긍정적 피드백은 김 씨에게 정서적 안정감을 제공하였다. 이러한 OARS 기술을 통해 김씨는 판단받지 않는 안전한 공간에서 자신을 개방하기 시작하였다.

초점 맞추기 (Focusing)

김 씨는 상담 초기에 건강, 가족, 직장 문제 등 다양한 어려움을 동시에 언급하였다. 사회복지사는 이 가운데 음주 행동이 다른 문제의 공통된 원인이라는 점에 주목하고 상담의 우선 초점을 음주 조절에 맞추는 방향으로 대화를 조정하였다.

사회복지사 : 말씀하신 여러 어려움 중에서 우리가 우선 함께 다뤄보고 싶은 부분이 있을까요?

김 씨는 처음에는 망설였지만 점차 음주로 인한 가족 갈등과 건강 악화를 가장 우선적인 문제로 인식하게 되었다. 이를 통해 사회복지사와 클라이언트 간의 상담 목표에 대한 합의가 형성되었다.

유발하기 (Evoking)

관계 형성과 초점 설정 이후 사회복지사는 김 씨의 변화 동기를 자극하기 위한 전략을 사용하였다. 예컨대 다음과 같은 질문이 사용되었다.

사회복지사 : 술을 줄이면 어떤 점이 지금보다 나아질 수 있을까요?
사회복지사 : 한편으로는 술이 스트레스를 풀어주는 면도 있다고 하셨죠.
그런 점에서 줄이기가 쉽지 않다는 생각도 드시겠어요?
사회복지사 : 예전처럼 아내와 잘 지내고 싶은 바람이 있으시군요.

이러한 대화 속에서 김 씨는 음주를 줄이면 배우자의 신뢰를 회복하고 건강도 좋아질 수 있다는 기대를 언급하면서도 동시에 스트레스 해소 수단이 사라질까 두려워하는 양가감정을 드러냈다. 사회복지사는 이러한 감정을 수용하면서도 클라이언트의 변화 언어를 반영하여 변화의 가능성을 강화하였다.

계획하기 (Planning)

김 씨는 술을 줄여야 한다는 점에 점차 동의하게 되었고 변화의 의지를 표현하기 시작했다. 이에 따라 사회복지사는 김 씨와 함께 구체적인 실행 계획을 수립하였다. 사회복지사는 “하루에 맥주 한 캔으로 줄이기”, “술 마시고 싶은 욕구가 생기면 10분간 산책하기” 등의 실천 전략이 도출되었다. 또한 계획의 현실성을 점검하기 위해 다음과 같은 질문도 활용되었다.

사회복지사 : 이번 주 중에 이 계획을 실행할 수 있는 상황은 언제가 좋을까요?
사회복지사 : 혹시 예상되는 어려움이 있다면 어떤 점일까요? 그럴 땐 어떻게 대응해 볼 수 있을까요?

이 과정을 통해 김 씨는 단순한 의지가 아닌 실천 가능한 변화 계획을 수립하게 되었다.

실행 및 유지 (Action & Maintenance)

이후 김 씨는 점차 음주량을 줄이는 행동을 실천하였고, 사회복지사는 매 회기마다 긍정적 변화를 인정하고 유지 전략을 함께 점검하였다. 재발 가능성에 대비하여 "회식 자리에서 음주 권유를 받을 경우 대응 문구 준비하기", "음주 유혹이 클 때는 사회복지사에게 문자 보내기"와 같은 대응 방안도 마련되었다.

사회복지사 : 지금까지 잘 해오셨는데, 스스로 생각할 때 가장 잘한 점은 뭐라고 느끼시나요?

이러한 질문은 김 씨의 자기효능감(self-efficacy)을 강화하고 변화 행동을 유지하는 데 중요한 역할을 하였다. 김 씨는 시간이 지남에 따라 음주 빈도가 감소하고 배우자와의 관계도 점차 회복되었다는 긍정적인 변화를 경험하였다.

이 사례는 동기강화모델의 실천 과정이 단순히 기술 중심의 개입이 아니라 클라이언트의 자율성, 감정, 인지, 상황 맥락을 포괄적으로 존중하는 접근임을 보여 준다. 변화는 사회복지사가 이끄는 것이 아니라 클라이언트 스스로가 발견하고 선택하는 여정임을 강조한다.

4) 변화단계모델

사회복지실천 현장에서 클라이언트의 행동 변화를 유도하고 지속 가능한 결과를 도출하는 데 효과적인 접근이다. 특히 변화에 대한 양가감정을 겪고 있는 클라이언트의 내면적 동기를 탐색하고 강화함으로써 변화의 준비 수준에 따른 맞춤형 개입이 가능하다. 사회복지사는 동기 상담을 통해 클라이언트의 자기결정권을 존중하고 자율적인 선택을 유도함으로써 상담 과정에 능동적으로 참여할 수 있도록 지원한다. 클라이언트의 저항을 최소화하면서도 스스로 변화의 주체로 성장하도록 도와주며 사회복지실천의 핵심 가치인 자율성, 존엄성, 자기결정권을 실현할 수 있도록 한다.

이러한 변화 과정을 이해하고 효과적으로 개입하기 위해 제임스 프로차스카(James O. Prochaska)와 카를로 디클레멘테(Carlo C. DiClemente)가 제시한 변화단계모델을 바탕으로 개입 전략을 다음과 같은 단계로 나눌 수 있다.

(1) 숙고 전 단계

숙고 전 단계(Precontemplation)는 클라이언트가 자신의 문제를 인식하지 못하거나 문제의 심각성을 부정하는 시기로 외부의 압력에 의해 상담에 참여하는 경우가 많다. 이 시기의 클라이언트는 변화에 대한 동기가 부족하고 저항이 강하게 나타날 수 있다. 따라서 사회복지사는 공감적 경청을 통해 클라이언트의 방어를 완화하고 현재의 음주 행동이 삶에 미치는 영향을 자각하도록 돕는다. 직접적인 설득보다는 개방형 질문과 반영을 통해 스스로 문제를 인식하게 하는 것이 중요하며 중독의 위험성에 대한 사실적 정보 제공, 음주의 장단점에 대한 균형 잡힌 탐색, 변화 가능성에 대한 지지와 격려가 함께 이루어져야 한다. 이러한 과정을 통해 클라이언트는 변화의 필요성을 인식할 준비를 점차 갖추게 된다.

(2) 숙고 단계

숙고 단계(Contemplation)는 클라이언트가 문제를 인식하고 변화의 필요성에 대해 고민하는 시기이다. 그러나 여전히 양가감정이 존재하므로 사회복지사는 양가감정을 존중하며 변화의 장단점을 탐색하도록 돕고 공감적 경청과 반영 기술을 통해 내면의 동기를 끌어낼 수 있도록 개입한다. 이처럼 숙고 단계는 클라이언트가 문제를 인식하고 있으나 아직 변화에 대한 결심을 내리지 못한 상태로 양가감정을 경험하며 망설이고 있다.

사회복지사는 변화의 장점과 단점, 유지와 변화의 양면성을 탐색하도록 돕는다. 클라이언트가 스스로 변화를 고려할 수 있도록 변화 언어를 유도하며 클라이언트의 말 속에서 변화의 단서를 포착해 반영한다.

(3) 준비 단계

준비 단계(Preparation)는 클라이언트가 변화의 결심을 하고 구체적인 실행 전략을 수립하는 시기이다. 실현 가능한 목표 설정, 변화 계획 수립, 예상되는 장애물 탐색 및 극복 전략 마련, 지지체계 활용 등의 실천 전략이 포함된다. 클라이언트는 변화할 결심을 하였으며 구체적인 계획을 세우고 실행 준비를 하고 있다.

사회복지사는 클라이언트가 실현 가능한 목표를 설정하고 구체적인 실행 전략을 세울 수 있도록 돕는다. 과거 실패 경험이 있다면 그로부터 배운 점을 정리하도록 하며 주변의 지지체계를 확인하여 동기 유지 자원으로 활용하게 한다.

(4) 실행 단계

실행 단계(Action)는 클라이언트가 변화 행동을 실천하는 단계로 사회복지사는 클라이언트의 노력을 지지하고 고위험 상황에 대한 대처 전략, 자기효능감 강화 등을 통해 실천을 유지할 수 있도록 돕는다. 클라이언트가 구체적인 행동 변화에 돌입한 시점으로 실천 과정의 지속적인 지지가 요구된다.

사회복지사는 행동 변화에 대한 칭찬과 강화, 고위험 상황에 대한 대처법 교육, 계획한 전략이 실행되었는지 점검하는 상담이 이루어진다. 실수나 미흡한 부분에 대해서는 비판보다 학습의 기회로 해석할 수 있도록 지지한다.

(5) 유지 단계

유지 단계(Maintenance)는 변화된 행동을 지속하고 고착화하는 단계이다. 이 시기에는 재발 방지를 위한 전략, 스트레스 관리, 관계 회복, 자기효능감 향상 등의 개입이 요구되며 변화가 일상화되도록 지원하는 것이 중요하다. 이 단계는 재발 방지와 장기적 유지가 목표로 변화된 행동을 지속적으로 유지하며 재발을 방지하기 위한 전략을 강화하고 클라이언트의 성취를 인정하고 재발을 학습의 기회로 삼을 수 있도록 돕는다.

사회복지사는 성취한 변화를 계속 유지하기 위해 긍정적인 피드백을 제공하고 장기적 목표 설정을 돕는다. 재발을 예방하기 위한 '위기 대처 계획'을 함께 수립하며 클라이언트가 회복 과정에 대한 자긍심을 가질 수 있도록 한다.

(6) 재발 단계

재발 단계(Relapse)는 변화된 행동을 일시적으로 유지하지 못하고 과거 행동으로 회귀하는 시기이다. 이 과정을 실패가 아닌 학습의 기회로 다루며 재발의 원인을 분석하고 새로운 실행 계획을 수립하여 다시 실행 단계로 나아갈 수 있도록 돕는다. 클라이언트가 이전의 행동으로 되돌아간 상태이며 변화 과정의 일부로 간주된다.

사회복지사는 재발을 실패가 아닌 학습 기회로 재구성하며 재발 원인을 분석하고 변화 전략을 수정한다. 클라이언트를 비난하지 않고 자기효능감을 다시 회복할 수 있도록 공감적으로 접근하며 재개를 위한 구체적 행동 계획 수립을 돕는다.

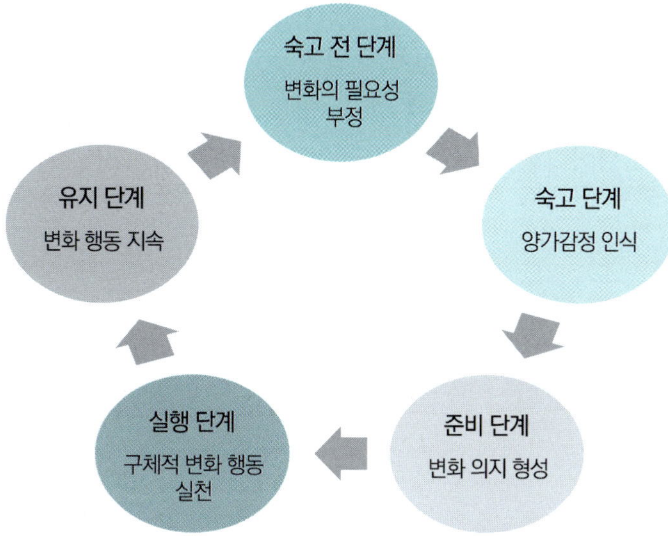

그림 7-1 변화단계모델

5. 실천 기법

클라이언트의 내면적 동기를 유도하여 자발적 변화를 촉진하기 위한 체계적이며 실천적인 접근이다. 동기강화모델은 단순한 대화 기술을 넘어 상담자의 태도, 질문 방식, 반응 전략을 포함한 일련의 실천 기법들을 통해 클라이언트의 양가감정을 탐색하고 변화 언어를 강화하는 것을 목표로 한다. 이 실천 기법은 다음과 같이 구성된다.

1) OARS : 개방형 질문, 반영, 인정, 요약

동기강화모델의 핵심 기법 중 하나는 OARS는 관계 형성하기에서 사용되는 핵심 기술이다. 이는 상담자의 기본적인 의사소통 기술로 클라이언트의 언어에 민감하게 반응하면서 변화 동기를 끌어내는 데 효과적이다.

(1) 열린 질문하기

열린 질문하기(Open-ended Questions)는 넓은 범위의 질문에서 구체적인 대화로 이루어지는 질문으로 예 · 아니요로 답할 수 없는 질문을 통해 클라이언트의 생각과 감정을 풍부하게 표현하게 한다. 이는 클라이언트가 스스로 변화의 이유를 탐색하고 언어화할 수 있도록 돕는다.

예 시

열린 질문 :
"어떤 어려움을 느끼고 계신가요?"
"음주가 당신에게 어떻게 영향을 준다고 생각하시나요?"

닫힌 질문:
"음주를 하셨나요?"
"음주량이 어떻게 되나요?"
"당신이 가족에게 영향을 주고 있다는 것이 당신에게는 중요하지 않나요?"

(2) 인정하기

인정하기(Affirming)는 클라이언트의 강점 강조, 노력, 가치 등을 인정하고 지지하는 표현을 통해 자기효능감을 증진시킨다. 이는 반복된 부정적 행동으로 인해 잊어버린 변화에 대한 갈망을 일깨워 주기 위해 긍정적인 재능, 기질을 강조하여 변화에 대한 자신감을 강화하는 데 기여한다. 인정은 클라이언트가 스스로를 가치 있고 유능하며 변화 가능한 존재로 인식하도록 돕는다. 클라이언트는 인정하기를 통해 클라이언트의 자존감을 회복시키고 변화에 대한 희망을 심어줄 수 있다.

예 시

효과적인 인정

"지난주에 술을 줄이기 위해 노력하신 부분은 정말 의미 있는 변화예요. 그 결심은 쉬운 일이 아니었을 거예요."
사회복지사의 효과적 인정은 클라이언트의 구체적인 행동이나 노력을 사실에 기반하여 솔직하고 긍정적으로 언급함으로써, 클라이언트가 변화 가능성을 인식하고 자기효능감을 가질 수 있도록 돕는다.

비효과적인 인정

"그래도 이번엔 나아졌네요. 다음엔 더 잘해야겠죠?", "그래도 이번엔 나아졌네요. 다음엔 더 잘해야겠죠?"라는 표현은 클라이언트가 평가 받는다는 느낌이 들고 조건부로 느껴질 수 있다. 이런 비효과적인 인정은 솔직하지 않고 피상적인 표현을 사용함으로써 클라이언트가 조건적인 인정을 받는다고 느끼게 하거나 방어적으로 반응하게 만들 수 있다.

(3) 반영하기

반영하기(Reflective Listening)는 동기강화모델에서 가장 기초가 되면서 핵심이 되는 의사소통 기술이다. 반영하기는 클라이언트의 말을 그대로 되풀이하거나 내포된 감정과 의미를 반영함으로써 공감적 이해를 전달한다. 이는 오해를 줄이고 클라이언트가 자신의 생각을 정리하며 통찰을 얻는 데 도움을 준다. 반영하기는 클라이언트의 언어를 정서적 · 의미론적으로 해석하여 내면의 감정을 인식하게 하고 이를 통해 클라이언트의 자기이해가 깊어지고 상담의 신뢰 관계가 강화된다. 이 반영 기술은 단순 반영(simple reflection)과 복합 반영(complex reflection)으로 나뉜다. 다음은 각각의 유형과 예시이다.

① 단순 반영

단순 반영은 대화의 방향이나 주제를 바꾸지 않고 클라이언트의 표현을 그대로 또는 약간 수정하여 반영하는 방식이다. 이는 클라이언트가 자신의 말을 다시 듣고 더 깊이 사고할 수 있도록 돕고 클라이언트의 표현에 대한 중요성을 강조하며 인정을 위한 의사소통 기술로 다음과 같은 대화이다.

② 복합 반영

복합 반영은 클라이언트가 표현한 말에 새로운 의미를 부여하거나 내면의 감정이나 갈등을 추론하여 반영하는 방식이다. 이는 단순히 반복하는 것을 넘어 클라이언트의 정서적 반응이나 사고를 더 깊이 있게 조명하고 상담자가 클라이언트를 이해하고 있다는 신호를 전달함으로써 신뢰를 구축하는 데 효과적인 의사소통 기술로 다음과 같다.

예 시

단순 반영

클라이언트 : "술 마시는 것도 이제 지긋지긋해요"
사회복지사 : "술 마시는 것이 지긋하다고 생각하시는 군요."
"술 마시는 것에 좌절감을 느끼시는 군요."

복합 반영

클라이언트 : "딸과 말다툼을 했어요. 근 2개월 만에 다시 술을 마시게 되었어요."
사회복지사 : "딸과의 갈등이 많이 속상하셨고, 결국 그 사건으로 인해 술을 다시 마시게 되셨군요. 스스로에게 실망감을 느끼셨을 것 같아요."
클라이언트 : 네 제가 실패자처럼 느껴져요.

(4) 요약하기

요약하기(Summarizing)는 면담 과정에서 전체에서 클라이언트가 제공한 생각, 느낌들을 조합하는 과정으로서 일관되면 간결하게 제공되어야 한다. 클라이언트가 말한 핵심 내용을 정리하여 전달할 때는 긍정적 분위기로 요약을 마무리하고 클라이언트의 의견 또한 추가될 수 있도록 질문을 하는 것이 도움이 된다. 요약하기를 통해 상담의 흐름을 명확히 하고 클라이언트의 진술을 구조화하고 상담의 진행 상황을 되돌아보고 다음 단계로 나아갈 수 있는 전환점을 제공한다. 요약하기의 예는 다음과 같다.

예시

클라이언트: 요즘 가족이 자꾸 술 그만 마시라고 잔소리를 하는데 솔직히 스트레스를 풀 방법이 술밖에 없거든요. 일 끝나고 한 잔 하는 게 내 유일한 낙이에요. 그런데 아내가 애들 앞에서도 그러지 말라고 화를 내니까...
나도 이제 그만해야 하는 마음도 있지만 끊을 수 있을지 자신이 없어요.

사회복지사: 오늘 말씀해 주신 내용을 정리해 보면 음주 문제로 가족과의 갈등을 겪고 계시고, 변화에 대한 생각도 있으시지만 망설이는 마음도 함께 있는 것 같습니다.

2) 초점 맞추기

초점 맞추기(Focusing)는 동기강화모델의 구조적 과정 중 하나로 관계 형성하기 단계 이후에 클라이언트와 사회복지사가 함께 상담의 주제를 명확히 설정하고 변화의 방향을 조율하는 과정이다. 클라이언트가 변화하고자 하는 여러 삶의 영역 중 가장 중요하게 여기는 부분에 집중함으로써 상담의 목적과 방향을 분명히 할 수 있다. 이 단계에서 사회복지사와 클라이언트가 최우선으로 다루고하 하는 것이 상이할 때는 우선순위에 대한 협력적인 방식으로 결정해 나가는 노력이 필요하다. 초점 맞추기 과정을 진행하는 동안 답답한 느낌이 든다면 초점 맞추기 과정이 시기상조는 아닌지 고려할 필요가 있으며 클라이언트가 지난 딜레마를 이해하고 클라이언트와 협력적인 대화가 매우 중요하다.

초점 맞추기의 주요 기법으로 '이끌어 내기-제공하기-이끌어 내기'로 이 기법은 클라이언트 중심의 상담 접근을 유지하면서 필요한 정보를 전달하고 클라이언트의 이해와 의지를 이끌어 내는 데 효과적인 전략이다.

(1) 이끌어 내기

이끌어 내기(Elicit)는 먼저 클라이언트의 기존 지식, 경험, 생각을 묻는다. 클라이언트를 존중하며 기존의 관점을 확인하고 현재 문제에 대한 이해 수준을 파악한다. 클라이언트의 참여를 유도하고 일방적인 정보 전달을 피할 수 있다.

(2) 제공하기

제공하기(Provide)는 필요한 정보를 객관적이고 중립적으로 제공하며 간결하고 명료하게 판단 없이 정보를 전달한다. 가능하면 "질문 → 정보 → 질문" 방식으로 진행하여 쌍방향 대화를 유도한다.

(3) 이끌어 내기

이끌어 내기(Elicit)는 정보를 제공한 후 클라이언트의 반응이나 느낌을 다시 묻는다. 정보가 어떻게 받아들여졌는지 확인하고 그로부터 나오는 변화의 동기를 유도한다. 클라이언트의 자율성과 자기결정권을 존중하며 상담의 주도권을 돌려준다.

예 시

이끌어 내기

"음주와 건강 사이의 관계에 대해 어떤 생각을 가지고 계신가요?"
"이 문제에 대해 지금까지 들으신 내용이 있다면 말씀해 주시겠어요?"

제공하기

"많은 연구에서 장기적인 음주는 간 건강이나 수면 문제에 영향을 준다고 알려져 있습니다."
"다른 클라이언트 분들은 이런 정보를 들은 후 자신에게 어떻게 적용할 수 있을지 생각하곤 하셨습니다."

이끌어 내기

"이 정보를 듣고 나니 어떤 생각이 드시나요?"
"이런 점이 선생님께 어떤 의미가 있을까요?"를 통해 재이끌어 내기를 할 수 있다.

3) 계획하기

계획하기(Planning)는 동기강화모델의 마지막 단계로 클라이언트가 자신의 변화 의지를 구체적인 행동 계획으로 전환하는 과정이다. 이 단계는 단순히 계획을 세우는 것 이상의 의미를 지닌다. 즉, 클라이언트가 자신이 설정한 목표를 향해 자율적으로 나아갈 수 있도록 돕고 그 과정에서 예상되는 장애물을 함께 탐색하며 유연하고 실천 가능한 전략을 수립하는 것이 중요하다.

계획하기 단계에서는 현실적이고 효과적인 변화 계획을 함께 만들어 보고 그 계획을 실행할 수 있도록 격려해 주는 작업으로 만약 계획 단계에서 차질이 발생할 경우 앞의 세 과정으로 돌아가는 것도 도움이 된다. 또한 앞의 세 과정이 탄탄히 진행되어 왔다면 클라이언트 스스로 계획하기가 가능하기에 반드시 상담자의 개입이 꼭 필요하지 않을 수도 있다.

(1) 계획하기의 타이밍

계획 수립은 변화에 대한 동기가 충분히 내면화되었을 때 이루어져야 한다. 너무 이른 시점에 계획을 강요하면 클라이언트는 압박감을 느끼고 저항할 수 있으며 반대로 준비된 클라이언트에게 적절한 시점에 계획을 제안하지 않으면 동기의 흐름이 약화될 수 있다. 따라서 사회복지사는 클라이언트의 준비도를 면밀히 평가하고 변화 언어가 충분히 나타났을 때 계획 수립을 제안해야 한다.

예를 들어 "최근에 말씀해 주신 것처럼 음주를 줄여야 할 필요성을 많이 느끼고 계신 것 같은데 혹시 어떤 방식으로 실천해 볼 수 있을지 생각해 보셨나요?"라는 질문을 사용할 수 있다.

(2) 변화 계획 수립하기

계획 수립 단계에서는 구체적이고 실현 가능한 변화 목표를 함께 설정한다. 이 과정은 클라이언트의 생활 환경, 기존의 시도 경험, 자원 및 지지체계 등을 고려하여 현실적이고 실행 가능한 계획을 만드는 것이 중요하다. 밀러와 롤닉(Miller & Rollnick)은 SMART 목표 설정 전략(구체적이고, 측정 가능하며, 달성 가능하고, 관련성 있고, 시간 기반의 목표)을 제안하며 단계적 실천이 변화 지속의 핵심이라고 강조한다.

변화 계획 수립하기 단계에서 사용할 수 있는 질문으로는 "처음 한 달간은 주 3회로 음주 횟수를 줄여 보고 다음 달부터는 특정 요일에는 음주하지 않는 것으로 해보는 건 어떨까요?"가 있으며 이때 사회복지사는 클라이언트의 강점을 되짚어 주고 장애물에 대한 대처 전략도 함께 세워야 한다.

(3) 만약 계획이 실행되고 있다면

이미 변화 행동을 시작한 클라이언트에게는 그 노력을 인정하고 지속 가능한 방식으로 유지할 수 있도록 지지한다. 이때는 클라이언트의 자기효능감을 지속적으로 강화하고 예상되는 재발 위험에 대한 준비도 함께 이루어져야 한다. 또한 변화가 지속되도록 하기 위해서는 보상체계, 자기모니터링, 사회적 지지 활용 등의 기법도 함께 도입할 수 있다.

계획이 실행되고 있는 단계에서 사용될 수 있는 질문으로 "지금까지 실천해 오신 방식이 효과적이었던 점은 무엇이었나요? 계속 유지하려면 어떤 점을 보완하면 좋을까요?"라는 질문을 사용할 수 있다.

(4) 변화 결심이 약해지고 있다면

계획 실행 과정에서 클라이언트의 의지가 약해지거나 재발 조짐이 보일 수 있다. 이때 사회복지사는 비판적 접근보다는 공감과 지지를 통해 클라이언트를 재촉하지 않으면서 동기를 재탐색해야 한다. 또한 실패를 변화 과정의 일부로 수용하게 하고 새로운 시도를 계획할 수 있도록 도와야 한다.

변화 결심이 약해지고 있는 단계에서 질문으로는 "최근에 힘든 상황이 있었던 것 같은데 그 경험을 통해 배운 점이 있다면 다음 시도에 어떻게 활용할 수 있을까요?"라는 질문을 사용할 수 있다.

6. 효과와 한계점

1) 효과

동기강화모델은 다양한 분야에서 클라이언트의 행동 변화 유도를 위한 효과적인 접근법으로 평가되고 있다. 특히 약물 · 알코올 중독, 정신건강, 건강행동, 청소년 비행, 의료상담 등에서 그 효능이 실증적으로 입증되었다.

첫째, 변화 동기의 내재화로 클라이언트의 내면에서 우러나는 동기를 자극함으로써 외적 통제에 의한 변화가 아니라 자기결정적 변화를 이끌어 내고 개인이 자신의 내면적 가치와 일치하는 행동을 선택하도록 돕는 접근으로 자발성과 지속성을 높인다.

둘째, 다양한 문제 영역에 대한 적용 가능성으로 특정 문제 유형에 국한되지 않고 다양한 사회복지실천 현장에 적용되고 있다. 중독 치료에서 재발률을 낮추는 데 기여하며 정신건강 영역에서 클라이언트와의 초기 관계 형성 및 치료 동기 고양에 효과적이다.

셋째, 짧은 시간 내 효과적인 개입으로 변화 동기를 자극할 수 있는 간결하면서도 강력한 접근으로 단기 개입 상황에서 활용도가 높다. 특히 초기 접촉 단계에서 효과적인 관계 형성과 개입 진입이 가능하다.

2) 한계점

동기강화모델은 강력한 개입 전략임에도 불구하고 적용에 있어 여러 가지 한계점이 존재한다. 이는 사회복지사의 기술 수준, 클라이언트의 특성, 이론적 기반의 한계 등과 관련이 된다.

첫째, 사회복지사의 고도의 기술이 요구된다. 동기강화모델은 사회복지사의 태도, 언어의 활용, 반영적 경청 능력 등 정서적·관계적 역량을 포괄하는 고차원적 상담 기법이다. 숙련되지 않은 사회복지사는 이러한 요소들을 충분히 내면화하지 못한 채 기법을 표면적으로 모방하거나 기계적으로 적용하는 데 그칠 위험이 있다.

둘째, 변화 준비가 매우 낮은 클라이언트에 대한 한계가 존재한다. 동기강화모델은 양가감정 단계에 있는 클라이언트에게 특히 효과적이지만 변화에 대한 완전한 거부 상태에 있는 클라이언트에게는 제한적 효과를 보일 수 있다.

셋째, 집단상담 및 구조화된 환경 적용의 어려움이 있다. 동기강화모델은 개별상담에 적합하도록 설계된 접근으로 클라이언트의 욕구와 변화의 속도를 존중하는 데 강점을 가진다. 그러나 집단상담이나 교정시설과 같은 제한된 제도적 환경에서는 이러한 개인 맞춤형 접근을 충분히 반영하기 어려운 구조적 제약이 존재한다.

넷째, 문화적 민감성과 다양성 수용에 어려움이 있다. 클라이언트의 가치와 동기를 중심으로 하지만 문화적 다양성이나 언어적 차이에 민감하지 못할 경우 오히려 왜곡된 해석이나 관계 형성 실패로 이어질 수 있다. 특히 다문화 상황에서는 클라이언트의 세계관과 상호작용 방식에 대한 깊은 이해가 필요하다.

CHAPTER 08

역량강화모델

개 요

이 장에서는 역량강화모델의 이론적 배경과 실천 원리를 중심으로 클라이언트를 삶의 주체로 바라보는 사회복지실천의 관점을 다룬다. 클라이언트의 강점과 자원을 존중하고 참여와 자기결정, 비판적 의식화를 통해 능동적 변화를 촉진하는 개입 과정을 제시하며 구체적인 실천기술과 사례를 통해 현장 적용 가능성을 높인다. 이를 통해 사회복지사는 억압받고 소외된 개인과 공동체가 구조적 한계를 인식하고 회복과 성장의 주체로 설 수 있도록 실천의 방향을 재구성할 수 있다.

학습목표

1. 역량강화모델의 이론적 배경과 핵심 개념을 설명할 수 있다.
2. 사회복지실천기술의 실천 원리를 설명하고 적용할 수 있다.
3. 역량강화모델의 개입 과정을 단계별로 설명하고 적용할 수 있다.

1. 이론적 배경

역량강화모델(Empowerment Model)은 전통적인 방법의 사회복지실천 접근 방법의 한계를 극복하고 클라이언트를 수동적인 수혜자가 아닌 자신의 삶에 대한 변화의 주체로 인식하는 관점을 중심으로 등장하였다. 기존 사회복지실천이 병리, 결핍, 문제 중심의 접근 방법에 치중한 반면, 역량강화모델은 클라이언트의 강점과 잠재력에 초점을 두고 자신의 삶에 대해 스스로 사고하고 결정하며 지역사회와 사회 구조에 적극적인 참여를 지원한다. 이러한 변화는 사회복지실천이 단순한 문제 해결이라기보다 클라이언트의 자기결정권 존중을 통해 삶의 질을 근본적으로 향상시키려는 실천철학으로 나아가야 한다는 필요성에서 시작되었다. 1970년대 이후 사회복지실천에서 등장한 생태체계 관점, 비판이론, 강점관점, 그리고 클라이언트 중심 접근은 역량강화 실천의 철학과 기술을 구성하는데 핵심적인 기여를 하였다.

1) 생태체계 관점

브론펜브레너(Bronfenbrenner, 1979)가 제시한 생태체계이론은 인간발달을 다양한 환경체계와의 상호작용 속에서 이해해야 한다는 전제에 기반한다. 이에 따라 클라이언트의 문제는 개인 내부의 문제가 아닌 가족, 지역사회, 제도, 정책 등 다양한 수준의 사회 환경과 상호 연계된 결과로 간주된다. 역량강화모델은 이러한 시각을 바탕으로 클라이언트가 처한 구조적 조건과 자원 접근성을 실천의 핵심 요소로 통합하며 개입의 초점을 개인과 환경 간의 상호작용 개선으로 확장한다.

2) 비판이론과 의식화

역량강화모델은 파울로 프레이리(Paulo Reglus Neves Freire)의 해방교육론과 비판이론(critical theory)의 영향을 받아 형성된 실천철학을 내포한다. 프레이리는 피억압자가 자신의 현실을 비판적으로 인식함으로써 사회 변화를 이끌 수 있다고 보았으며 이는 클라이언트가 구조적 불평등을 인식하고 변화의 주체로 설 수 있도록 돕는 역량강화 실천의 핵심 개념과 맞닿아 있다. 이 이론적 기반은 사회복지사가 클라이언트를 수동적인 수혜자가 아닌 권리의 주체로 바라보고 그들의 목소리를 사회적 의사결정 구조에 반영하려는 실천적 노력으로 연결된다.

3) 강점 관점과 클라이언트 중심 접근

강점 관점은 데니스 살리비(Dennis Saleebey)를 중심으로 발전한 이론으로 클라이언트가 지닌 회복력, 사회적 관계, 성공 경험 등 긍정적 자원을 실천의 핵심 자산으로 간주한다. 이 관점은 클라이언트를 문제의 집합체로 보던 기존의 결핍 중심 실천을 대체하며 변화 가능성과 주체성을 인정하는 방식으로 전환을 유도한다. 이러한 강점 기반 실천은 로저스의 인간중심이론과도 연결되며 클라이언트를 자율성과 자기결정권을 지닌 존재로 존중하며 진정성과 공감, 무조건적 수용을 통해 변화가 가능하다고 보았다. 역량강화모델은 이 두 관점을 통합하여 클라이언트를 결핍의 대상이 아닌 변화의 주체로 간주하며 실천 과정에서 그들의 참여와 판단, 선택을 중심에 두는 구조를 형성한다.

2. 기본 가정

1) 인간의 성장 가능성과 회복탄력성

역량강화모델은 인간이 본질적으로 성장과 변화를 향한 내적 잠재력을 지닌 존재라는 가정을 전제로 한다. 이는 클라이언트를 무능력하거나 결핍된 존재로 보는 전통적 시각을 거부하고 오히려 회복탄력성과 내재된 자원을 보유한 존재로 이해한다.

2) 사회 구조적 맥락 속 문제 인식

개인의 문제는 고립된 현상이 아니라 사회적 억압, 차별, 배제와 같은 구조적 요인에 의해 형성된다는 점에서 역량강화모델은 명확한 사회 구조적 인식을 요구한다. 이는 빈곤, 실직, 가정 해체와 같은 사회문제를 단순히 개인의 노력 부족으로 환원하지 않고 제도적 불평등의 결과로 해석하는 시각이다.

3) 자기결정권의 존중과 실천 참여

역량강화모델의 전제는 모든 개인이 자신의 삶에 대한 결정권을 지니며 실천 과정에 주체적으로 참여할 권리가 있다는 자기결정권(self-determination)의 인정이다. 클라이언트는 단순한 서비스 수혜자가 아니라 실천 과정 전반에 능동적으로 관여하는 참여자이자 공동 설계자이다.

4) 지식의 공동 구성과 상호 학습

지식은 전문가로부터 일방적으로 전달되는 것이 아니라 실천자와 클라이언트 간의 상호작용과 경험을 통해 공동으로 생성된다는 구성주의적 가정에 기반한다. 클라이언트의 경험은 단순한 진술이 아니라 실천적 지식의 중요한 자원이 되며, 사회복지사는 클라이언트와 함께 문제를 재해석하고 새로운 대응 전략을 모색하는 동반자의 위치에 선다.

5) 환경과의 상호작용을 통한 역량 발달

역량은 고정된 성격이 아니라 환경과의 지속적 상호작용 속에서 계발되는 역동적 개념이다. 따라서 실천 현장에서 사회복지사는 클라이언트의 관계망, 지역사회 자원, 제도적 지원체계 등을 적극적으로 연결하고 활용하여 역량 발현의 기회를 확장시켜야 한다.

3. 주요 개념

역량강화모델은 클라이언트를 결핍의 대상이 아닌 변화의 주체로 바라보며 그들의 자율성과 참여를 실현하기 위한 사회복지실천의 핵심 이론이다. 이 모델은 다양한 이론적 토대 위에서 발전하였으며 실천 과정에서 적용할 수 있는 구체적인 구성 요소와 원칙들을 통해 클라이언트의 역량을 실질적으로 증진시키는 데 목적이 있다.

1) 개념

클라이언트를 단순한 문제 해결의 대상이 아닌 자신의 삶을 주체적으로 살아갈 수 있는 능력과 권리를 가진 존재로 간주한다. 이 모델은 사회적 불평등과 억압의 구조 속에서 클라이언트가 자신의 권리를 인식하고 자율성과 참여를 바탕으로 변화의 주체가 될 수 있도록 돕는 실천 접근이다. 역량강화는 단지 개인의 내적 역량 개발에 그치지 않고 구조적 맥락에서 권한 회복과 사회적 정의 실현을 함께 추구한다.

(1) 권력 회복

권력 회복(Power Restoration)은 클라이언트가 자신의 삶에 대해 실질적인 통제력과 영향력을 갖도록 돕는 과정을 의미한다. 이는 단순히 권리를 설명하는 데 그치지 않고 클라이언트가 정보, 자원, 기회에 실질적으로 접근하고 활용함으로써 자신과 공동체의 삶을 변화시킬 수 있도록 하는 일련의 실천이다. 이러한 권력 회복은 내면적 변화와 외적 변화 모두를 포괄한다.

(2) 협력적 실천관

협력적 실천관(Collaborative Practice Perspective)은 사회복지사와 클라이언트가 동반자적 관계로 사회복지사는 문제 해결의 전문가라기보다 클라이언트의 경험과 지식을 인정하며 함께 변화를 만들어가는 촉진자(facilitator)의 역할을 수행한다. 이는 전통적인 '전문가 중심' 접근과 구분되며 클라이언트의 참여를 중심에 두는 실천 원칙을 내포한다.

(3) 주체적 인간관

주체적 인간관(Human Agency Perspective)은 클라이언트를 결핍과 의존의 대상이 아닌, 변화 가능성과 강점을 지닌 주체적 존재로 바라본다. 이러한 시각은 클라이언트가 자신의 삶의 문제를 인식하고 해결 방안을 주체적으로 설정하며 실천에 참여할 수 있는 능력을 가진 존재로 존중하는 것을 의미한다.

(4) 역량

역량(Capacity or Competence)은 고정된 특성이 아니라, 관계, 환경, 학습, 경험을 통해 계발되고 확장되는 가능성 중심의 개념이다. 역량강화모델은 클라이언트가 이미 지닌 자원(심리적 · 사회적 · 문화적)을 발굴하고 이를 실천에 적용함으로써 변화의 주체로 서도록 돕는다. 이때 '역량'은 개인의 자기인식, 자기결정, 비판적 사고, 사회 참여 능력 등을 포함하는 다차원적 개념이다. 역량의 계발은 궁극적으로 클라이언트가 자신의 삶을 스스로 이끌어갈 수 있도록 하는 실천의 핵심 목표가 된다.

2) 기본 원칙

역량강화모델의 기본 원칙은 단순한 실천 지침을 넘어 클라이언트를 바라보는 사회복지사의 철학적 태도와 실천적 방향을 규정하는 핵심 기준으로 작용한다. 이는 사회복지사가 클라이언트의 강점과 잠재력을 우선적으로 인식하고 그들의 선택과 참여를 존중하며 억압과 불평등의 구조를 비판적으로 이해하고 개입하도록 이끈다. 다음과 같은 세 가지 기본 원칙을 바탕으로 구성된다.

(1) 강점 중심의 관점

역량강화 실천은 클라이언트를 결핍이나 취약성의 대상이 아니라 다양한 가능성과 잠재력을 지닌 주체로 바라본다. 강점 중심의 관점(Strengths-Based

Perspective)은 클라이언트가 과거에 경험한 성공, 회복력, 대인관계 기술 등 다양한 내적·외적 자원을 실천의 기반으로 활용하도록 돕는다. 이 원칙은 클라이언트가 자신의 능력을 재인식하고 자기효능감을 회복하도록 하는 데 핵심적이다.

(2) 자기결정권과 자율성의 존중

역량강화모델은 클라이언트가 자신의 삶과 문제에 대해 주체적으로 판단하고 결정할 수 있는 권리를 갖고 있음을 전제로 한다. 사회복지사는 실천 과정에서 클라이언트의 자기결정권과 자율성의 존중(Self-Determination and Autonomy)을 하고, 그들이 자신의 목표와 계획을 설정할 수 있도록 지지한다. 이러한 접근은 단순히 참여를 보장하는 차원을 넘어 클라이언트의 내적 동기와 책임감을 강화하는 데 기여한다.

(3) 참여와 협력적 관계 형성

사회복지사와 클라이언트 간의 수직적 관계를 지양하고 상호 존중과 협력을 바탕으로 한 참여와 협력적 관계 형성(Participation and Collaborative Relationship)을 지향한다. 클라이언트는 개입 과정의 전 단계에서 능동적인 참여자이며 사회복지사는 전문성을 가진 촉진자이자 협력자 역할을 수행한다. 참여의 과정 자체가 곧 역량강화의 실현이라는 점에서 협력은 실천 방법이자 실천 목표로 작동한다.

4. 실천 과정

1) 실천 목표

역량강화모델의 실천 목표는 클라이언트를 외부의 도움을 수동적으로 받는 존재로 간주하지 않고 자신의 삶을 능동적으로 조직하고 변화시킬 수 있는 주체로서 재구성하는 데 있다. 이 모델은 개인의 내면에 잠재된 강점과 자원을 재발견하고 사회 구조 속 억압을 비판적으로 인식하며 자기결정과 집단적 실천을 통해 자율성과 권한을 회복하도록 지원하는 것을 중심 목표로 삼는다.

첫째, 개인의 심리사회적 역량 회복이 핵심이다. 클라이언트가 자신의 문제를 정의하고 해결 과정을 설계하며 변화의 과정을 스스로 이끌 수 있는 자기효능감을 강화하는 데 초점을 둔다. 이를 통해 "나는 할 수 없다"는 무력감에서 벗어나 "나는 변화할 수 있다"는 통제감과 주체성을 회복하게 된다.

둘째, 사회구조에 대한 비판적 의식화를 촉진하는 것이 중요한 목표이다. 클라이언트가 자신의 어려움을 단순한 개인의 실패로 내면화하는 것이 아니라 구조적 불평등과 제도적 차별의 산물로 인식할 수 있도록 돕는다. 예컨대 빈곤이나 실업의 문제를 자책하기보다 불완전한 사회안전망이나 제도적 배제와 연결지어 해석함으로써 클라이언트는 변화의 책임을 개인이 아닌 사회 전체로 재구성할 수 있게 된다.

셋째, 참여와 자기결정권의 실현을 실천 전반에서 보장한다. 역량강화모델은 실천자 중심의 일방적 개입을 지양하고 클라이언트가 개입의 전 과정에서 자신의 목소리를 낼 수 있는 환경을 조성한다. 사회복지사는 클라이언트와의 동등한 협력관계를 통해 실천 목표를 설정하고 계획 수립과 실행에 있어 주체적 참여를 유도한다.

넷째, 공동체 수준에서의 집단적 실천과 사회적 변화를 가능하게 한다. 개인의 문제를 공동의 과제로 재구성하고 클라이언트가 집단의 일원으로서 지역사회 활동, 권익 옹호, 정책 참여에 나설 수 있도록 지원함으로써 구조적 차원의 변화로 이어지게 한다. 예컨대 자조모임, 주민 조직화, 커뮤니티 네트워크 형성은 클라이언트 개인의 역량을 넘어 집단적 힘을 구축하는 실천 전략이다.

2) 실천 과정

역량강화모델의 실천 과정은 클라이언트가 스스로의 강점을 인식하고 자신의 삶을 둘러싼 사회적 조건을 깊이 있게 이해하며 주체적으로 행동할 수 있도록 돕는 일련의 상호작용적 단계로 구성된다. 일반적으로 이 과정은 대화 단계, 발견 단계, 발전 단계의 세 가지 주요 단계로 구분되며 각 단계는 클라이언트의 자각과 참여 수준, 실천 목표에 따라 유기적으로 전개된다.

(1) 대화 단계

① 내용

대화 단계(Dialogue Phase)는 클라이언트와 사회복지사 간의 신뢰 관계를 형성하고 상호 이해를 기반으로 소통을 시작하는 초기 단계이다. 이 단계에서는 클라이언트의 경험, 감정, 일상적 어려움에 대한 자유로운 표현이 촉진되며 사회복지사는 판단이나 해석 없이 수용적 태도로 경청한다. 특히 프레이리가 강조한 '비판적 대화'의 원리에 따라 단순한 정보 교환이 아닌 클라이언트의 삶을 이해하고 문제를 언어화하는 과정이 중시된다. 이는 실천 과정의 기초를 구축하며 클라이언트가 스스로 이야기할 수 있는 힘을 회복하는 출발점이 된다.

② 주요 과제

첫째, 동반자 관계 형성

대화 단계에서 가장 중요한 과제로 사회복지사와 클라이언트가 수평적 관계에서 상호 존중과 신뢰를 바탕으로 협력적 실천을 시작하는 것을 의미한다. 이는 상담 초기부터 클라이언트의 감정, 욕구, 의견이 존중되는 환경을 조성하는 것을 포함한다. 동반자적 관계는 실천 전 과정에서 클라이언트의 적극적 참여를 유도하는 기반이 된다.

둘째, 현재 상황의 명확화

클라이언트가 자신의 삶에서 직면하고 있는 문제, 스트레스 요인, 자원과 제약을 언어로 표현하고 구조화할 수 있도록 돕는 과정이다. 이 과정에서 사회복지사는 판단을 유보하고 열린 질문을 통해 클라이언트가 자신의 삶의 조건을 자각하도록 지원한다. 클라이언트 자신의 경험을 객관화하는 동시에 문제 상황의 복합성과 영향을 종합적으로 이해하는 데 기여한다.

셋째, 방향 설정

클라이언트와 사회복지사가 함께 논의하여 실천의 초점과 초기 목표를 합의하는 과정이다. 이 과정은 명확한 해결 방안을 도출하는 것이 아니라 클라이언트가 중요하게 여기는 삶의 영역과 변화의 의지를 탐색하며 실천의 방향성을 설정하는 데 중점을 둔다.

넷째, 자기인식 촉진

클라이언트가 자신의 감정, 상처, 강점, 바람 등을 자유롭게 표현하고 이에 대해 사회복지사로부터 정서적 수용을 경험함으로써 자기이해를 심화해 나가는 과정이다. 이 과정은 로저스의 인간중심 접근에서 강조하는 '무조건적 긍정적 존중'의 실천을 반영하며 클라이언트가 자신을 보다 통합적으로 이해하고 신뢰하게 되는 기반이 된다.

(2) 발견 단계

① 내용

발견 단계(Discovery Phase)는 클라이언트가 자신이 지닌 강점, 자원, 억압 구조, 가능성 등을 비판적으로 인식하는 과정이다. 이 단계에서는 클라이언트의 경험을 구조적 맥락에서 재해석하고 문제의 근원을 개인 내 원인이 아닌 사회적 요인과 연결지어 이해하도록 돕는다. 예외 질문, 생애곡선, 강점 탐색 도구 등의 활용을 통해 클라이언트는 자신의 회복력과 관계망 속 자원을 자각하게 된다. 또한 이 단계에서는 비판적 의식화가 이루어지며 이는 클라이언트가 단지 '돕는 존재'를 기다리는 것이 아니라 변화의 주체로서 현실을 새롭게 조망하고 해석할 수 있게 함을 의미한다.

② 주요 과제

첫째, 클라이언트의 강점과 자원의 명료화

사회복지사가 클라이언트의 삶 속에 이미 존재하는 내적·외적 자원을 함께 식별하고 구체화하는 과정을 의미한다. 이 과정을 통해 클라이언트는 자신 안에 있는 문제 해결 능력을 재발견하며 자기효능감을 회복하고 변화의 주체로서 심리적 기반을 형성하게 된다.

둘째, 사회적 · 구조적 맥락에 대한 비판적 인식 촉진

클라이언트가 자신의 문제를 단순히 개인의 한계나 실패로 보지 않고 구조적 요인과 연결하여 이해할 수 있도록 돕는 과정이다. 이를 통해 클라이언트는 내면화된 수치심을 해소하고 사회 구조에 대한 성찰과 변화에 대한 주체적 인식을 갖게 된다.

셋째, 변화 가능성의 탐색

클라이언트가 현재의 자원과 역량을 토대로 구체적이고 실현 가능한 목표를 설정하는 과정을 포함한다. 사회복지사는 클라이언트의 가치와 욕구, 삶의 맥락을 반영한 목표 수립을 지원하며 단기 실천과 장기 비전의 균형을 고려하여 실천계획을 함께 설계한다.

넷째, 강점 기반 언어의 내면화 촉진

클라이언트가 자신을 문제 중심이 아닌 강점 중심의 언어로 표현할 수 있도록 돕는 것을 의미한다. 강점 기반 자기기술은 클라이언트의 자기인식을 긍정적으로 재구성하고 자기서사의 변화에 기여한다.

(3) 발전 단계

① 내용

발전 단계(Development Phase)는 클라이언트가 인식한 자원과 강점을 바탕으로 구체적 행동 계획을 수립하고 실제 실천하는 과정이다. 이 단계는 목표 설정, 자원 연결, 제도적 접근 시도, 집단 참여, 권리 주장 등 다양한 실천 전략을 포함하며 클라이언트의 자기결정권을 존중하는 원칙하에 이루어진다. 사회복지사는 촉진자로서 개입을 조정하며 클라이언트가 주체적 행동을 지속적으로 시도하고 성찰할 수 있도록 피드백과 지원을 제공한다. 발전 단계는 단순히 문제를 해결하는 데 그치지 않고 장기적으로는 클라이언트의 자율성, 사회 참여력, 비판적 대응 능력을 향상시키는 데 목적이 있다.

② 주요 과제

첫째, '실천 전략의 정교화 및 실행 지원'으로 클라이언트가 이전 단계에서 설정한 목표를 실현 가능한 구체적 행동 계획으로 전환하도록 돕는다. 이 과정에서는 내·외적 자원을 체계적으로 활성화하고 연결하여 실천 기반을 확장하는 것이 중요하다. 클라이언트의 사회적 자본, 제도적 자원, 개인적 강점이 통합적으로 작동할 수 있도록 돕는 것이 핵심이다.

둘째, '참여 기회의 확장 및 구조적 접근성 강화'로 클라이언트가 교육, 고용, 사회 참여 등 실질적 기회 접근성을 넓혀 나가도록 지원한다. 이는 클라이언트가 자원을 수동적으로 제공받는 데 그치지 않고 능동적으로 기회를 탐색하고 선택할 수 있도록 역량을 강화하는 과정이다.

셋째, '긍정적 변화 경험의 재인식 및 의미화'는 실행 과정에서의 작은 성공 경험이 클라이언트의 자기효능감 회복에 매우 중요하다. 따라서 사회복지사는 변화의 징후를 함께 인식하고 이를 클라이언트의 주체적인 선택과 노력의 결과로 재구성하여 성취감을 강화한다.

이러한 3단계 실천 과정은 역량강화모델이 강조하는 총체적 변화—개인적, 대인적, 구조적 수준에서의 권한 회복과 사회적 정의 실현—를 유도하는 실천 틀로 기능한다. 각 단계는 상호 연계되어 있으며 클라이언트의 주체적 성장과 사회적 연대를 촉진하는 데 중점을 둔다.

표 8-1 역량강화모델의 3단계

구분	전략	주요 과제
대화 단계 (Dialogue Phase)	• 신뢰 관계 형성 • 감정 및 경험의 표현 • 문제 언어화 • 실천 출발점 형성	• 동반자 관계 형성 • 현재 상황 명확화 • 방향 설정 • 자기인식 촉진

구분	전략	주요 과제
발견 단계 (Discovery Phase)	• 강점·자원 인식 • 문제의 구조적 이해 • 변화 가능성 탐색 • 비판적 의식화	• 강점·자원 명료화 • 구조적 인식 촉진 • 변화 가능성 탐색 • 강점 기반 언어 내면화
발전 단계 (Development Phase)	• 행동계획 실행 • 자원 연결 • 자기결정 존중 • 장기적 자율성과 참여력 강화	• 실천 전략 실행 • 참여 기회 확대 • 긍정적 변화 경험 의미화

3) 실천 과정에 따른 사례

모델 적용 **'경력 단절 여성 A씨의 경제적 자립 지원'**

대화 단계 : 신뢰 형성과 경험의 언어화

클라이언트 A씨는 40대 중반의 여성으로 10년간 가정주부로 생활하다 최근 이혼 후 생계 문제와 자녀 양육 문제로 지역사회복지관을 방문하였다. 첫 만남에서 A씨는 "나는 아무것도 할 줄 아는 게 없어요. 이 나이에 뭘 하겠어요."라고 말하며 자존감이 낮고 위축된 상태였다. 사회복지사는 판단 없이 A씨의 이야기를 경청하고 그녀의 불안과 좌절을 공감하며 감정적으로 안전한 대화를 이어갔다. 이를 통해 A씨는 자신이 처한 현실을 낱낱이 표현할 수 있었고 상담 과정에서 자신이 주도권을 갖고 있다는 인식을 형성하기 시작하였다.

- **사회복지사의 개입** : 공감적 경청, 감정 확인, 수평적 관계 형성, 언어화 촉진
- **중점 기법** : 열린 질문("가장 힘들었던 순간은 언제였나요?"), 반영적 경청, 감정 명료화

발견 단계 : 강점 탐색과 자원 인식

사회복지사는 A씨와 함께 강점 목록을 작성하고 과거 경험에서 자신이 해온 다양한 역할들을 되짚어보았다. A씨는 과거 학부모 활동을 주도했던 경험, 자녀 교육을 위해 재정 관리를 했던 경험을 떠올리며 "그때는 몰랐는데, 지금 생각하니 나도 할 수 있었던 일이 있었네요"라고 반응하였다. 또한 지역 내 여성인력개발센터에서 제공하는 재취업 교육 프로그램 정보를 공유하고 A씨가 자신의 삶을 '문제'가 아닌 '기회'로 바라볼 수 있도록 비판적 시각을 유도하였다.

- 사회복지사의 개입 : 강점사정, 자원 매핑, 비판적 질문을 통한 인식 변화 촉진
- 중점 기법 : "이런 상황을 이겨낸 경험이 또 있나요?",
  "이 경험이 지금의 문제에 어떤 자원이 될 수 있을까요?"

발전 단계 : 실천 계획과 자율적 행동 실행

강점 탐색 이후 A씨는 요양보호사 자격 취득이라는 목표를 설정하였고 사회복지사는 이를 위한 단계별 계획을 함께 수립하였다. A씨는 여성인력개발센터 교육에 등록하고 동시에 지역 주민센터의 자녀 돌봄 서비스를 활용하여 학습 시간을 확보하였다. 사회복지사는 지속적으로 격려 메시지를 전달하고 학습 계획을 점검하며 정서적 지지를 제공하였다. 이후 A씨는 자격증을 취득하고 노인복지센터에 취업하여 경제적 자립 기반을 마련하였다.

- 사회복지사의 개입 : 목표 설정, 실행 계획 수립, 제도·서비스 연계, 실천 피드백 제공
- 중점 기법 : SMART 목표 설정, 자원 연결, 자기효능감 강화를 위한 긍정 피드백

요약 및 의의

이 사례는 역량강화모델의 실천 과정을 통해 클라이언트가 문제 중심 사고에서 벗어나 자신의 강점을 발견하고 이를 실질적인 행동으로 전환함으로써 삶의 주체로 재정립된 과정을 보여 준다. 특히 사회복지사는 단순히 정보를 제공하는 전문가가 아니라 클라이언트의 자기인식과 주도적 실천을 촉진하는 촉진자(facilitator)로서의 역할을 수행하였다는 점에서 역량강화 실천의 핵심 가치를 잘 구현한 사례라 할 수 있다.

5. 실천 기법

역량강화모델에 기반한 사회복지실천에서 '실천 기법'은 클라이언트의 주체성을 강화하고, 자율성과 참여를 실현하기 위한 도구로 기능하며 이러한 기법들은 사회복지사가 클라이언트의 참여를 이끌고 자발적 변화를 촉진하는 데 있어 구체적이고 실용적인 실천 전략으로 작용한다. 이 장에서는 사회복지사가 실천 현장에서 사용할 수 있는 구체적 실천 기법을 여섯 가지로 구분하여 설명하고 각

각의 기술이 어떻게 활용될 수 있는지를 실천 사례와 함께 제시하고자 한다.

1) 강점 관점에 기반한 질문 기법

강점 관점에 기반한 질문은 인간은 누구나 삶 속에서 의미 있는 자원과 능력을 가지고 있으며, 이를 통해 문제를 극복할 수 있는 잠재력을 지닌 존재라는 전제에서 출발한다. 긍정심리학자 마틴 셀리그만(Martin Seligman)은 인간의 긍정 정서와 강점에 기반한 개입이 우울감 완화, 삶의 만족도 향상, 대인관계 개선에 효과적이라고 주장하였으며 클라이언트의 긍정적 경험을 재구성하도록 유도하며 스스로의 능력과 자원을 객관화하고 확장해 나갈 수 있는 심리적 기반을 제공한다.

강점 기반 질문은 단순히 정보를 얻는 도구가 아니라 상담의 전 과정을 통해 클라이언트가 자신의 내적 자원을 인식하고 강화할 수 있도록 유도하는 전략이다. 이를 바탕으로 변화의 동기를 이끌어 낼 수 있도록 돕는다.

예 시

- **회고형 질문** : "그 상황을 어떻게 이겨내셨나요?"
- **예외질문** : "문제가 없던 시기는 언제였나요?"
- **소망질문** : "당신이 바라는 이상적인 삶은 어떤 모습인가요?"
- **관계질문** : "당신을 가장 잘 아는 사람은 어떤 강점을 이야기할까요?"
- **메타질문** : "그 생각은 언제부터 형성된 건가요?"

2) 참여적 의사결정 촉진 기술

참여적 의사결정은 역량강화 실천의 핵심 기제로 클라이언트가 자신의 삶과 관련된 모든 개입 과정에 주체적으로 참여할 수 있도록 돕는 기술이다. 이론적으로는 프레이리의 '대화적 교육법'에 뿌리를 두고 있으며 피억압자의 참여와 비판적 사고를 통한 변화 가능성을 전제한다. 상담 기법 측면에서는 브레인스토밍, 우선순위 정하기, 선택지 비교 및 장단점 분석 등의 기법이 참여적 결정을 촉진하는 데 사용된다.

예 시

"이 결정이 당신에게 어떤 의미가 있나요?"
"이 문제를 해결하는 데 가장 중요한 요소는 무엇이라고 생각하시나요?"
"당신이 가장 먼저 실천해 보고 싶은 방법은 무엇인가요?"

3) 클라이언트의 내적 자원 탐색과 강화

내담자의 내적 자원을 탐색하고 강화하는 개입은 반두라(Albert Bandura)의 자기효능감 이론을 바탕으로 하며 개인이 자신의 삶에 대해 영향력을 행사할 수 있다는 믿음을 증진시키는 것이 핵심이다. 또한 로저스의 인간중심 상담이론은 클라이언트가 무조건적인 긍정적 존중과 공감을 통해 자아실현에 도달할 수 있음을 강조하며 내적 자원의 강화에 중요한 상담적 배경을 제공한다.

상담 기법으로는 회복 스토리텔링, 내적 자원 목록 작성, 긍정 피드백 훈련, 셀프 토크 연습 등이 있으며 이러한 기법은 클라이언트의 긍정적 자아정체감과 자기효능감을 회복시키는 데 기여하며 이후 개입 전반의 동기를 형성하는 기반이 된다.

예 시

회복 경험 회상 질문
"자신이 자랑스러웠던 순간은 언제인가요?"
"어려운 시기를 견디게 해준 내면의 힘은 무엇이었나요?"

자긍심 강화 질문
"당신이 스스로를 자랑스럽게 여겼던 순간은 언제였나요?"
"다른 사람들이 당신에게 강점이라고 말한 적이 있는 부분은 무엇인가요?"

정서적 자원 탐색 질문
"힘들 때 가장 큰 위로가 되었던 것은 무엇이었나요?"
"당신에게 희망을 주는 생각이나 믿음은 어떤 것이 있나요?

4) 권익 옹호 기술

권익 옹호(advocacy)는 비판교육이론에 기반하여 클라이언트가 억압받는 구조를 인식하고 스스로 목소리를 낼 수 있도록 돕는 실천적 기술이다. 권력 재분배의 관점에서 사회복지사는 클라이언트의 권리 인식을 돕고 정책적 · 제도적 장벽에 접근할 수 있도록 정보 제공과 중재 역할을 수행한다.

상담 기법으로는 권리 교육, 이의 제기 시뮬레이션, 옹호 문서 작성 지원, 기관 미팅 동행 등이 포함되며 이 기법들은 클라이언트가 스스로의 권리를 재인식하고 실천 행위로 이어갈 수 있도록 실질적인 기반을 마련한다.

예 시

권리 인식 유도 질문

"이 상황에서 당신에게 보장되어야 할 권리는 무엇이라고 생각하시나요?"
"현재 처한 문제에 대해 부당하다고 느끼는 부분은 어떤 점인가요?"

대안 탐색 및 정보 연결 질문

"이 문제를 해결하기 위해 도움을 줄 수 있는 기관이나 사람은 누구인가요?"
"현재 이 문제에 대해 어떤 정보나 제도를 알고 계신가요?"

주체적 표현 촉진 질문

"당신이 직접 이 문제에 대해 이야기한다면 어떤 말을 전하고 싶으신가요?"
"당신의 목소리를 낼 수 있다면, 가장 먼저 알리고 싶은 사실은 무엇인가요?"
"당신이 바라는 권리는 무엇인가요?"
"이 문제에 대해 누구에게 도움을 요청할 수 있을까요?"

변화 동기 강화 질문

"이 문제를 바꾸기 위해 어떤 변화를 기대하고 계신가요?"
"지금 이 문제에 대해 행동을 취해야 한다고 느끼는 이유는 무엇인가요?"

5) 비판적 질문과 대화 기술

비판적 질문과 대화 기술은 프레이리의 '의식화(conscientization)' 개념과 레드위드(Margaret Ledwith)의 비판적 지역사회 개발 이론에 근거하여 클라이언트가 자신의 경험을 구조적 맥락에서 재해석하고 억압과 불평등의 원인을 비판적으로 사고하도록 돕는 데 목적이 있다.

실천 기법으로는 구조 분석 질문, 사회극, 사례 토론, 미디어 자료 활용 등이 있다.

예 시

문제의 구조적 배경을 탐색하는 질문

"이 문제가 반복되는 데에는 어떤 사회적 요인이 작용하고 있다고 느끼시나요?"

"지금 처한 상황이 단지 개인의 선택 때문이라고 생각하시나요? 아니면 다른 요인이 있나요?"

사회적 변화 가능성을 자각시키는 질문

"이 문제를 바꾸기 위해 사회가 어떻게 달라져야 한다고 생각하시나요?"

"당신이 속한 공동체나 사회에서 함께 바꿔 나갈 수 있는 일은 무엇이 있을까요?"

기존 신념에 대한 성찰을 유도하는 메타 질문

"이런 생각은 언제부터, 어디에서 비롯된 것 같으신가요?"

"그 생각이 당신에게 어떤 영향을 미치고 있나요?"

6) 사례관리와 지역사회 조직화 기법

사례관리는 복합적인 문제를 지닌 클라이언트에게 통합적이고 조정된 서비스를 제공하기 위한 실천 기술로 이는 단순히 서비스 연계를 넘어 클라이언트의 삶 전반을 이해하고 그들의 강점을 바탕으로 한 실질적 변화를 도모하는 과정이다. 사례관리의 핵심 단계는 사정(assessment), 계획(plan), 연결(linkage), 모니터링(monitoring), 평가(evaluation)로 구성되며 클라이언트의 강점과 욕구를 중심으로 다학문적 접근이 필요하다. 이는 단기적 개입이 아니라 지속 가능한 회복과 자립을 위한 통합적 접근이다.

지역사회 조직화 기법은 주민 참여와 집단적 역량강화를 통해 구조적 불평등에 대응하고 사회 정의를 실현하려는 접근이다. 사회복지사는 지역사회 내 문제를 구조적으로 진단하고, 주민이 주체가 되는 공론장을 마련하며 네트워크를 통해 집단적 행동을 조직한다.

예 시

한 지역에서 급식의 질 저하 문제가 제기되었을 때 사회복지사는 학부모, 교사, 복지기관 종사자들이 함께 참여하는 주민 워크숍을 기획하고 이를 통해 급식 개선 캠페인을 전개하여 정책 개선까지 이어질 수 있도록 지원하였다. 이처럼 사회복지사는 촉진자(facilitator)와 조직자(organizer)의 역할을 수행하며 주민의 의견이 반영된 실질적 변화를 만들어 내는 데 기여한다. 이러한 실천은 권력 재분배와 시민참여 확대라는 역량강화 실천 원리를 구현하는 방식이라 할 수 있다.

6. 효과와 한계점

1) 효과

역량강화모델은 사회복지실천에서 클라이언트 중심 접근을 구조화하는 대표적 이론으로 개인의 심리사회적 변화에서부터 집단의 연대 그리고 사회 구조의 전환까지 다양한 차원의 효과를 유도할 수 있는 통합적 개입 모델이다. 본 절에서는 역량강화모델이 실천 현장에서 나타내는 주요 효과를 개인, 관계, 집단, 구조 수준으로 구분하여 서술한다.

첫째, 심리사회적 자아 개념의 회복과 자기효능감을 증진한다. 클라이언트는 강점 탐색, 자기결정 경험, 실천 참여를 통해 문제 해결력과 회복탄력성을 회복하게 되며 이는 심리적 안정성과 삶의 만족도 향상으로 이어진다.

둘째, 관계적 역량의 강화를 바탕으로 지지체계를 확대할 수 있도록 지원한다. 특히 참여적 의사결정, 자조집단 활동, 지역사회 네트워크와 같은 구조 속에서 클라이언트는 단절된 사회적 관계를 회복하고 공동체 속에서 연대와 협력의 경험을 축적한다.

셋째, 클라이언트가 자신의 문제를 구조적 맥락에서 재해석하도록 돕는다. 이는 클라이언트로 하여금 스스로의 상황을 분석하고 구조적 불평등에 대해 문제 제기할 수 있는 인식을 제공한다.

넷째, 역량강화모델은 집단과 공동체 차원에서의 실질적 변화 가능성을 내포한다. 자조모임, 주민 워크숍, 정책 캠페인 등 집단적 실천은 개별 클라이언트의 변화가 집단의 힘으로 확장되는 과정이며 이는 공동체 내 새로운 질서를 형성하는 데 기여한다.

2) 한계점

역량강화모델은 클라이언트 중심 실천과 구조적 불평등에 대한 비판적 접근을 통합한 이론으로 사회복지실천 현장에서 긍정적 효과를 다층적으로 창출해 왔다. 그러나 실제 적용 과정에서는 이론적 이상과 실천 현실 간의 간극, 제도적 조건의 제약, 사회복지사의 역할 부담 등 다양한 한계점이 존재한다. 이러한 한계는 실천의 효과성을 저해할 뿐 아니라 클라이언트의 기대에 부응하지 못하는 결과를 초래할 위험이 있다.

첫째, 사회 구조의 변화를 지향하지만 현실의 사회복지실천은 여전히 제도 중심의 서비스 제공에 국한되어 있는 경우가 많다.

둘째, 클라이언트의 자율성과 참여를 강조하지만 실천 과정에서 자칫 문제 해결의 책임을 개인에게 과도하게 전가하는 결과를 초래할 수 있다.

셋째, 클라이언트의 주체적 참여를 전제로 하지만 실천 현장에서는 클라이언트 간 참여 동기, 표현 능력, 문제 인식 수준의 편차가 매우 크다.

넷째, 사회복지사에게 높은 수준의 윤리적 감수성과 관계 기술, 구조적 인식 능력을 요구한다. 이로 인해 사회복지사는 자신의 개입이 클라이언트의 실질적 변화로 이어지지 않는다는 무력감을 경험하기도 한다.

다섯째, 내면의 변화, 관계의 질, 집단의 연대감, 구조적 인식 등과 같은 비가시적 요소를 실천의 효과로 간주한다. 이로 인해 역량강화 실천은 성과 보고나 정책 평가 과정에서 과소평가될 위험이 있으며 이는 곧 자원 배분이나 프로그램 유지 여부에 부정적인 영향을 미칠 수 있다.

CHAPTER 09

해결중심모델

개 요

해결중심모델은 클라이언트의 문제보다 해결에 초점을 맞추는 사회복지실천 접근으로 클라이언트의 강점과 자원을 활용해 변화 가능성을 모색한다. 포스트모더니즘과 사회구성주의의 영향을 받아 발전하였으며 기적질문, 척도질문, 예외질문 등 다양한 질문 기법과 실천 전략을 통해 단기 개입과 자기효능감 향상을 통해 클라이언트의 변화를 촉진하며 다양한 사회복지 영역에서 효과적으로 활용되고 있다.

학습목표

1. 해결중심모델의 이론적 배경과 가정을 설명할 수 있다.
2. 해결중심모델의 개념과 실천 기법을 이해할 수 있다.
3. 다양한 실천 현장에서 해결중심 접근의 실제 활용 방안을 설명할 수 있다.

1. 이론적 배경

해결중심모델(Solution-Focused Brief Therapy, SFBT)은 단기적이고 실용적인 접근을 통해 클라이언트의 문제 해결을 돕는 사회복지실천기술로 자리 잡고 있다. 이 모델은 단순히 상담 기법의 축적이 아니라 여러 이론적 배경이 통합되고 실천 현장에서의 반복적 경험을 바탕으로 형성된 실천 패러다임이다. 특히 전략적 심리치료, 의사소통이론, 사회구성주의는 해결중심모델의 핵심 철학과 실천 논리를 형성하는 중요한 토대를 제공한다. 이러한 이론적 기반은 문제 중심 접근의 한계를 극복하고 클라이언트를 변화의 주체로 바라보는 새로운 상담적 시각을 가능하게 한다.

1) 전략적 심리치료

전략적 심리치료(strategic therapy)는 특정 문제 해결을 위한 목표 중심의 개입 전략을 강조하는 접근이다. 이 이론은 밀턴 에릭슨(Milton H. Erickson)의 임상적 실천에서 영향을 받아 상담자가 클라이언트의 행동 변화를 유도하기 위해 비지시적이며 창의적인 개입을 수행한다는 점에서 해결중심모델과 유사한 기반을 공유한다. 에릭슨은 "사람은 자신 안에 문제를 해결할 수 있는 자원을 이미 가지고 있다"고 보았으며 변화는 문제의 원인을 분석하는 것보다 작동하는 해결책을 찾는 데서 시작된다고 주장하였다. 해결중심모델은 이러한 관점을 계승하여 클라이언트의 내면에 이미 존재하는 자원과 능력을 상담 과정에서 발견하고 강화하는 데 중점을 둔다.

2) 의사소통이론

해결중심모델은 의사소통이론(communication theory)이 제시한 상호작용적 · 순환적 의사소통모델에 영향을 받았다. 이 이론은 문제 행동이 고정된 개인적 속성이 아니라 인간 간 상호작용의 반복된 패턴 속에서 유지된다고 보며 언어와 행동의 교환 속에서 의미가 형성된다고 본다. 이러한 관점은 상담자가 클라이언트의 과거보다는 현재의 상호작용에 주목하게 하고 변화가 가능한 대화적 공간을 창출하는 데 중요한 이론적 토대를 제공한다. 해결중심모델에서는 특히 질문을 통해 클라이언트의 언어 사용을 재구성하며 대화 속에서 새로운 해결 가능성을 탐색하는 데 의사소통의 기능이 핵심적인 역할을 한다.

3) 사회구성주의

사회구성주의(social constructionism)는 해결중심모델의 철학적 기초로서 현실과 문제는 객관적으로 주어진 것이 아니라 사회적 상호작용과 언어를 통해 구성된다고 본다. 이 관점에 따르면 클라이언트가 경험하는 문제의 의미는 고정된 실체가 아니라 특정한 맥락과 해석에 의해 구성되며 상담자는 그 해석을 재구성하는 파트너로 기능하게 된다. 세이저와 버그(Shazer & Berg)는 이러한 사회구성주의의 영향을 받아 상담이란 새로운 이야기와 의미를 만들어가는 과정이며 이를 통해 클라이언트는 자신을 새로운 방식으로 이해하고 변화할 수 있다고 보았다. 결과적으로 해결중심모델은 "진단을 통한 진실 발견"이 아닌 "대화를 통한 의미 구성"을 중심으로 상담 과정을 언어적 · 해석적 협상 공간으로 전환시켰다.

2. 등장 배경

1) 문제 중심 접근의 한계

전통적인 사회복지실천은 오랫동안 문제 중심 접근(problem-focused approach)을 기반으로 개인의 문제, 결함, 병리적 특성에 초점을 맞추고 '문제는 특정한 원인에 의해 발생하며 전문가의 분석과 개입을 통해 해결할 수 있다'는 전제에 기초한다.

해결중심모델은 과거 원인보다 미래 가능성과 작은 변화와 예외 사례를 중시하며 클라이언트가 이미 경험한 성공적 행동을 확장하도록 돕는다.

2) 포스트모더니즘과 사회구성주의의 영향

20세기 후반 포스트모더니즘과 사회구성주의는 절대적 진리와 전문가 중심의 실천을 비판하고 개인의 경험과 다양한 해석 가능성을 강조하며 기존 패러다임에 도전하였다. 이러한 인식 전환은 사회복지실천에 반영되어 클라이언트를 진단의 대상이 아닌 삶의 의미를 함께 구성해 가는 협력적 파트너로 이해하게 만들었다. 해결중심모델은 이와 같은 사상을 바탕으로 언어와 대화를 통해 변화를 촉진하는 실천 접근으로 자리매김하였다.

3) 해결중심모델의 발전 과정

해결중심모델은 1980년대 미국 밀워키의 가족치료센터(Brief Family Therapy Center, BFTC)에서 스티브 드 세이저(Steve de Shazer)와 인수 김 버그(Insoo Kim Berg)에 의해 체계화되었다. 이들은 수천 건의 면담 사례를 분석하여, 문제 탐색이 아닌 이미 효과적으로 작동하고 있는 클라이언트의 행동에 주목하였다. 이를 통해 문제의 원인 분석보다 성공적 경험의 확장이 변화를 유도한다는 점을 이론화하였다. 이러한 실천은 에릭슨의 전략적·비지시적 기법, 사회구성주의의 언어중심 관점, 그리고 단기치료의 구조적 특성을 통합하여 정교하게 발전하였다. 이후 '기적질문', '예외질문' 등 구체적 기법과 함께 다양한 사회복지 영역에 적용되며 강점 기반의 실천모델로 자리매김하였다.

3. 기본 가정

해결중심모델은 클라이언트를 결함이나 문제의 대상으로 보지 않고 변화 가능성을 지닌 능동적 존재로 간주한다. 이 모델은 다음과 같은 철학적·실천적 가정을 바탕으로 형성된다.

1) 문제보다 해결에 초점을 맞춘다.

문제의 반복 진단은 클라이언트에게 무력감을 줄 수 있으므로 작동하는 요소를 확대하는 것이 실질적 변화로 이어진다는 관점으로 해결에 필요한 조건과 이미 작동하는 행동에 주목한다.

2) 작은 변화가 큰 변화를 이끈다는 원칙을 전제로 한다.

클라이언트가 일상에서 경험하는 작고 구체적인 성공 경험은 자기효능감을 강화시키며 궁극적으로 삶의 전반적인 변화를 촉진한다. 이러한 변화는 상담의 동기를 유지하고 지속적인 개입 없이도 긍정적 행동을 반복하도록 유도한다.

3) 변화는 언제든지 가능하며, 이미 시작되었을 수 있다는 믿음을 가진다.

클라이언트의 말이나 행동 속에는 이미 긍정적 변화의 단서가 존재한다. 단지 사회복지사는 이를 발견하고 확대하는 것이라는 관점이다. 사회복지사는 과거보다 현재와 미래에 초점을 맞추며, 가능한 변화의 방향을 함께 모색한다.

4) 클라이언트는 자신의 삶에 대한 전문가이다.

사회복지사가 정답을 제시하는 존재가 아니라, 클라이언트가 지닌 자원과 강점을 발견하도록 돕는 조력자 또는 촉진자의 역할을 수행하도록 요구한다.

즉 클라이언트의 주체성을 강화하고 협력적 관계를 구축한다.

5) 예외는 항상 존재하며 그 안에 해결의 실마리가 있다는 전제를 둔다.

클라이언트의 삶에는 문제 상황이 발생하지 않았던 시기나 행동이 있으며 이와 같은 예외 사례를 탐색하고 재구성하는 과정에서 실천 전략을 도출할 수 있다. 이러한 가정들은 해결중심모델이 단기적이고 실용적인 개입 도구로 기능하도록 하며 클라이언트 중심적이고 강점 기반의 사회복지실천을 가능하게 하는 이론적 토대를 제공한다.

4. 주요 개념

해결중심모델(Solution-Focused Brief Therapy, SFBT)은 단순한 질문 기법의 집합이 아니라 클라이언트를 바라보는 특정한 태도와 철학에 근거한 실천 접근이다. 상담자는 클라이언트가 문제의 대상이 아니라 변화의 주체라는 점을 전제로 하며 이를 바탕으로 질문을 구성하고 언어적 상호작용을 이끈다. 이러한 모델의 효과적 실천을 위해 특히 강조되는 세 가지 개념은 다음과 같다.

1) 탐구적 호기심 : 클라이언트를 알고 싶어하는 태도

사회복지사는 "알지 못하는 상태(not-knowing)"로 클라이언트의 경험과 언어에 대해 진정한 호기심 속에서 접근해야 한다. 이 접근은 클라이언트를 변화의 전문가로 존중하며 동반자적 관계를 형성하는 데 필수적이다.

2) 개인의 의미 체계 : 클라이언트의 준거 틀

클라이언트의 개인적 의미체계(준거 틀)를 존중하고 그대로 수용하는 것을 기본 원칙으로 삼는다. 사회복지사는 클라이언트가 사용하는 언어, 우선순위, 가치관을 기반으로 개입의 방향을 설정하며 이를 통해 상담 대화를 클라이언트의 세계에 밀착시킨다. 예를 들어 척도질문이나 기적질문 등은 클라이언트의 고유한 시각을 기준으로 구성되어야 실효성을 가진다.

3) 의사소통 기술

해결중심모델은 질문과 반영, 칭찬과 인정, 침묵의 활용 등 다양한 언어적 기술을 통해 클라이언트의 자기인식과 동기를 강화한다.

기적질문, 예외질문, 척도질문, 대처질문, 칭찬과 인정, 의도적 침묵 등 질문을 통하여 상담의 초점과 동기를 형성하고 클라이언트의 자기효능감을 강화한다.

5. 실천 과정

1) 실천 목표

해결중심모델의 실천 목표는 클라이언트가 자신의 삶에서 원하는 변화를 명확히 설정하고 이를 실현할 수 있도록 구체적인 행동 전략을 수립하도록 돕는 데 있다. 이 모델은 병리 중심적 진단이나 문제 분석보다는 클라이언트가 기대하는 미래의 모습에 초점을 맞추고 이를 현실화하기 위한 실행 가능한 계획 수립을 중시한다. 실천 목표는 일반적으로 클라이언트가 바라는 삶의 방향에 대한 명확한 비전 제시, 구체적이고 측정 가능한 행동 목표 설정, 그리고 긍정적 자기인식을 통한 자기효능감 증진을 포함한다.

해결중심모델에서는 목표가 단지 문제 해결 자체가 아니라 클라이언트가 의미 있게 여기는 긍정적인 삶의 변화를 달성하는 데 초점을 둔다. 이 과정에서 사회복지사는 협상자이자 촉진자의 역할을 하며 클라이언트와 함께 현실적인 단기 목표에서부터 궁극적인 삶의 비전까지 함께 정리해 나간다.

해결중심모델에서 목표 설정은 상담 과정의 핵심이자 실천 개입의 출발점으로 다음과 같은 일곱 가지 원칙이 요구된다.

(1) 클라이언트 중심성

목표는 사회복지사가 아니라 클라이언트가 설정해야 하며 클라이언트에게 중요한 것이 무엇인지를 반영해야 한다. 사회복지사는 "당신이 원하는 변화는 무엇인가요?"와 같은 질문을 통해 목표를 탐색한다.

(2) 구체적이고 행동 가능한 목표

목표는 모호한 상태가 아니라 관찰 가능하고 행동 중심의 문장으로 설정되어야 한다. "더 행복하고 싶다"라는 추상적인 목표보다는 "하루에 30분 가족과 함께 대화하는 시간을 갖는다"라는 구체적이고 행동 가능한 목표를 설정한다.

(3) 작고 현실적인 목표

큰 목표보다는 클라이언트가 당장 실현할 수 있는 작고 점진적인 목표를 우선 설정한다. "지금 당장 할 수 있는 작은 변화는 무엇일까요?"라는 질문을 활용할 수 있다.

(4) 긍정적 언어로 설정된 목표

목표는 '하지 않을 행동'이 아니라 '하고 싶은 행동' 중심으로 설정한다. 클라이언트의 "화를 내지 않겠다"는 목표는 "감정을 느낄 때 숨을 고르고 말로 표현한다"는 긍정적 언어로 목표를 설정할 수 있도록 돕는다.

(5) 변화 가능성에 기반한 목표

클라이언트가 실제로 통제하거나 영향력을 미칠 수 있는 영역에 목표를 설정한다. 다른 사람의 변화가 아닌 '자신의 변화'에 초점을 맞춘다.

(6) 현재와 미래 지향성

과거의 실패나 문제보다 현재와 미래에 초점을 두고 목표를 설정한다. "문제가 해결된 미래의 당신은 어떤 모습일까요?"와 같은 기적질문을 활용할 수 있다.

(7) 클라이언트의 성공 경험 기반

과거에 잘 작동했던 행동이나 상황을 참고하여 목표를 구성한다. 이때 예외 질문(exception question)을 통해 가능성을 현실화할 수 있다.

2) 실천 과정

해결중심모델은 단기적이며 실용적인 개입 방식으로서 문제 자체보다는 해결의 가능성과 클라이언트의 강점에 주목한다. 이 모델의 실천 과정은 일반적으로 관계 형성, 문제 정의 및 목표 설정, 자원 및 예외 탐색, 실천 전략 수립, 면담 마무리 및 피드백 제공의 다섯 단계로 구성된다. 이러한 과정은 고정된 순서로 진행되기보다는 클라이언트의 욕구와 상담의 흐름에 따라 유연하게 적용된다.

(1) 관계 형성 단계

사회복지사가 클라이언트의 언어와 정서에 민감하게 반응하며 신뢰를 구축하는 것이 핵심이다. 초기 관계 형성은 효과적인 개입의 기반이며 이는 클라이언트의 자기개방성과 참여를 유도하는 출발점이 된다. 사회복지사는 클라이언트의 말을 경청하고 존중하며 개방형 질문으로 상담의 초점을 설정한다.

사회복지사와 클라이언트의 관계 유형은 다음과 같다.

- **방문형** : 클라이언트는 외부의 요구로 상담에 참여하지만 문제 인식과 변화 동기가 낮은 유형이다. 사회복지사는 판단을 자제하고 클라이언트의 이야기를 존중하며 관계 형성에 집중해야 한다. 초기 개입에는 관찰 중심 과제를 통해 자기인식과 자발적 참여를 유도한다.
- **불평형** : 클라이언트는 문제를 인식하지만 책임을 외부에 둔다. 사회복지사는 판단 없이 경청하며 클라이언트가 통제 가능한 측면을 발견할 수 있도록

예외 상황을 중심으로 질문하고 개입한다. 예외 중심 과제는 변화 가능성을 인식하게 하는 데 효과적이다.

- **고객형** : 클라이언트는 문제를 인식하고 자발적으로 변화하려는 의지를 가진 유형이다. 사회복지사는 클라이언트의 강점을 활용해 실천 계획을 수립하도록 돕고 행동 중심 또는 척도 기반 과제를 통해 구체적인 행동 변화를 촉진한다.

(2) 문제 정의 및 목표 설정 단계

사회복지사는 클라이언트가 제기한 문제를 해결 가능한 목표로 전환하는 데 중점을 둔다. 특히 '기적질문(miracle question)'과 '척도질문(scaling question)'은 클라이언트가 바라는 미래의 변화를 구체화하는 데 효과적인 도구로 작용한다. 이 단계는 클라이언트가 자신이 원하는 변화의 방향을 명확히 인식하도록 돕고 이를 통해 개입의 목적을 구체화하게 한다.

(3) 자원 및 예외 탐색 단계

과거에 클라이언트가 문제를 성공적으로 다뤘던 경험, 즉 예외 상황을 중심으로 대화를 이어간다. "문제가 없었던 때가 있다면 언제였습니까?" 또는 "문제가 덜 심각했던 날에는 어떤 점이 달랐나요?"와 같은 질문은 클라이언트가 자신의 역량과 환경적 자원을 재발견하는 데 기여한다. 이는 클라이언트의 자기효능감을 높이고 현실적이고 구체적인 변화 전략 수립에 토대를 마련한다.

(4) 실천 전략 수립 단계

사회복지사는 클라이언트의 발견된 자원과 예외를 바탕으로 클라이언트가 실현 가능한 행동 계획을 수립하도록 돕는다. 이 단계에서는 '대처질문(coping question)'과 '관계질문(relationship question)'이 활용되어 클라이언트가 자신의 사회적 지지망과 관계 속에서 변화를 어떻게 유지할 수 있을지 탐색하게 한다. "지금 이 상황을 조금이라도 잘 견디게 해준 것은 무엇이었나요?"와 같은 질문은 클라이언트의 대처력을 명시화하며 자기자원을 긍정적으로 인식하도록 돕는다.

(5) 면담 마무리와 피드백 제공 단계

클라이언트의 진전과 강점을 사회복지사가 요약하고 칭찬하며 긍정적인 피드백을 통해 변화를 강화한다. 이 과정은 클라이언트가 자신의 행동 변화에 대한 긍정적 인식을 갖고 다음 단계로 나아갈 수 있도록 지지하는 역할을 한다. 사회복지사는 클라이언트의 노력을 인정하며 앞으로의 실천을 지속할 수 있도록 구체적인 격려와 칭찬을 제공한다.

3) 실천 과정에 따른 사례

모델 적용 결혼 5년 차 다문화 부부(베트남 출신 아내, 한국인 남편)

1. 관계 형성 단계

김문화(가명, F, 34세) 씨는 베트남 출신으로 결혼 5년 차에 접어든 한국인 남편과의 반복된 갈등과 정서적 거리감, 의사소통 단절 문제로 인해 지역 가족센터에 부부상담을 의뢰하였다. 초기 면담에서 사회복지사는 부부의 정서와 말에 민감하게 반응하며 안전하고 신뢰할 수 있는 대화 환경을 조성하였다. 특히 아내는 상담 초반에 문화적 소외감과 언어적 불안감을 표현하였기에 사회복지사는 그녀의 모국어 통역 지원을 병행하며 존중적 태도로 접근하였다.
사회복지사는 다음과 같은 질문으로 대화를 시작하였다.

사회복지사 : 오늘 이 자리에 오신 건 서로 어떤 점이 조금이라도 달라지길 바라셔서인가요?

이 질문은 문제보다 기대와 가능성에 초점을 맞추는 해결중심모델의 접근을 반영한 것이다. 이 과정에서 부부는 처음으로 서로의 감정 상태에 주목하게 되었고 "다시 대화가 가능할까"라는 미약한 희망을 공유하였다.

2. 문제 정의 및 목표 설정 단계

사회복지사는 부부가 경험하는 갈등을 단순히 '의사소통의 문제'로 규정하기보다는 관계 회복을 위한 구체적인 변화 목표로 전환하도록 도왔다. 이 단계에서는 기적질문(miracle question)을 활용하였다.

사회복지사 : 오늘 밤 자고 일어났는데, 기적이 일어나서 부부관계가 훨씬 좋아졌다고 가정해 봅시다. 어떤 점이 가장 먼저 달라져 있을까요?

남편 : 아내가 나를 더 신뢰하는 느낌을 받았으면 좋겠습니다.

아내 : 남편이 내 이야기를 중간에 끊지 않고 끝까지 들어주었으면 좋겠습니다.

이러한 응답은 구체적인 실천 목표를 설정하는 데 기반이 되었다.

과제:

① 서로의 말을 방해하지 않고 끝까지 듣기

② 하루에 한 번 15분 대화 시간 갖기

3. 자원 및 예외 탐색 단계

사회복지사는 부부의 과거 경험 중 갈등이 심하지 않았던 시기를 탐색하며 예외 상황을 확인하였다.

사회복지사 : 부부생활 중 관계가 좋았던 때는 언제인가요?

아내 : 결혼 초기에 남편이 손편지를 써줬을 때 감동했습니다.

남편 : 아내가 생일에 전통 베트남 요리를 준비해 줬던 때가 기억에 남습니다.

이러한 사례는 부부가 이미 관계를 회복하고 유지한 경험이 있다는 것을 보여 준다. 사회복지사는 다음과 같은 질문을 사용하였다.

사회복지사 : 그때는 무엇이 달랐던 것 같나요?

사회복지사 : 그런 순간들이 다시 생긴다면 지금과 어떤 차이를 만들어 낼 수 있을까요?

이를 통해 부부는 자신들의 강점을 재확인하고 관계를 개선할 수 있는 실마리를 발견하게 되었다.

4. 실천 전략 수립 단계

- 척도질문

사회복지사 : 현재 두 분의 의사소통 만족도를 0에서 10까지 점수로 표현한다면 각각 몇 점인가요?

남편 : 4점입니다.

아내 : 3점입니다.

사회복지사 : 그 점수를 1점이라도 올리기 위해 오늘부터 어떤 일을 시도해 볼 수 있을까요?

- **대처질문**

사회복지사 : 최근에도 완전히 싸우지 않고 대화가 끝났던 순간이 있었다면 어떤 점이 달랐나요?

이를 통해 부부는 일방적으로 말하는 습관을 자각하고 의식적으로 경청하는 노력을 하기로 했다.

- **관계질문**

사회복지사 : 자녀가 부모님이 서로를 존중하고 노력하는 모습을 본다면 어떻게 느낄 것 같나요?

이 질문은 부부의 부모로서의 역할 자각을 통해 실천 동기를 강화하는 데 효과적이었다.

5. 면담 마무리 및 피드백 제공 단계

6회기 종결 시점에서 사회복지사는 부부가 이룬 긍정적 변화를 요약하고 구체적으로 칭찬하였다.

사회복지사 : 처음 상담에 오셨을 때와 비교하면, 지금은 서로를 이해하려는 태도가 분명히 느껴집니다. 특히 하루 15분 대화 실천은 쉽지 않은 결정이었지만 꾸준히 이어오셨다는 점이 인상 깊습니다.

사회복지사는 향후 유지 전략을 클라이언트가 스스로 말할 수 있도록 유도하고 자신들이 변화의 주체임을 재확인시켰다. 이를 통해 부부는 상담의 성과를 자각하고 종결 이후에도 실천을 지속할 수 있는 기반을 마련하게 되었다.

6. 실천 기법

해결중심모델은 변화는 이미 시작되었으며, 클라이언트는 스스로 문제 해결의 자원과 능력을 지니고 있다는 기본 가정에 바탕을 두고 다양한 면담 기법을 활용한다. 아래는 해결중심모델에서 사용되는 대표적인 실천 기법들이다.

1) 면담 전 변화 질문

면담 전 변화 질문 기법(Pre-session Change Question)은 면담 이전에 이미 일어난 변화를 인식하고 그 가치를 조명하는 데 목적이 있다. 사회복지사는 "상담을 신청한 이후 뭔가 달라진 점이 있었나요?"와 같은 질문을 통해 클라이언트가 이미 시도했거나 작동하고 있는 해결 전략을 끌어내고 이를 강화한다. 이 과정은 클라이언트의 해결 역량에 대한 인정을 통해 자기효능감을 높이고 상담 초기의 동기를 증진시키는 효과를 지닌다.

예 시 **면담 전 변화 질문**

"요즘 들어 조금이라도 나아졌다고 느낀 점이 있다면 어떤 부분인가요?"
"상담을 예약한 이후 혹시 상황에 대한 생각이 달라진 부분이 있나요?"
"최근 며칠 중에 문제가 덜 심각하게 느껴졌던 순간이 있었나요?

2) 기적질문

기적질문(Miracle Question)은 문제 상황이 사라졌다고 상상하게 하여 클라이언트가 원하는 미래 상태를 구체화하도록 유도하는 전략이다. 기적질문을 통해 변화된 삶의 구체적인 행동 단서와 목표를 도출할 수 있다. 이는 해결의 방향성을 명확히 하고 목표 설정을 가능하게 한다.

예 시 **기적 변화 질문**

"기적이 일어나서 모든 문제가 사라졌다고 하면 가장 먼저 어떤 행동이 바뀔까요?"
"문제가 해결된 하루가 시작된다면 아침부터 어떤 점이 달라질 것 같나요?"
"당신을 잘 아는 누군가가 '요즘 달라졌네요'라고 한다면 그 이유는 뭘까요?"

3) 예외질문

예외질문(Exception Question)은 문제 상황이 덜 심각했거나 발생하지 않았던 시점을 탐색한다. 클라이언트가 이미 보유한 자원과 긍정적 경험을 재발견하도록 유도한다. 이는 자기존중감과 자기효능감을 회복하는 데 기여한다.

예 시 **예외질문**

"지금처럼 어려운 상황에서도 비교적 평온했던 날이 있다면 언제였나요?"
"문제가 덜 발생했을 때 당신은 무엇을 다르게 하고 있었나요?"
"이 문제를 겪지 않았던 시기가 있었다면, 그때 당신의 행동이나 환경은 어땠나요?"

4) 척도질문

척도질문(Scaling Question)은 클라이언트가 자신의 상태, 문제 해결 정도, 동기 수준 등을 수치로 표현하도록 유도하는 기법이다. 이를 통해 주관적인 경험을 구체화하고 변화의 정도를 명확하게 인식할 수 있도록 돕는다. 또한 상담의 진전 정도를 객관적으로 추적할 수 있는 근거 자료로 활용된다.

예 시 **척도질문**

"지금 기분을 0부터 10까지 점수로 표현한다면 몇 점쯤 될까요?"
"그 점수를 1점이라도 올리기 위해 오늘 할 수 있는 작은 행동은 무엇일까요?"
"지금의 관계 상태를 0에서 10까지로 본다면 몇 점쯤 되며 바라는 점수는 몇 점인가요?"

5) 대처질문

대처질문(Coping Question)은 클라이언트가 극도로 무력하거나 희망이 없다고 느낄 때 사용되는 개입 기법이다. 이 질문은 클라이언트가 이미 어떤 방식으로든 어려움을 견디고 있음을 인식하게 하여 내면의 대처 자원과 회복력을 재발견하도록 돕는다. 이를 통해 변화 가능성에 대한 인식을 회복시키는 것이 핵심이다.

예 시 **대처질문**

"이런 힘든 상황에서 지금까지 버텨온 자신을 어떻게 설명할 수 있을까요?"
"도무지 해결책이 없어 보였던 그 순간 어떤 식으로 하루를 넘기셨나요?"
"포기하지 않고 여기까지 오신 걸 보면 어떤 내면의 힘이 작용했다고 생각하시나요?"

6) EARS 기법

EARS는 변화에 대한 지속적 탐색과 확장을 위한 면담 전략으로 다음과 같다.

- Elicit(끌어내기) : 클라이언트가 경험한 긍정적인 변화나 개선의 단서를 발견하기 위해 질문을 통해 정보를 이끌어낸다. 이는 변화를 인식하고 상담의 초점을 해결 중심으로 전환하는 출발점이 된다.
- Amplif (확장하기) : 발견된 긍정적 변화의 의미와 그 영향을 자세히 탐색하여 클라이언트가 변화의 가치를 인식하게 한다. 이를 통해 클라이언트가 긍정적인 행동을 유지하고 확대할 수 있도록 돕는다.
- Reinforce(강화하기) : 클라이언트의 긍정적 변화나 행동을 명확히 인식시키고 이를 지지함으로써 행동의 지속 가능성을 높인다. 강화는 자기효능감을 증진시키고 상담 과정에 대한 신뢰를 형성한다.

- Start again(**다시 시작하기**) : 이미 발견된 변화 외에 추가적인 긍정적 경험이나 변화를 계속해서 탐색한다. 이러한 반복적인 질문은 강점 기반 대화를 확장하고 클라이언트의 자원 활용을 활성화한다.

7. 효과와 한계점

1) 효과

해결중심모델은 클라이언트의 강점과 자원을 기반으로 단기간 내 긍정적인 변화를 유도하는 데 효과적인 실천 접근으로 평가받고 있다. 다양한 실증 연구와 임상 경험을 통해 이 모델은 사회복지실천의 효율성과 실용성을 동시에 확보할 수 있는 개입 전략으로 자리매김하였다.

첫째, 단기 개입의 효율성으로 짧은 시간 내에 클라이언트의 문제 인식과 행동 변화에 실질적인 영향을 줄 수 있는 개입으로 평가받는다. 프랭클린과 피터슨(Franklin & Peterson)은 해결중심모델이 6~8회기의 단기 개입을 통해 우울, 불안, 가족 갈등 등의 문제에 긍정적인 변화를 유도했다고 보고하였다.

둘째, 자기효능감 및 동기 강화로 해결중심모델은 클라이언트를 결함이 아닌 자원의 관점에서 바라보며 내면의 역량과 성공 경험을 탐색하도록 돕는다. 이는 클라이언트의 자기효능감 향상과 행동 변화에 대한 동기를 강화하는 데 기여한다.

셋째, 다양한 분야에서의 적용 가능성으로 정신건강, 가족치료, 학교사회복지, 중독, 교정, 지역사회복지 등 다양한 영역에서 적용 가능하며 실제 임상에서도 문화적 적합성을 기반으로 유연하게 활용되어 왔다.

넷째, 클라이언트 중심성과 협력성으로 클라이언트를 문제 해결의 주체로 간주하며 상담자는 협력적 파트너로서 기능한다. 이로 인해 상담의 주도권이 클라이언트에게 있고 개입 과정에 대한 수용성과 참여도가 높다.

2) 한계점

해결중심모델은 다양한 실천 현장에서 효과적으로 활용되고 있지만 모든 클라이언트와 상황에 보편적으로 적용되기에는 몇 가지 한계점이 존재한다.

첫째, 클라이언트의 강점과 해결 가능성에 초점을 맞추는 특성상 심각한 정신병리나 트라우마를 가진 사례에서는 문제의 본질을 충분히 다루지 못할 수 있다. 이러한 접근은 클라이언트의 정서적 고통을 간과하거나 현실적인 위기를 구조적으로 해결하지 못하는 결과를 낳을 수 있다.

둘째, 과거보다 현재와 미래에 중점을 두기 때문에 클라이언트가 겪는 문제의 맥락이나 원인을 충분히 탐색하지 않을 위험이 있다. 특히 아동학대, 가정폭력, 중독 등 구조적 원인이 중요한 사례에서는 이러한 한계가 뚜렷하게 드러난다.

셋째, 클라이언트가 자신의 문제를 언어로 명확하게 표현하고 미래 지향적으로 사고할 수 있어야 한다는 전제하에 작동한다. 그러나 심리적 방어가 강하거나 낮은 언어 표현 능력을 가진 클라이언트에게는 효과적인 접근이 되기 어렵다. 문화적 요소나 사회적 배경에 따라 '기적질문'이나 '척도질문'이 적절하지 않거나 오히려 저항을 불러일으킬 수 있다.

넷째, 해결중심모델은 상담자의 전문성과 기법에 크게 의존하는 단기적 접근이기 때문에 초심자에게는 질문 기법이나 실천 흐름을 유연하게 적용하기 어려울 수 있다. 따라서 초기 사회복지사에게는 충분한 훈련과 슈퍼비전이 필수적으로 요구된다.

PART 03

대상별 사회복지 실천기술

CHAPTER 10

개인의 이해와 실천

개 요

개인 대상 실천기술은 사회복지사가 개별 클라이언트와 만나 문제를 이해하고 신뢰를 형성하며 자립과 변화를 돕는 핵심 전문 기술이다. 이 장에서는 통합적 관점에서 기본 원리와 단계별 실천 과정을 정리하고 변화 단계별 개입, 복합 욕구 지원, 디지털 실천과 윤리 등 현대 사회복지사의 역량 강화를 위한 내용을 포함하였다.

학습목표

1. 개인 대상 실천 기술의 개념과 특성을 이해할 수 있다.
2. 단계별 실천 과정과 핵심 기술을 설명할 수 있다.
3. 어려운 클라이언트와 복합적 욕구를 설명할 수 있다.

1. 개인 대상 실천기술의 개념

1) 개인 대상 실천기술의 개념

개인 대상 실천기술은 사회복지사가 한 사람의 클라이언트를 중심으로 신뢰를 바탕으로 한 관계를 형성하고 그 사람이 겪는 어려움을 함께 탐색하며 문제 해결을 지원하는 전문적인 개입 기술이다. 최근 사회문제가 다차원적으로 얽혀 있음에 따라 이러한 기술은 단일 이론에 의존하기보다는 다양한 접근을 융합해 통합 실천모델을 적용하는 유연한 태도가 요구된다. 클라이언트의 환경과 특성을 고려해 강점과 자원을 발굴하고 스스로 변화할 수 있도록 돕는 것이 핵심이며 이는 사회복지사의 실천역량을 높이는 중요한 기반이 된다.

2) 주요 통합 실천모델 소개

통합적 실천기술을 이해하기 위해서는 주요 통합 실천모델의 특징을 파악하는 것이 중요하다. 먼저 생태체계적 통합모델은 개인을 둘러싼 다양한 환경과의 상호작용을 종합적으로 고려하여 문제를 파악하고 해결 방안을 모색한다. 개인의 특성과 환경적 요소 간 균형을 맞추어 변화와 성장을 돕는 데 초점을 둔다. 다음으로 강점 기반 통합모델은 클라이언트가 가진 강점과 잠재 자원을 최대한 발견하고 활용하여 스스로 문제를 해결할 수 있는 힘을 키우도록 지원한다. 최근에는 긍정심리학과 회복지향적 접근과 결합되어 현장에서 널리 적용되고 있다.

마지막으로 증거기반 통합모델은 실제 효과가 입증된 다양한 기법들을 상황에 따라 선택하고 조합하여 개입의 과학성과 신뢰도를 높인다. 이를 통해 실천 과정에서 전문성과 객관성을 동시에 확보할 수 있다.

3) 통합적 실천의 한계와 윤리적 고려사항

통합적 실천은 다양한 이론과 방법을 상황에 따라 유연하게 활용해야 하므로 사회복지사에게 높은 수준의 전문성과 비판적 사고가 요구된다. 만약 개입 기술의 이론적 배경이나 한계를 충분히 이해하지 않은 채 무분별하게 조합한다면 실천의 방향성이 흐려지고 클라이언트에게 혼란을 줄 수 있다. 따라서 사회복지사는 자신이 사용하는 이론과 기법을 정기적으로 점검하고 교육과 슈퍼비전을 통해 전문성을 지속적으로 강화해야 한다. 또한 통합적 접근을 실행할 때에는 클라이언트의 자율성 존중, 충분한 정보 제공, 비밀보장 등 기본적인 윤리 기준을 철저히 지켜야 하며 실천 전반에 걸쳐 윤리적 자기점검을 지속하는 태도가 필수적이다.

2. 개인 대상 실천기술의 개입 목표와 특징

1) 개인 대상 실천기술의 개입 목표

개인 대상 실천기술의 개입 목표는 클라이언트가 자신의 문제를 인식하고 이를 주도적으로 해결해 나갈 수 있도록 지원하는 데 중심을 둔다. 이러한 개입은 단순히 일시적인 문제 해결에 그치지 않고 장기적으로 자립과 삶의 질 향상을 도모하는 데 목적이 있다.

(1) 문제 해결 역량을 강화

이는 클라이언트가 직면한 문제의 원인을 이해하고 대안을 탐색하고 실행하는 과정을 통해 스스로 문제를 해결할 수 있는 능력을 키우는 것을 의미한다.

(2) 심리·정서적 안정 지원

감정적 혼란이나 스트레스를 겪는 클라이언트가 상담 과정을 통해 불안을 완화하고 정서적 안정을 찾을 수 있도록 돕는다.

(3) 자기결정권과 주체성 강화

클라이언트가 자신의 삶을 스스로 선택하고 책임지는 주체로 설 수 있도록 지원하는 것이 핵심이다.

(4) 사회적 관계와 기능 회복

사회적 고립이나 대인관계 갈등을 겪는 클라이언트가 타인과의 긍정적 관계를 형성하고 사회적 역할을 수행할 수 있도록 돕는다.

(5) 자원 활용과 연계 촉진

지역사회 자원과 복지 서비스를 적절히 연결하고 활용할 수 있도록 하여 클라이언트의 자립 기반을 강화한다. 이러한 개입 목표는 실천의 전 과정에서 클라이언트의 욕구에 맞춰 유연하게 설정 · 조정되며 평가와 피드백을 통해 효과성을 높인다.

2) 개인 대상 실천기술의 특징

개인 대상 사회복지실천기술은 한 명의 클라이언트를 중심으로 욕구, 문제, 자원, 강점을 면밀하게 파악하고 이에 적합한 개입을 수행하는 맞춤형 접근이다. 이 실천은 클라이언트와의 신뢰 관계 형성을 바탕으로 하며 깊이 있는 대화와 정서적 지지, 환경 및 행동 변화까지 폭넓은 개입을 포함한다.

실천 과정은 일반적으로 초기 관계 형성에서 시작해 사정, 계획 수립, 개입 실행, 종결, 사후 관리로 이어지는 체계적 단계를 따른다. 각 단계에서는 클라이언트의 참여를 적극적으로 이끌어 내고 스스로 선택하고 결정할 수 있는 자기결정권을 최대한 존중한다. 또한 사회복지사는 다양한 이론과 기법을 상황에 맞게 융합하여 유연하게 적용하고 윤리적 원칙과 전문성을 바탕으로 관계를 조율하며 개입의 효과를 극대화한다.

개인 대상 실천은 단순히 문제 해결에 그치는 것이 아니라 클라이언트가 자신의 삶을 스스로 변화시킬 수 있는 역량을 회복하고 장기적으로 삶의 질을 높이는 것을 목표로 한다. 이러한 점에서 사회복지사는 일방적인 조력자가 아니라 변화 과정을 함께 걷는 동반자의 역할을 수행하게 된다.

3. 개인 대상 실천기술의 개입 과정

1) 초기 단계 실천기술

(1) 관계형성 기술

초기 단계는 사회복지실천의 출발점으로 클라이언트와 신뢰 관계를 형성하는 것이 가장 중요하다. 신뢰는 클라이언트가 자신의 문제를 솔직히 이야기하고 변화 과정을 받아들이도록 하는 기초가 된다. 이를 위해 사회복지사는 공감적 이해와 수용적 태도를 유지하며 언어뿐만 아니라 숨겨진 감정과 욕구를 민감하게 파악해 반영한다. 적절한 질문기법도 필요하다. 개방형 질문은 감정과 생각 표현을 유도하고 폐쇄형 질문은 구체 정보를 확인하는 데 쓰인다. 시선 맞춤, 고개 끄덕임, 편안한 자세 등 비언어적 기술도 관계 형성에 도움이 된다. 예를 들어 청소년이 부모와의 갈등으로 방문했을 때 "네 마음을 조금 더 말해볼래?"와 같은 질문과 "그럴 수 있겠구나"라는 반영을 통해 신뢰를 쌓을 수 있다.

(2) 정보 수집 및 사정 기술

초기 단계 후반에는 클라이언트에 대한 체계적이고 구체적인 사정이 이루어진다. 이는 이후 목표 설정과 개입 전략 수립의 기초가 된다. 대표적 사정 도구로는 가계도, 생태도, 문제 · 자원 목록 등이 있다. 가계도는 가족 구조와 관계를 시각화해 가족 내 갈등이나 의사소통 문제를 파악하는 데 유용하며 생태도는 클라이언트를 둘러싼 자원과 스트레스 요인을 한눈에 점검할 수 있게 한다. 사정 과정에서는 문제뿐 아니라 클라이언트의 강점과 잠재력을 함께 탐색해야 한다. 이는 강점 관점의 핵심으로 클라이언트가 자신의 능력을 인식하고 실천에 적극 참여하도록 돕는다. 예를 들어 경제적 어려움을 겪는 한부모 가정은 소득 정보 외에도 지지망과 직업 기술, 지역 자원을 함께 사정해 종합적 지원 계획을 세운다.

2) 중간 단계 실천기술

(1) 목표 설정 및 계약 기술

중간 단계는 구체적인 목표를 설정하고 실천계획을 수립하며 클라이언트와 실천계약을 체결하는 과정이다. 이 단계에서는 목표가 추상적이거나 모호하지 않도록 하고, 실현 가능하고 측정 가능한 형태로 구체화해야 한다. 예를 들어 '스트레스를 줄인다'는 표현보다는 '하루 30분씩 산책을 하여 2주 안에 스트레스 점수를 20% 낮춘다'와 같이 구체적인 수치와 기간을 포함해야 평가가 가능하다. 실천계약은 설정된 목표, 개입 방법, 역할, 일정 등을 문서로 정리해 상호 간 책임을 명확히 하며 클라이언트가 실천 과정에 적극적으로 참여하도록 유도하는 기능을 한다. 이러한 과정은 클라이언트의 주체성을 높이고 실천에 대한 동기와 지속성을 강화하는 데 기여한다.

(2) 개입 및 중재 기술

목표 설정 이후에는 실천계획에 따라 클라이언트가 실제로 행동을 변화시킬 수 있도록 다양한 개입 전략을 적용한다. 이 과정에서 문제 해결 접근, 인지행동 기법, 역할 연습, 모델링, 강화 등 실천기술이 활용된다. 예를 들어 아동의 공격적인 행동을 다루는 경우 왜곡된 사고를 바로잡고 바람직한 행동을 반복 연습하게 하며 긍정적인 행동에는 즉각적인 칭찬이나 보상을 제공해 동기를 높인다. 또한 개입이 진행되는 동안 사회복지사는 실행 과정을 지속적으로 모니터링하고 예상하지 못한 문제나 저항이 발생하면 유연하게 대응 전략을 조정해야 한다. 정기적인 피드백과 참여 유도는 개입 효과의 지속성을 높이는 데 중요하다.

3) 종결 단계 실천기술

(1) 종결 계획과 평가 기술

종결 단계는 사회복지실천을 마무리하고 클라이언트가 자립적으로 문제를 해결해 나갈 수 있도록 준비하는 시기이다. 이 단계에서는 초기 목표 달성 여부를 함께 점검하고 변화 과정을 되돌아보며 성장을 인식하도록 돕는다. 예를 들어 대인관계에 대한 두려움을 극복한 경우 실질적인 변화와 도움이 된 과정을 함께 확인한다. 이후 남아 있는 과제와 활용 가능한 자원, 지지체계를 정리해 클라이언트에게 안내하고 필요시 참고할 수 있도록 문서로 제공한다. 종결 면담에서는 클라이언트의 감정을 존중하며 실천 경험이 삶의 긍정적인 밑거름이 되도록 마무리한다.

(2) 종결 후 사후관리 기술

종결은 실천의 공식적인 마무리를 의미하지만 일부 클라이언트는 이후에도 새로운 문제에 직면할 수 있다. 이를 대비해 사회복지사는 일정 기간 동안 사후관리를 실시하여 클라이언트가 실천 과정에서 배운 기술과 자원을 일상 속에서 안정적으로 활용할 수 있도록 지원한다. 사후관리는 주로 전화나 면담, 메시지 등을 통해 이루어지며 처음에는 자주 접촉하다가 시간이 지남에 따라 횟수를 줄이는 방식으로 진행된다. 클라이언트가 지역 내 자원이나 기관을 꾸준히 이용할 수 있도록 안내하고 위기 상황 발생 시 신속하게 대응할 수 있도록 긴급 연락망이나 도움을 요청할 수 있는 정보를 함께 제공한다. 마지막으로 필요할 때 언제든지 다시 지원을 받을 수 있다는 점을 안내하여 심리적 안정감을 높인다.

4. 개인 대상 사회복지실천의 기술

1) 언어적 실천 기술

(1) 개방적 질문과 폐쇄적 질문

사회복지실천에서 원조관계의 근간은 효과적인 의사소통이다. 사회복지사는 촉진자로서 클라이언트가 자신의 감정과 생각을 자유롭게 표출할 수 있는 안전한 환경을 조성해야 한다. 개방형 질문은 클라이언트의 감정과 경험을 풍부하게 이끌어 내며 폐쇄형 질문은 구체적 사실과 정보 파악에 적합하다. 예컨대 "지금 느끼는 감정은 어떤가요?"와 "지난주 상담 이후 어떤 변화가 있었나요?"를 번갈아 사용함으로써 전체 맥락과 세부 모두를 이해할 수 있다. 질문을 지나치게 계속 제시하면 심문처럼 느껴질 수 있으므로 적절한 침묵과 반영 · 요약 기법을 병행해야 한다. 이러한 균형감 있는 질문 전략은 진정한 라포를 형성하고 실천의 효율성과 클라이언트의 참여도를 극대화하는 핵심 역량이다.

표 10-1 개방형 질문 vs 폐쇄형 질문

개방형 질문	폐쇄형 질문
"요즘 학교 생활은 어떠세요?"	"이번 주에 학교 결석한 날이 있나요?"
최근 가장 힘들게 느껴졌던 일은 무엇인가요?"	"하루에 5시간 이상 잠을 자지 못하는 날이 있나요?"
"그동안 가정 내에서 어떤 일들이 반복되어 왔나요?"	"최근 1개월 안에 폭력 상황이 있었나요?"
"현재 가장 부담스러운 생활비 지출 항목은 어떤 것인가요?"	"이번 달에 공과금이 밀린 적이 있나요?"
"술을 마신 다음 날 어떤 기분이 드시나요?"	"지난 한 주 동안 술을 마신 날이 3일 이상 있었나요?"

(2) 명료화, 반영, 재진술

사회복지사는 클라이언트의 말을 정확히 이해하고 이를 정리해 반응을 보임으로써 신뢰를 높인다. 이를 위한 대표적인 언어적 기술은 명료화, 반영, 재진술이 있다.

① 명료화

모호하거나 불분명한 표현을 다시 확인해 의미를 분명히 하는 기술이다. 이를 통해 클라이언트는 자신의 생각을 다시 정리하고 문제를 객관적으로 바라볼 수 있다.

예 시

클라이언트 : "요즘 너무 답답해서 아무것도 못하겠어요."
사회복지사 : "말씀하신 '답답함'이 구체적으로 어떤 상황에서 느껴지나요?"

② 반영

클라이언트의 말에 담긴 감정이나 숨은 의미를 읽어내어 다시 표현해 주는 기술이다. 이를 통해 클라이언트는 자신의 감정을 더 명확히 인식하고 신뢰감을 얻는다.

예 시

클라이언트 : "부모님이 저를 전혀 이해하지 못해요."
사회복지사 : "부모님께서 내 마음을 몰라주셔서 서운하고 외로우셨군요."

③ 재진술

클라이언트의 말을 핵심 의미로 간결히 정리해 다시 들려주는 기술이다. 이를 통해 클라이언트는 자신의 이야기를 다시 정리하고 생각을 정돈할 수 있다.

예 시

클라이언트 : "친구들이랑 자주 다퉈서 학교 가기 싫어요."
사회복지사 : "친구들과 자주 싸우다 보니 학교 가는 게 점점 부담스럽게 느껴지시는 거군요."

2) 비언어적 실천 기술

(1) 공감적 경청

공감적 경청은 사회복지실천에서 가장 기본이 되는 핵심 기술로 클라이언트의 말뿐 아니라 그 안에 담긴 감정과 태도까지 깊이 이해하고 반영하는 과정이다. 이를 통해 클라이언트는 자신의 이야기를 안전하게 표현하고 신뢰 관계를 형성할 수 있다.

① 주의 깊게 듣기

판단이나 충고를 자제하고 온전히 클라이언트에게 집중한다. 방해 요소를 없애고 몸과 시선을 클라이언트에게 향하게 한다.

② 비언어적 신호 관찰하기

말뿐만 아니라 표정, 몸짓, 목소리 등을 주의 깊게 본다. 숨겨진 감정은 종종 비언어에 더 잘 드러난다.

③ 적절한 피드백하기

클라이언트의 감정을 짧게 요약하거나 반영해 공감의 메시지를 전달한다. 부드러운 목소리와 시선으로 진정성을 표현한다.

예 "많이 힘드셨군요.", "그래서 마음이 상하셨군요."

(2) 적절한 침묵과 비언어적 메시지 활용

비언어적 의사소통은 사회복지실천에서 중요한 역할을 한다. 사회복지사는 클라이언트의 표정, 몸짓, 말투 등을 세심하게 관찰하고 자신도 개방적이고 수용적인 자세를 유지해야 한다. 이는 신뢰 형성과 관계 형성에 긍정적인 영향을 미친다.

표 10-2 비언어적 메시지

항목	설명
자연스런 시선 맞춤	자연스럽게 눈을 바라보며 관심과 존중을 표현함. 과도한 응시는 피함
개방적 자세	팔짱을 끼지 않고 몸을 약간 앞으로 기울이며 편안한 태도를 유지함
적절한 침묵	클라이언트가 말할 수 있는 시간을 주고 감정을 정리할 수 있도록 여유를 둠
몸의 방향과 거리	대화를 방해하지 않도록 편안한 거리와 방향을 유지. 위협감이나 불편함을 유발하지 않음
표정과 반응	따뜻한 표정과 고개 끄덕임 등으로 공감과 수용의 메시지를 전달함

3) 문제 해결 과정에서의 실천 전략

문제 해결을 위한 실천기술은 단순한 의사소통을 넘어서 클라이언트가 자신의 문제를 스스로 해결할 수 있도록 돕는 구조화된 전략으로 발전되었다. 이는 대화를 통한 관계 형성뿐 아니라 클라이언트의 자기결정과 문제 해결 역량을 촉진하는 실천 도구로 활용된다.

(1) 문제 정의와 목표 설정

사회복지사는 클라이언트와 함께 문제 상황을 구체적으로 정의하고 현실적인 목표를 설정한다. 이 과정에서 클라이언트의 욕구와 우선순위를 명확히 하여 실천 동기를 강화한다.

문제를 모호하게 두면 해결책도 모호해진다. 사회복지사는 클라이언트의 문제를 구체적으로 정의하고 실현 가능한 목표를 함께 설정한다. 이 과정은 클라이언트가 문제를 자기주도로 해결하려는 태도를 기르게 한다.

예 시

- 모호한 문제 : “자신감이 없다.”
- 구체적 문제 : “사람들 앞에서 발표할 때 목소리가 떨리고 말을 더듬는다.”
- 목표 : “4주 동안 발표 연습을 주 2회 하고, 연습 상황을 영상으로 촬영하여 피드백을 받는다.”

(2) 대안 탐색과 의사결정

다양한 해결 방안을 모색하고 장단점을 비교하여 클라이언트가 스스로 선택하도록 한다. 사회복지사는 정보 제공자, 조력자, 촉진자의 역할을 수행하며 의사결정 과정에서 중립성을 유지한다. 문제를 정의한 후에는 가능한 여러 해결 방안을 함께 모색한다. 이때는 '좋다/나쁘다'를 평가하기 전에 가능한 한 많은 대안을 개방적으로 브레인스토밍(brainsming)을 한다. 이후 각 대안의 장단점을 검토하여 실행 가능한 것을 선택하도록 하고 이때 중요한 것은 의사결정 권한이 클라이언트에게 있음을 유지하는 것이다.

(3) 행동 계획과 실행 지원

선택된 해결 방안을 실천하기 위한 구체적 행동 계획을 수립한다. 필요하다면 모의 연습(role-playing)이나 역할 연습을 통해 클라이언트가 새로운 기술을 익히도록 돕는다. 실행 과정에서 예상되는 장애물과 대처 방안도 함께 계획한다. 예를 들면 청소년이 친구와 갈등 상황에서 '분노 표현 대신 의사소통하기'를 역할 연습을 하도록 하는 것이다.

(4) 평가와 강화

마지막으로 실행 결과를 평가하고 긍정적 변화를 강화한다. 목표가 부분적으로 달성되었더라도 이를 긍정적으로 피드백하여 자기효능감을 높인다. 필요시 새로운 문제를 재정의하고 개입을 조정한다. 계획 실행 후에는 과정과 결과를 평가한다. 성공적으로 실천된 부분은 즉각적으로 강화한다. 클라이언트가 작은 변화라도 성취하면 "이전보다 분명히 더 나아졌어요. 그 점을 스스로도 느끼시죠?"라고 피드백하여 자기효능감을 높인다.

4) 통합적 실천기술

(1) 어려운 클라이언트와의 실천기술

① 저항적 클라이언트 다루기

사회복지실천 과정에서 클라이언트의 저항은 자연스러운 반응이며 이를 민감하게 인식하고 효과적으로 다루는 것은 전문 실천의 핵심 역량이다. 저항은 변화에 대한 두려움, 불신, 과거 경험 등에서 비롯되며 모든 변화 단계에서 나타날 수 있다. 저항은 명시적(상담 거부, 반발) 또는 암묵적(단답형 응답, 주제 회피) 형태로 표현된다. 사회복지사는 이를 단순한 비협조가 아닌 클라이언트의 내적 갈등과 방어기제로 이해하고 공감과 신뢰를 바탕으로 관계를 재조정하는 접근이 필요하다.

② 저항적 클라이언트를 위한 구체적 실천기술

- **공감적 경청** : 클라이언트의 말뿐 아니라 숨겨진 감정을 공감적으로 반영하여 방어를 완화한다.
- **동기 강화 면담** : 직접 설득하기보다 클라이언트가 변화의 필요성을 스스로 깨닫도록 유도한다.
- **맞서지 않기 전략** : 저항을 자연스러운 흐름으로 받아들이며 논쟁 대신 이해를 유도한다. 예 "상담이 도움이 안 된다고 느끼셨군요."
- **협력적 목표 설정** : 클라이언트와 함께 현실적이고 수용 가능한 목표를 설정해 참여와 책임감을 높인다.
- **작은 성공 경험 제공** : 작고 구체적인 실천을 통해 성취감을 경험하게 하고 저항을 줄인다.

③ 공격적/위협적 행동에 대응하기

사회복지 현장은 신뢰와 존중을 바탕으로 하지만 일부 클라이언트는 위기나 정서적 불안으로 인해 언어적 폭언이나 신체적 위협을 보이기도 한다. 특히 약물 영향이나 정신적 불안 상태에서는 돌발 행동 가능성이 높기 때문에 사회복지사는 이러한 상황에 대비해 적절한 예방 조치와 대응 기술을 반드시 갖추어야 한다.

④ 예방적 관리와 사후 대응

위기 상황에 대비해 기관은 위기 대응 지침을 마련하고 정기적인 모의훈련을 실시해야 한다. 신체적 개입은 최소화하고 침착한 대응과 거리 유지를 기본 원칙으로 삼는다. 위기 후에는 사회복지사의 심리 회복을 위해 동료 지원과 정기 슈퍼비전이 필요하며 클라이언트와의 재개입 여부는 충분한 논의를 거쳐 결정한다.

(2) 복합적 욕구를 가진 클라이언트와의 실천기술

① 다중 문제 상황의 이해

현대 사회복지 현장에서는 빈곤, 주거 불안, 가족 문제, 정신건강 등 복합적 문제가 동시에 나타나는 사례가 증가하고 있다. 이는 단일 문제가 아니라 상호 연관된 다양한 요인이 삶의 질을 저해하는 상태로 사회복지사는 문제들의 관계와 맥락을 통합적으로 이해하고 개입해야 한다.

② 우선순위 설정과 자원 연계

복합적 욕구를 가진 클라이언트는 모든 문제를 동시에 해결하려 하면 쉽게 지치고 동기를 잃을 수 있다. 따라서 사회복지사는 위기나 안전과 직결된 문제부터 우선 개입하고 나머지는 클라이언트의 관심과 동기를 반영해 순서를 정한다. 이를 위해 단기 목표와 장기 계획을 구분하고 다양한 공공·민간 자원을 활용해 체계적으로 연계하며 중복과 공백을 줄이는 역할을 수행한다.

③ 복합적 욕구 사례 개입 과정

복합적 욕구를 지닌 클라이언트 개입은 기본적인 실천 단계를 따르지만 문제 간의 연관성과 복잡성을 고려한 전략이 필요하다. 사정에서는 생태도, 가계도 등 도구를 활용해 문제 맥락과 강점을 입체적으로 파악하고 우선순위를 함께 설정한다. 계획 단계에서는 유연한 목표 설정이 중요하며 개입 단계에서는 다양한 전문가와 협력하고 사회복지사는 조정자의 역할을 한다. 종결 시에는 자립 가능성을 점검하고 사후관리와 위기 대응체계도 함께 안내한다.

④ 다학제적 팀 접근과 협력 기술

복합적 욕구 해결의 핵심은 다학제적 팀 접근이다. 사회복지사, 간호사, 상담사, 의사 등 다양한 전문가가 참여해 클라이언트 중심의 목표를 함께 설정하고 협력한다. 각자의 역할을 명확히 하며 정기적인 사례회의를 통해 정보를 공유하고 클라이언트의 자기결정권을 존중하는 의사결정을 지향한다. 사회복지사는 팀 내 조정자 역할을 수행하며 지역사회 협의체와 긴밀히 협력해 서비스 중복이나 공백을 줄이고 통합적 지원체계를 구축한다.

사 례

클라이언트 A씨(45세, 여성)는 최근 실직과 이혼을 겪고, 두 자녀와 함께 월세방에서 생활 중이다. A씨는 우울증 진단을 받았고 자녀 중 한 명은 학교 부적응 문제가 있다. 경제적 어려움으로 기초생활수급 신청을 고려하고 있으며 자녀의 상담이나 치료가 필요하다고 느끼지만 병원에 갈 시간과 비용이 부담이다.

<종합적 사정>
A씨의 경제, 건강, 가족관계, 주거 상황 등 여러 영역을 생태도, 가족도를 활용해 다차원적으로 분석한다. 문제 간의 상호작용(예 : 실직 → 우울증 → 양육 곤란 → 자녀 문제)을 구조화해 파악한다.

<우선순위 설정 및 목표 수립>
긴급한 경제 지원과 자녀의 심리 문제를 우선 과제로 설정하고 중장기적으로는 A씨의 정신건강 회복과 재취업을 목표로 설정한다.

<통합적 개입>
기초생활보장 연계, 정신건강복지센터의 외래 심리치료 서비스를 연결한다. 드림스타트 및 학교사회복지사와 협력해 자녀의 정서 지원에 개입한다. 취업을 위한 여성새로일하기센터와 연계하여 직업훈련 정보를 제공한다.

<서비스 조정자 역할>
기관 간 정보 중복 방지와 서비스 공백을 막기 위해 사례관리 회의를 주도한다. 클라이언트가 각각의 기관에서 혼란을 느끼지 않도록 주요 내용을 정리해 안내한다.

<사후관리>
일정 기간 정기 면담을 통해 계획 이행을 점검하고 A씨의 자립 역량을 점차 강화할 수 있도록 한다.

(3) 디지털 실천기술

21세기 정보통신기술의 발달과 스마트기기의 확산은 사회복지실천 방식에 큰 변화를 일으켰다. 특히 코로나19 이후 원격상담과 온라인 서비스에 대한 수요가 빠르게 증가하면서 디지털 실천기술은 사회복지사의 필수 역량으로 자리 잡았다. 이제 사회복지사는 디지털 도구를 활용해 시간과 장소의 제약 없이 안전하고 효과적인 서비스를 제공할 수 있어야 하며 변화하는 환경에 능동적으로 대응할 수 있는 기술적 감수성과 실천 역량이 요구된다.

① 온라인 상담의 기본 원칙

디지털 실천에서 가장 중요한 요소는 온라인 상담이다. 이는 거리와 시간, 비용의 제약을 줄여 클라이언트의 접근성을 크게 높일 수 있다. 그러나 비언어적 단서 파악이 제한되기 때문에 신뢰 형성을 위해 더 세심한 주의가 필요하다. 상담 전에는 장비 점검, 상담 환경 안내, 개인정보 보호를 위한 동의 절차가 필요하며 화면 속 시선 맞춤, 고개 끄덕임, 안정된 음성 등 시각적 피드백이 중요하다. 또한 시스템 오류나 연결 문제에 대비한 비상 연락 수단도 함께 마련해야 한다.

② 디지털 플랫폼 활용 기술

온라인 실천의 질을 높이기 위해 사회복지사는 줌, 구글 미트, 카카오톡 채팅 등 다양한 플랫폼을 상황에 맞게 능숙하게 활용해야 한다. 특히 고령자나 디지털 접근이 어려운 클라이언트에게는 1 : 1로 접속 방법을 안내하고 체크리스트나 주간 계획표 등 비동기 도구도 적극 활용해야 한다. 상담 중에는 알림을 차단하고 소음을 줄이며 배경과 복장을 단정하게 유지하는 등 시각적 · 청각적 요소를 세심히 관리하여 신뢰를 형성하는 것이 중요하다.

③ 개인정보 보호와 윤리

온라인 실천에서는 개인정보 보호가 매우 중요하다. 상담 기록은 암호화된 기관 전산망에 안전하게 저장하고 개인 장비나 이메일 등은 사용하지 않는다.

클라이언트에게 기록 보관 방식과 공유 범위를 사전에 설명하고 동의를 받아야 한다. 또한 상담은 반드시 클라이언트가 혼자 있는 안전한 환경에서 이루어지도록 안내하는 것이 필수적이다.

④ 원격 실천의 장점과 한계

디지털 실천은 낙후지역이나 이동이 어려운 대상자에게 접근성을 높이고 감염병 등 비상 상황에서도 서비스를 지속할 수 있다는 장점이 있다. 그러나 표정이나 몸짓 등 비언어 정보 파악이 어렵고 기술 오류나 주변 소음, 기기 사용의 어려움 등 단점도 존재한다. 따라서 사회복지사는 클라이언트의 상황에 맞게 대면, 원격, 혼합형 실천을 탄력적으로 선택하는 유연성이 필요하다.

⑤ 디지털 격차 대응 방안

디지털 실천은 정보격차 해소에 기여하지만 고령자 · 저소득층 · 장애인 등 디지털 약자를 배제할 위험도 있다. 사회복지사는 기기 활용 능력을 사정하고 사용법 안내 자료를 제공하며 정보화교육 연계와 대체 서비스(전화 · 우편 · 방문 등)를 병행해야 한다. 디지털 기기 보급 지원도 적극 활용하여 누구나 접근 가능한 복지를 실현한다.

디지털 실천은 정보격차 해소에 기여하지만 고령자 · 저소득층 · 장애인 등 디지털 약자의 소외 위험도 크다. 사회복지사는 기기 활용 능력과 환경을 사정하고 사용법 안내 자료와 정보화 교육을 연계해야 한다. 전화, 우편, 방문 서비스 등 대체 수단도 병행하고 디지털 기기 보급 지원을 적극 활용해 모두가 접근 가능한 복지를 실현한다.

CHAPTER 11

가족의 이해와 실천

개 요

이 장에서는 가족의 개념과 기능, 현대사회에서의 변화 양상을 이해하고 가족을 대상으로 한 사회복지실천의 주요 접근 방법과 기술을 소개한다. 특히 구조적 가족치료, 전략적 가족치료, 경험적 가족치료, 다세대 가족치료, 이야기치료 등의 이론과 실천 기법을 구체적으로 다루며 다양한 가족문제에 개입하는 사회복지사의 역할과 실천 전략을 탐색한다. 이를 통해 가족 체계에 대한 이해를 바탕으로 효과적인 가족 중심 실천 역량을 함양한다.

학습목표

1. 가족 대상 실천기술의 목적과 목표를 설명할 수 있다.
2. 전통적 가족과 현대 가족의 특징을 비교하고 효과적인 실천기술을 학습할 수 있다.
3. 가족치료 이론적 배경과 주요 기법을 학습하고 실천에 적용할 수 있다.

1. 가족 대상 실천기술의 개념

가족은 인간 사회의 가장 기본적인 사회 단위로 오랜 시간 동안 혈연, 혼인, 입양 등의 법적·생물학적 관계를 바탕으로 구성된 전통적인 개념의 가족이 중심을 이루어 왔다. 인간의 성장과 발달에 있어 가족은 핵심적인 환경이며 사회복지실천 현장에서 상호작용과 구조, 의사소통 패턴을 종합적으로 이해하고 적절한 개입이 필요한 가장 기본적이고 지속적인 개입 단위라 할 수 있다.

그러나 현대 사회는 산업화, 도시화, 가치관 변화, 여성의 사회 진출, 이혼 증가, 평균 수명 연장 등 복합적인 사회 변화에 따라 가족의 구조와 기능이 크게 변화하였다.

1) 전통적 가족의 개념 이해

전통적 가족은 일반적으로 산업화 이전의 가족 형태를 말하며 주로 농경사회 또는 유교적 가치관이 강한 사회에서 형성된 가족 형태를 의미한다. 이 가족은 오랜 세월 동안 인간 사회의 기본적 단위로 기능해 왔으며 가족 구성원 간의 혈연적 유대와 사회적 역할이 뚜렷하게 구분되어 있는 것이 특징이다.

표 11-1 전통적 가족의 형태

분류	항목	설명
전통적 가족의 특징	확대가족 구성	조부모·부모·자녀뿐 아니라 삼촌·고모·이모 등 3세대 이상 친척이 한 집 또는 인접 공간에 함께 거주
	가부장 중심 구조	남성 가장이 절대적 권위를 지니고 가족의 주요 결정권 및 경제자원을 관리
	명확한 역할 분업	남성은 생계 유지·외부 활동, 여성은 가정 돌봄·자녀 양육·음식 준비 등 '내부 생활' 책임
	전통 가치 도덕 규범 강조	부모·조부모에 대한 효(孝) 등 존경과 복종의 가치가 가족 구성원 간 유대와 질서를 유지

분류	항목	설명
전통적 가족의 사회적 기능	사회화 기능	자녀가 사회적 규범 · 언어 · 행동 양식을 배우는 1차 사회화 기관 역할
	경제적 기능	농업 사회에서 가족이 생산과 소비의 단위로 함께 일하고 나누는 경제공동체
	정서적 안정 제공	외부의 어려움으로부터 구성원을 보호 · 지지하는 심리적 안전망
	노인 부양 기능	노인을 부양하는 것을 자녀의 기본 의무로 간주하고, 이를 통해 가족 간 유대와 존중의 기반을 형성
전통적 가족 개념 비판 · 변화 시작	여성의 사회적 억압	여성의 의견 · 선택권이 제한되고 자아실현보다 가족 내 의무 수행을 강요
	권위적 관계 구조	가장 중심의 위계적 · 권위적 관계가 평등한 의사소통과 개인의 주체적 의사결정을 제약
	집단 유지 중시	개인의 감정이나 바람보다 '가문' · '가정의 명예'를 우선시하여 개인의 욕구와 자율성을 억압

2) 현대 가족의 개념

가족은 인간이 태어나 가장 먼저 접하는 1차적 사회집단이며 개인의 생애 전반에 영향을 미치는 가장 기초적인 단위이다.

현대 사회는 산업화, 도시화, 여성의 사회 진출, 개인주의 확산, 가치관의 다변화 등의 흐름을 겪으면서 전통적 가족 개념과 구분되는 새로운 가족 개념을 형성하게 되었다. 이에 따라 현대 가족은 '혼인'이나 '혈연'이라는 전통적인 기준을 넘어서 정서적 유대감과 상호 돌봄이라는 기능 중심의 개념으로 변화하였다.

(1) 현대 가족 개념의 변화 요인

가족의 형태는 시대와 사회의 구조에 따라 변화하고 단일한 형태로 존재하지 않는다. 20세기 중반까지만 해도 대부분의 가족이 부부와 자녀로 구성된 핵가족 형태였지만, 오늘날은 개인의 선택, 가치관의 변화, 경제적 여건 등에 따라 한부모 가족, 1인 가구, 재혼 가족, 동거 가족, 다문화 가족, 조손 가족 등 매우 다양한 형태의 가족이 존재한다.

현대 가족의 개념은 다음과 같은 사회 구조의 변화에 영향을 받아 점차 확장되고 재정의되어 왔다.

표 11-2 현대 가족의 변화 요인

변화 요인	설명
산업화와 도시화	전통 가족이 수행하던 돌봄 · 양육 · 부양 기능이 보육원 · 요양원 · 돌봄 서비스 등 외부 기관으로 이전되며 가족 내 역할과 책임 분담이 재편됨
여성의 사회 참여 확대	경제활동과 교육 기회가 확대되면서 결혼 · 출산을 선택 사항으로 인식하는 여성이 늘고 비혼 · 1인 가구 · 비혼 출산 등 전통적 가족 구성 방식이 다양화됨
개인주의 가치의 확산	"가족보다 나 자신"을 중시하는 문화가 확산되어 자아실현과 삶의 만족을 우선시하게 되고, 이혼율 증가, 결혼 지연 · 기피, 자발적 비혼 현상이 두드러짐
다문화 · 다양성 사회 진입	국제결혼, 이주노동자 유입, 성소수자 가족 등장 등으로 다문화 가족 · 동성 커플 · 조손 가족 등 전통적 틀을 넘어선 새로운 가족 형태가 확산됨
법 · 제도상 가족 개념의 정체성 변화	헌법 · 민법 등에서 '가족' 정의를 유연화하고 혈연 · 혼인 중심을 넘어 생활 공동체로서의 가족 개념을 수용하는 방향으로 법 · 제도가 개정 · 확장됨

(2) 현대 가족의 특징

현대 가족은 다음과 같은 특징을 보이며 이는 사회복지 현장에서 가족을 이해하고 지원하는 방식에 중요한 기반이 된다.

표 11-3 현대 가족의 특징

특징	설명
구조의 다양성	1인 가구, 한부모 가족, 재혼 가족, 동거 가족, 다문화 가족, 조손 가족
관계의 유연성	법적 · 혈연적 관계보다 정서적 유대와 삶의 공유 여부에 기반한 유연함
기능의 축소 및 분화	가족의 주요 기능이 사회 서비스나 제도적 장치로 분산
가족 간 상호성 약화	의무보다 권리 중심의 관계 형성. '효도는 선택, 돌봄은 서비스로' 인식 전환
제도적 보호의 미비	비혼동거, 성소수자 커플 등은 법적 · 제도적 사각지대 발생

(3) 현대 가족의 유형

① 핵가족(Nuclear Family)

부모와 자녀만으로 구성된 가족으로 전체 가구 중 약 55.1%를 차지하고 있다. 현대 산업사회에서 가장 보편적인 가족 형태로 자리 잡고 있으며 독립성과 사생활 보장이 강화되지만 정서적 지지나 양육 부담이 외부로부터 분산되지 않다는 것이 특징이다.

② 1인 가구(Single-person Household)

혼자 살며 생계를 꾸려가는 개인으로 구성된 가구로 2023년 기준 전체 가구 중 35.5%로 가장 큰 비율을 차지하고 있다. 청년 1인 가구, 중년 비혼, 고령 독거노인 등 다양한 하위 유형이 존재하며 사회적 고립, 건강 관리 어려움, 외로움, 고독사 등의 높은 위험의 특징을 가지고 있다.

③ 한부모 가족(Single-parent Family)

부모 중 한 사람과 미성년 자녀로 구성된 가족으로 이혼, 사별, 비혼 출산 등 다양한 원인이 존재하고 2022년 기준 약 149만 가구, 전체 가구의 약 6.5% 차지하는 것으로 나타났다. 여성 한부모 비율은 약 83%로 압도적이며 경제적 빈곤과 양육 부담이 심각한 수준이라 볼 수 있다. 이들은 양육과 생계를 동시에 책임져야 하는 구조와 사회적 편견과 차별에 노출되기 쉬운 상태이다.

④ 재혼 및 계부모 가족(Step Family)

이혼 또는 사별 후 재혼한 부부와 각각의 자녀들이 함께 구성한 가족 형태이다. 특징은 자녀 간, 부모-자녀 간 역할 혼란과 정체성 갈등이 발생할 수 있고 부부 관계는 안정적이더라도 자녀 적응 문제가 심각하게 나타나는 경우가 많다.

⑤ 비혼 동거 및 사실혼 가족(Cohabitation & Non-marital Union)

법적 혼인 없이 함께 거주하며 생활을 공유하는 형태이며 일부는 동성 커플도 포함된다. 한국보건사회연구원에 따르면 국민의 60% 이상이 '비혼 동거에 찬성'하는 입장이지만 법적으로는 가족으로 인정되지 않아 재산권, 자녀 양육권,

의료 동의 등 법적 보호의 사각지대가 존재한다.

⑥ 조손 가족(Grandparent-headed Family)

부모가 부재하거나 양육 불가능한 상황에서 조부모가 손자녀를 양육하는 가족 형태이다. 특징은 조부모는 고령과 경제적 부담, 자녀는 정서적 결핍을 겪을 가능성이 높으며 고령의 조부모가 아동 양육을 감당하며 이중 부담과 세대 간 소통 단절 문제가 빈번히 발생하고 있다.

2. 가족 대상 실천기술의 필요성

1) 가족 실천기술의 필요성과 접근 패러다임

가족은 개인의 삶의 출발점이자 성장과 발달의 핵심 환경으로 정서적 · 사회적 기능을 수행하는 1차 사회체계이다. 하지만 현대 사회에서 가족은 그 형태와 기능이 다양화되며 여러 가지 복합적 문제에 직면하고 있다. 사회복지사는 복합적 문제를 가진 가족 전체를 하나의 체계로 보고 개입하는 접근이 필요하다.

다양한 이론적 기반 위에서 체계이론, 생태이론, 의사소통이론 등이 발전되어 왔으며 다양한 실천모델과 기술을 통해 적용된다.

2) 가족 대상 주요 실천모델

(1) 체계이론 기반 가족 실천모델(Family Systems Model)

체계이론의 이론적 배경은 가족을 상호 의존적인 부분들로 구성된 하나의 전체적 체계로 보며 문제의 원인을 개인 내부가 아닌 가족 간 상호작용에서 찾는다. 즉, 어떤 한 구성원의 문제가 실제로는 전체 가족 간 역동의 형태로 형성 · 유지될 수 있다는 관점이다.

실천적 적용으로 가족 관계망을 시각화한 가계도나 에코맵을 통해 가족 구조와 외부 체계를 분석한다. 즉, 가족 간 상호작용 패턴을 관찰하고 의사소통 교정, 역할 재구조화를 통해 긍정적인 변화를 유도한다.

(2) 구조적 가족치료모델(Structural Family Therapy Model)

미뉴친(Salvador Salomón Minuchin)의 이론에 기반한 모델로 가족 내의 하위체계, 경계, 위계 구조가 핵심 개념이다. 가족 문제의 원인을 비기능적인 가족 구조나 왜곡된 경계에서 찾는다.

가족은 부부, 부모-자녀, 형제자매 등 다양한 하위체계로 구성된다. 각 하위체계 간 명확한 경계가 있어야 건강한 기능이 가능하며 경직된 경계나 희미한 경계는 문제를 유발한다.

실천적 적용으로는 관찰을 통한 구조 진단 후, 사회복지사는 가족 구조에 직접 개입하여 경계 재설정, 하위체계 분리, 위계 재정비 등의 전략을 활용한다.

(3) 해결 중심 가족치료모델(Solution-Focused Family Therapy)

브리프 치료 중심의 접근으로 가족의 문제보다는 해결 가능성과 강점에 초점을 맞춘다. '문제가 무엇이냐'보다는 '무엇이 잘 작동하고 있는가'를 중심으로 개입한다.

주요 개념은 클라이언트의 언어와 변화 가능성 중심의 질문을 통해 해결을 발견하고 '예외 상황 찾기', '척도질문', '기적질문' 등 대화 기술을 강조하고 있다. 이 치료모델은 단기 개입에 효과적으로 문제에 집착하는 가족을 변화의 가능성으로 이동시키는 데 유용하다.

<해결 중심 가족치료 실천 기법>

- **기적질문(Miracle Question)** "내일 아침 문제가 사라졌다면 어떤 변화가 있을까요?"
- **척도질문(Scaling Question)** "현재 상황을 0~10 중 어디쯤이라고 생각하나요?"
- **예외질문(Exception Question)** "문제가 덜 심각했던 때는 언제였나요?"

(4) 내러티브 접근(Narrative Family Practice)

내러티브 접근은 가족이 자신들의 삶을 이야기로 해석하며 의미를 구성한다고 본다. 문제 중심의 이야기를 벗어나 긍정적인 대안적 이야기의 재구성이 목표이다. 실천 전략으로는 문제 외재화, 이야기 다시 쓰기, 가족의 의미 체계 전환이 있다.

3) 가족 실천기술 : 효과적인 개입을 위한 구체적 도구

(1) 사정 도구

사정 도구는 가족의 구조, 상호작용, 환경적 맥락을 시각적 또는 체계적으로 파악하여 효과적인 개입 계획을 수립하는 데 활용되는 평가 도구이다.

표 11-4 사정 도구의 목적 및 적용

도구	목적	예시
가계도	가족의 구조, 관계, 세대 간 정보 시각화	가족력, 질병력, 갈등 구조 파악
에코맵	가족과 외부 체계와의 관계 분석	사회적 적응, 스트레스 요인 파악
가족 생태도	가족이 처한 환경적 요인 도식화	주거, 고용, 건강, 문화 등 맥락 분석

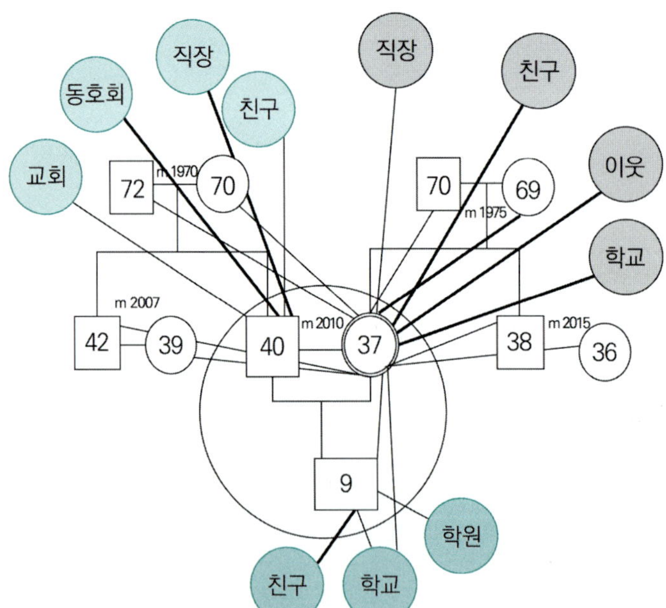

그림 11-1 가계도와 생태도

(2) 개입 기술(Intervention Techniques)

가족을 대상으로 한 사회복지실천에서는 단순한 정보 제공이나 정서적 지지에 그치지 않고 구조적 개입, 의사소통 조정, 역할 재정립 등 다양한 기술이 유기적으로 활용되어야 한다. 다음은 가족 대상 실천에서 핵심적으로 사용되는 개입 기술들이다.

① 라포 형성(Rapport Building)

- 목적 : 가족 구성원들과의 신뢰 관계를 형성하여 개방적인 의사소통을 유도
- 적용 방법 : 경청, 공감 표현, 가족의 가치와 문화에 대한 존중

② 의사소통 훈련(Communication Skills Training)

- 목적 : 가족 간 왜곡된 의사소통 패턴을 교정하고 상호 이해를 증진
- 적용 방법 : 감정 표현 훈련 : "나는 ~해서 속상해요."(I-message)
- 경청 훈련 : 반복적 요약, 반영적 듣기, 피드백 기술 : 비난이 아닌 구체적 행동 중심의 피드백 유도

③ 가족 역할 재정립(Role Reassignment)

- 목적 : 가족 내 역할 혼란이나 고착을 해소하고 기능적 역할 분배를 재구성
- 적용 방법 : 역할 명료화, 대리 역할 제거, 권한 재조정

④ 구조 재편성(Structural Reorganization)

- 목적 : 비기능적 가족 구조(과잉 개입, 하위체계 간 경계 문제 등)를 수정
- 적용 방법 : 경계 조정(boundary making), 하위체계 간 거리 조정, 삼각관계 해소

⑤ 가족 규칙 점검 및 재구성(Family Rule Reframing)

- 목적 : 암묵적 가족 규칙의 문제성을 인식하고 건강한 규칙으로 전환
- 적용 방법 : 규칙 목록화 → 규칙의 기능 탐색 → 수정 제안

⑥ 문제 외재화 및 재명명(Externalizing & Renaming the Problem)

- 목적 : 문제를 개인의 본질로 보는 관점을 탈피하고 문제와 사람을 분리
- 적용 방법 : 클라이언트에게 "그 문제가 당신을 지배하지 않게 해보자"는 프레임 제공

⑦ 행동 실험 및 역할연습(Behavioral Experiment & Role-play)

- 목적 : 새로운 행동 패턴을 직접 시도하며 체험을 통해 변화 유도
- 적용 방법 : 안전한 상담 환경에서 가족 구성원이 서로의 입장을 연기

⑧ 긍정 강화 및 강점 찾기(Strengths-based Reinforcement)

- 목적 : 문제보다 가족의 긍정 자원과 회복력을 강조하여 동기 부여
- 적용 방법 : 잘 작동하는 상호작용 패턴 탐색, 성공 경험 확대

⑨ 협약 만들기(Contracting)

- 목적 : 가족 구성원 간 약속을 명확히 하여 책임성과 실행력 제고
- 적용 방법 : 구체적인 행동 계획 수립 → 실행 시기와 방법 명시

⑩ 지지체계 활용 및 자원 연결(Linking Resources)

- 목적 : 가족 외적 자원(학교, 병원, 복지기관 등)과 연결하여 기능 보완
- 적용 방법 : 가족의 욕구 사정 → 필요한 서비스 연결 및 정보 제공

⑪ 위기 개입(Crisis Intervention)

- 목적 : 자살 위기, 가정폭력 등 급성 문제에 대해 즉각적이고 단기적으로 개입
- 적용 방법 : 안전 확보 → 감정 안정 → 대처 방식 훈련 → 외부 자원 연계

⑫ 종결 계획 및 평가(Termination and Evaluation)

- 목적 : 가족이 상담 종결 후에도 자립할 수 있도록 계획 수립과 효과 평가
- 적용 방법 : 변화 유지 전략 공유, 후속 연계 계획 수립

⑬ 단계적 실습 사례 과정

단계적 실습 사례 과정이란 사회복지사가 실제 현장에서 가족 · 개인 · 집단을 대상으로 체계적으로 개입하기 위해 설계한 일련의 순환적 절차를 말한다. 첫 단계인 접수 및 초기 사정에서는 내담 상황, 동기, 가족 구성원 정보 등을 수집하고 가계도 등 시각 도구를 활용해 관계 맥락을 파악한다. 두 번째 단계인 문제 탐색 및 목표 설정에서는 구성원 간 인식 차이를 조율하고 개입 방향성과 구체적 목표를 공동으로 수립한다. 세 번째 개입 단계에서는 구조적 개입, 의사소통 훈련, 역할 연습, 외재화 기법 등 다양한 실천기술을 상황에 맞춰 적용하여 변화를 유도한다. 네 번째 유지 및 강화 단계에서는 일상 속 과제 수행 여부를 모니터링하고 피드백을 제공해 새롭게 습득된 행동과 관계 패턴이 안정적으로 정착되도록 돕는다. 마지막 종결 및 평가 단계에서는 개입 전 · 후 성과를 종합적으로 평가하고 클라이언트와 충분히 논의한 뒤 상호 동의하에 종료 시점을 결정하며 이후 지속 지원 방안을 함께 마련한다. 이러한 단계적 실습 사례 과정은 사회복지사의 전문성을 구조적으로 보강하여 개입의 예측 가능성과 효과성을 높인다.

표 11-5 단계적 실습 사례 과정

단계	설명
접수 및 초기 사정	가족으로부터 문제 상황, 상담 동기, 갈등 양상, 가족 구성원 정보 수집. 가계도(genogram)로 세대 구조와 관계 패턴 시각화 및 가족 역사 확인.
문제 탐색 및 목표 설정	가족 구성원 간 서로 다른 문제 인식과 기대 조율. 중재자로서 갈등 지점 파악 후 공동의 개입 목표 수립.
개입 및 기술 적용	구조적 개입, 역할 훈련, 의사소통 기술 훈련, 외재화 기법 등 상황에 맞는 다양한 가족중재 기법을 복합적으로 활용.
유지 및 강화	변화된 행동과 관계 패턴이 안정적으로 정착되도록 모니터링 및 피드백 제공. 추가 과제 설정을 통해 일상 속 실천 지속 지원.
종결 및 평가	상담 종결은 가족과 충분히 논의 후 상호 동의하에 결정. 개입 전 · 후 변화를 평가하고 후속 지원 방안 논의.

3. 가족치료이론의 이해

1) 다세대 가족치료(Multigenerational Family Therapy)

(1) 이론적 배경과 주요 개념

다세대 가족치료는 미국 정신과 의사이자 가족치료의 선구자인 머레이 보웬(Murray Bowen)에 의해 창안되었다. 그는 가족을 단지 현재 세대의 구성원으로 제한하지 않고 세대 간 전이되는 정서적 패턴, 가족 신념, 갈등 구조에 주목하였다.

보웬은 정신분열증 환자 가족을 연구하면서 가족 내 상호작용과 세대 간 정서적 유산에서 심리적 문제가 발현될 수 있음을 밝혀냈다. 그의 치료 접근은 "개인은 가족 체계 속의 일부이며 과거 세대와 정서적으로 연결되어 있다"는 관점에 기초한다.

① 자아 분화(Differentiation of Self)

가장 핵심적인 개념으로 사람이 감정에 휘둘리지 않고 자신의 생각과 감정을 분리하여 행동하는 능력을 의미한다. 자아 분화 수준이 낮은 사람은 가족의 정서에 쉽게 휘둘리고 독립된 사고나 행동을 어려워하며 세대 간 전이되며 가족 내 분화 수준이 낮을수록 갈등이 심하고 정서적 융합이 발생한다.

② 삼각관계(Triangulation)

가족 내 갈등이 생겼을 때 두 사람 사이의 긴장을 완화하기 위해 제3자를 개입시키는 관계 구조이다.

예 부부 갈등 시 자녀가 중재자 역할을 하며 갈등에 개입 → 자녀에게 정서적 부담을 초래하게 한다. 삼각관계는 가족의 갈등을 외면하게 하고, 문제의 본질을 회피하게 만드는 중요 요인이다.

③ 세대 간 정서 전이(Multigenerational Transmission Process)

부모가 자녀에게 무의식적으로 자신의 정서적 불안, 신념, 가치관을 전이하며 이러한 패턴이 세대를 넘어 반복되는 현상이다. 가족 문제를 해결하기 위해서는 현재 세대뿐 아니라 이전 세대와의 관계를 탐색해야 한다.

예 조부모의 권위주의 → 부모의 과잉 통제 → 자녀의 자율성 억압

④ 핵가족 정서 체계(Nuclear Family Emotional System)

핵가족 내에서 불균형한 정서 교류가 형성될 경우, 가족 간 갈등, 질병, 정서적 고착이 발생할 수 있다.

(2) 다세대 가족치료의 주요 목표와 주요 기법

① 다세대 가족치료의 주요 목표

다세대 가족치료의 주요 목표는 세대 간 반복되는 감정적 패턴을 인식·해체해 가족 구성원 간 건강한 경계를 확립하는 것이다. 이를 위해 가계도(genogram)를 통해 가족 역사와 전이 과정을 시각화하고 부모·조부모 세대에서 물려받은 신념과 행동 양식을 탐색한다. 또 각 세대가 지닌 강점과 약점을 균형 있게 조명해 개인의 자아 분화를 촉진하며 정서적 융합(emotional fusion)을 완화시켜 독립적이고 상호 존중하는 관계를 구축하도록 돕는다. 궁극적으로는 가족 전체의 적응력과 회복탄력성을 강화해 세대를 초월한 긍정적 변화가 지속되도록 하는 데 초점을 맞춘다.

표 11-6 다세대 가족치료의 주요 목표

목표	설명
자아 분화 수준 향상	클라이언트가 감정에 휘둘리지 않고 스스로를 인식하고 행동할 수 있도록 돕는 것
세대 간 정서 패턴 인식	가족 내 반복되는 감정적 역할과 반응을 탐색하고 불필요한 역할에서 벗어남
삼각관계 해소 및 재조정	감정 완충 수단으로 제3자를 끌어들이는 방식에서 벗어나 정면 대면하도록 돕기
정서적 독립 촉진	부모 또는 자녀와의 과잉 융합에서 벗어나 건강한 심리적 거리를 확보
자기성찰 및 관계 성숙 도모	클라이언트가 자신의 가족 내 위치와 정서적 영향력을 통찰하고 의사소통 방식 변화 유도

② 다세대 가족치료의 주요 기법

가. 가계도 작성(Genogram)

3세대 이상의 가족 구조, 질병, 죽음, 이혼, 직업, 관계 특성을 시각화하여 정서적 관계와 반복되는 사건을 분석하여 세대 간 문제의 맥락을 이해하도록 한다.

나. 치료적 거리 조정(Detriangulation)

클라이언트가 갈등의 중심에 놓이지 않도록 정서적 거리 유지와 중립적 위치 확보를 훈련한다.

예 부모의 갈등에 자녀가 중재하지 않도록 개입

다. 코칭(Coaching)

치료자가 직접 해결책을 제시하는 대신 클라이언트가 자기성찰과 관계 재구성을 주도하도록 돕는 방식이다.

"왜 그런 말을 했는가?"보다 "그 상황에서 당신은 어떤 감정을 느꼈고 어떻게 표현했는가?"를 묻는다.

라. 분화 훈련(Differentiation Training)

감정과 사고를 분리하여 반응할 수 있는 능력을 키우는 훈련으로 일상 속 상황에서 감정적 반응을 자각하고 '생각하고 느끼는 것' 사이에 거리 두기 시도를 한다.

마. 방문 상담(Home Visits 또는 전화 상담)

과거에는 부모와 자녀 간 긴밀한 문제를 탐색하기 위해 클라이언트가 부모를 직접 만나 대화하고 기록 후 공유하는 기법을 활용했다.

③ 사회복지사의 개입 방법과 실천 전략

다세대 가족치료는 사회복지 현장에서 다음과 같은 방식으로 적용될 수 있다.

표 11-7 단계별 개입 방법과 실천 전략

단계	전략	설명
1단계	가족 구조 분석 및 사정	가계도, 생태도, 의사소통 기록지 등을 활용해 가족관계망과 세대 간 정서적 연결 구조를 시각화하여 반복되는 신념·규범을 표시하여 가족 내 자신의 위치와 영향력을 자각 유도
2단계	자기성찰과 자아 분화 훈련	감정에 이끌려 반응하는 습관을 점검하고 '감정 → 사고 → 행동'의 흐름을 분리하는 연습 실시 예 "화가 났을 때, 그 상황에서 어떤 생각이 먼저 들었나요?"와 같이 질문해 클라이언트가 자동적 사고를 인식·분석하도록 지원
3단계	삼각관계 개입	가족 내 감정적 완충 역할을 하는 구성원을 삼각 구조에서 분리하여 직접적인 갈등 해결을 유도하여 부모 간 의사소통 기술을 강화해 자녀가 부모 갈등 중재자가 되지 않도록 지도
4단계	가족과의 정서적 거리 재조정	클라이언트가 과거 가족 경험을 객관적으로 재해석하도록 돕고 현재 삶과 분리해 심리적 거리를 확보하도록 유도 예 "아버지를 두려워했던 이유가 지금의 자녀 양육 방식에 어떤 영향을 미치고 있나요?"라는 질문으로 과거 경험과 현재 행동의 연결 고리를 탐색

2) 구조적 가족치료(Structural Family Therapy)

(1) 이론적 배경과 주요 개념

살바도르 미뉴친(Salvador Minuchin)의 구조적 가족치료는 가족의 문제를 가족 구성원 간의 관계 구조에서 분석하고 구조의 재조정을 통해 가족 기능을 회복하는 것을 목적으로 한다. 그는 가족을 하나의 체계로 보고 이 체계를 구성하는 하위체계(subsystem), 경계(boundary), 위계(hierarchy)의 상태에 따라 가족의 건강성과 기능성이 결정된다고 주장하였다. 구조적 가족치료는 가족을 "고정된 틀이 아니라 지속적으로 재조정되는 역동적인 구조"로 본다. 이 구조가 균형을 이루지 못하거나 경직되면 가족 기능은 저하되고 이는 특정 가족 구성원의 행동이나 정서 문제로 표출된다.

① 가족 구조(Family Structure)

가족 구성원들이 일정한 규칙과 상호작용의 방식에 따라 연결된 조직적 틀을 의미한다. 구조는 보통 반복되는 상호작용을 통해 형성되며 가족 간 역할 · 의사소통 · 결정 방식 등을 포함한다.

② 하위체계(Subsystem)

가족 내 기능 수행을 위한 부분적 단위로 예컨대 부부 하위체계, 부모-자녀 하위체계, 형제 하위체계 등이 존재한다. 각 하위체계는 고유의 경계를 가지며 적절한 권한과 책임 분배가 중요하다.

③ 경계(Boundary)

가족 구성원 간의 접촉과 분리 정도를 결정하는 규칙을 말하며 명확한 경계는 가족 간의 건강한 독립성과 소속감을 동시에 유지하게 하지만 경직된 경계는 거리감과 소통의 단절을 초래하고 희미한 경계는 과도한 개입과 역할 혼란을 유발한다.

표 11-8 구조적 가족치료의 경계 유형 비교

유형	정의	특징	예시	개입방향
명확한 경계	하위체계 간 적절한 거리와 연결성을 유지하며, 자율성과 소속감이 균형을 이루는 상태	역할과 책임이 분명하고 의사소통이 자유롭고 정서적 안정이 높음	부모는 지도자 역할을 하고 자녀는 독립된 자기 역할을 수행하여 소통도 활발함	현 상태를 유지, 갈등 예방을 위한 감정 표현 훈련 강화
경직된 경계	하위체계 간의 심리적 · 정서적 단절이 심해 서로의 감정과 욕구에 접근이 어려운 상태	가족 간 소통 단절, 고립감, 지나친 개인주의, 위계는 강하지만 유대감은 약함	가족 구성원 각자가 자기 방에만 있고 서로 간섭하거나 감정 공유를 하지 않음	정서적 개방 촉진, 공감 훈련, 공동 활동 유도
희미한 경계	하위체계 간 구분이 약하고 서로 과도하게 개입하여 개인의 자율성이 저해되는 상태	삼각관계 빈번, 정서적 융합, 역할 혼란 발생, 부모가 자녀에게 과잉기대하거나 통제	어머니가 자녀의 모든 생활에 개입하며 자녀가 부모의 갈등을 중재함	경계 명확화 훈련, 역할 재구성, 부모 하위계계 강화

④ 위계(Hierarchy)

가족 내 권력 구조와 의사결정 권한이 분포한다고 보며 부모가 자녀보다 우위에 있어야 하고 부부 하위체계가 부모-자녀 하위체계를 지도할 수 있어야 건강한 위계가 형성된 것이다.

가족 문제는 한 사람의 병리로 보기보다는 구조적 왜곡, 경계의 흐트러짐, 하위체계의 충돌로 인해 발생한다는 점이다.

(2) 구조적 가족치료의 목표

구조적 가족치료의 최종 목표는 단순히 구성원의 문제행동을 교정하는 것이 아니라 가족 전체의 상호작용 구조를 재편성하여 가족 기능을 회복시키는 것이다. 구체적으로는 다음과 같은 목표를 설정할 수 있다.

- **비기능적인 가족 구조의 인식 및 재구성** : 상담을 통해 현재 구조를 시각화하고, 어떤 부분에서 경직 또는 왜곡되었는지 인식한다.
- **하위체계 간 경계의 명확화** : 적절한 경계를 회복하여 각 구성원이 역할을 제대로 수행할 수 있도록 돕는다.
- **역할 혼란 해소 및 권한 회복** : 부모가 자녀보다 약한 위치에 있을 때 부모 하위체계의 기능 회복을 통해 가족 내 질서를 재정립한다.
- **가족 간 의사소통 방식의 재조정** : 지시적 · 비난적 · 회피적 의사소통을 줄이고 효과적인 의사 전달 방식을 훈련한다.

(3) 구조적 가족치료의 핵심 기법

구조적 가족치료는 치료자가 가족 구조에 직접 개입하며 역동적 변화를 유도하는 것이 특징이다. 다음은 대표적인 치료 기법이다.

① 참여

치료자가 가족 내 일부로서 신뢰를 쌓고 가족 구조 안에 편입되는 과정이며 가족의 언어, 가치, 표현 방식에 조화롭게 접근하면서도 중립성을 유지해야 한다.

② 구조 사정

가족의 구조와 상호작용 패턴을 도식화하여 하위체계, 경계, 권력 구조를 시각적으로 파악한다.

③ 경계 설정

희미하거나 경직된 경계를 조정하여 적절한 심리적 거리 유지와 역할 구분이 가능하도록 돕는다.

예 자녀가 부부의 중재자 역할을 하지 않도록, 부모 하위체계의 기능을 회복시키는 작업

④ 하위체계 간 간섭 차단

가족 내에서 반복적으로 발생하는 상호작용을 상담실에서 재연하고 그 과정을 분석 · 수정한다.

⑤ 재구조화

상담자는 기존 상호작용 방식이 가족의 성장을 방해하고 있다는 점을 인식시킨 뒤 새로운 구조로의 전환을 유도한다. 가족 규칙의 변화, 역할 조정, 의사소통 방식의 전환이 포함된다.

(4) 사회복지 현장에서의 실천 적용

구조적 가족치료는 실제 사회복지 현장에서 다양한 가족 문제 해결을 위한 실천적 개입 전략으로 활용된다. 특히 아동 및 청소년 문제, 부모–자녀 간 갈등, 한부모 및 재혼 가족에서 유용하다.

- **적용 1 : 가족 구조 사정 및 개입**

  초기 상담에서는 가계도 및 구조 도표를 활용해 가족 내 상호작용을 사정한다. 가족 구성원 간 상호작용을 시연하게 하고 사회복지사는 그 장면에서 경계 흐림, 위계 문제 등을 직접 관찰한다.

- **적용 2 : 하위체계 기능 회복**

  부모가 자녀보다 낮은 권한을 갖고 있을 경우 부모 하위체계의 결속과 권위

를 강화할 수 있는 역할훈련, 권한위임 조정이 이루어진다.

- **적용 3 : 경계 재설정**

  지나치게 밀착된 부모-자녀관계에서는 적절한 심리적 거리감을 회복시키고, 개별성 유지와 독립성을 존중하는 상호작용 훈련이 실시된다.

3) 경험적 가족치료(Experiential Family Therapy)

(1) 이론적 배경과 주요 개념

버지니아 사티어(Virginia Satir)의 경험적 가족치료는 가족 구성원 개개인의 감정, 자존감, 자아 표현의 회복과 성장을 중심으로 하는 치료 접근이다.

가족 문제의 본질이 가족 구성원 간 진정성 있는 감정의 소통이 부족한 데 있다고 보았고 가족 구성원이 억압된 감정을 드러내지 못하거나 비난 · 회피 · 방어로 반응하면서 관계가 왜곡된다고 주장하였다.

경험적 가족치료는 인간을 근본적으로 성장 지향적인 존재로 보며 가족치료는 구성원 각자가 자신의 감정을 솔직하게 인식하고 표현할 수 있는 환경을 조성하는 것에서 출발한다.

① 감정 표현의 중요성

가족 내 갈등은 감정의 억압 또는 왜곡에서 비롯되며, 억눌린 감정은 행동 문제나 정서적 고통으로 나타난다. 또한 경험적 가족치료는 클라이언트에게 자신의 감정을 인식하고 안전하게 표현하도록 도우며 이를 통해 자기통찰과 관계의 회복을 촉진한다.

② 자존감(Self-esteem)

사티어는 가족 구성원의 자존감이 낮을수록 의사소통이 왜곡되고, 역할 고착이 발생한다고 보았다. 자존감은 자신의 가치와 타인의 관계에서 균형을 이루는 감정으로 건강한 가족관계의 중심이다.

③ 가족 조각(Family Sculpting)

클라이언트가 가족 구성원의 위치와 상호작용을 공간적으로 표현하는 활동으로, 내면의 관계 인식을 외적으로 형상화한다. 이는 무의식적 감정과 역할을 인식하게 하고 새로운 상호작용을 위한 토대를 제공한다.

④ 의사소통 유형(Communication Stances)

사티어는 왜곡된 의사소통 방식이 가족의 갈등을 유지시키는 핵심 요인이라고 보고 있다. 회유형 · 비난형 · 초이성형 · 산만형은 모두 자신의 불안, 두려움, 수치심을 방어하기 위한 방식이나 일치형은 자신을 숨기지 않기 때문에 방어적 태도에서 벗어나 자기이해와 성장으로 나아갈 수 있다. 또한 일치형 의사소통은 가족 내에서 숨겨진 갈등과 왜곡된 메시지를 드러내고 건강한 소통 패턴으로 전환하는 출발점이 된다.

표 11-9 방어적 의사소통 유형

유형	특징	내면 심리
회유형	"다 네가 맞아" 상대에게 맞추어 자기 의견 억제	사랑받지 못할까 봐 두려움
비난형	"다 너 때문이야" 공격적, 책임 전가	무력감, 낮은 자존감
초이성형	감정 배제 논리와 이성만 강조	감정 표현의 두려움
산만형	주제를 바꾸고 집중 회피	긴장 회피, 정체성 혼란

(2) 경험적 가족치료의 목표

경험적 가족치료는 인간의 정서적 경험과 내면의 진정성을 강조하며 가족 구성원 각자가 자신의 감정, 욕구, 자기표현을 회복하고 자율적인 존재로 성장하는 것을 치료의 핵심 목표로 한다.

① 자기표현의 회복과 정서적 해방

경험적 치료는 억압되거나 왜곡된 감정을 표출하게 함으로써 내면의 진정한 감정과 경험을 직면하고 표현하도록 돕는 것을 주요 목표로 한다. 또한 내면의 감정을 직접 경험하고 진정성 있게 표현함으로써 정서적 해방을 유도하는 데 중점을 둔다고 하였다.

② 개인의 자율성과 성장 촉진

경험적 가족치료는 가족 구성원이 각자의 '자기'를 회복하고 스스로를 독립된 존재로 성장할 수 있도록 하는 것을 목표로 한다. 이는 자율적 존재로서 자신을 인식하고 타인과 건강한 경계를 설정하도록 돕는다. 이는 개인의 정체성을 확립하고 타인의 시선이 아닌 자신의 감정과 직관에 따라 행동하도록 자율성을 회복시키는 데 초점을 둔다.

③ 가족 간 진정성 있는 의사소통 촉진

가족 간 왜곡된 의사소통을 중단하고 진정성 있는 상호작용을 가능하게 하는 것을 중요한 목표로 삼는다. 의사소통의 진정성이 회복될수록 가족 내 정서적 유대감이 증진되고 가족체계의 기능도 개선될 수 있다.

④ 가족체계 내 감정적 상호작용의 변화 유도

가족 구성원 간의 감정적 반응 양식을 변화시키고 감정적 반응에 대한 자각과 책임감을 강화하여 가족 내 역기능적 반복을 차단하고 새로운 상호작용 방식을 형성한다. 이는 감정적 반응의 책임을 자각하고 새로운 방식으로 소통할 수 있도록 변화시키는 것이 경험적 가족치료의 중요한 기능이다.

(3) 경험적 가족치료의 주요 기법

경험적 가족치료는 자기표현, 감정의 직면, 자기성장을 중심 개념으로 하며 이러한 목표를 달성하기 위해 직관적이고 상징적인 기법들을 적극 활용한다. 치료자는 감정의 흐름을 중시하며 가족 구성원이 '지금-여기(here-and-now)'의 감정을 온전히 경험하도록 돕는다.

① 정서 표현 촉진(Facilitating Emotional Expression)

가족 구성원 각자가 억눌러 온 감정(슬픔, 분노, 불안 등)을 직접적으로 표현하도록 유도한다. 이는 억제된 감정을 인식하고 표현함으로써 가족관계 내 정서적 상호작용의 회복이 가능하다.

② 역할극(Role Playing)

과거의 상처나 갈등 장면을 치료 장면에서 재연하도록 하여 감정의 직면을 유도하고 새로운 행동 반응을 학습할 수 있게 한다. 이 역할극으로 억제된 감정과 욕구를 표면화하고 새로운 관계 방식을 탐색하는 기회를 제공한다.

③ 자아 탐색 기법(Self-exploration Techniques)

내면의 '진짜 자아'(real self)를 탐색하도록 유도하는 대화를 통해 가족 구성원이 자신의 감정, 신념, 삶의 의미를 재정립할 수 있도록 돕는다.

④ 창의적 매체의 활용(Creative Techniques)

인형, 그림, 조형물, 시, 동작 등 비언어적이고 상징적인 도구를 활용하여 감정을 표현하도록 한다. 이 활용법은 억압된 감정과 무의식을 외현화하는 데 효과적이다.

⑤ 가족 재구성 작업(Family Reconstruction)

가족의 역사, 관계, 상호작용을 치료적 구조 속에서 재현하고 재해석함으로써 과거의 고정된 인식을 변화시키고 새로운 인식의 틀을 형성하게 한다.

⑥ '지금-여기'의 초점화(Focus on the Here and Now)

과거 회상보다 현재의 감정과 상호작용에 집중하도록 하며 치료실 내 즉각적인 반응을 통해 문제를 명료화하고 행동 변화를 도모한다.

(4) 사회복지 현장에서의 적용

경험적 가족치료는 특히 정서적 소통이 단절된 가족, 회유 · 비난이 반복되는 갈등 가족, 청소년 정체성 혼란, 부부 갈등 등에 효과적이다.

- **적용 1 : 감정 표현 훈련**

  사회복지사는 클라이언트가 자신의 감정을 직접적으로 인식하고 표현하도록 격려하며 감정을 말로 정리하도록 돕는다.

  "속상하다" → "나는 외면당한 느낌이 들어 속상하다"

- **적용 2 : 의사소통 유형 탐색 및 재구성**

  클라이언트에게 사티어의 의사소통 유형 표를 제공하고 자신의 평소 반응 유형을 탐색하게 하도록 지도한다. 이후 가족 구성원과 함께 역할극을 통해 새로운 의사소통을 연습한다.

- **적용 3 : 가족 조각 실습**

  실내 공간을 활용해 가족 구성원이 각자의 위치를 설정하도록 하고, 그 거리와 방향성을 통해 관계의 문제를 분석한다. 가족 조각 후 '어떤 느낌이 들었는가'를 말로 풀어내는 과정이 중요하다.

4) 전략적 가족치료(Strategic Family Therapy)

(1) 이론적 배경 및 주요 개념

전략적 가족치료는 1970년대 MRI(Mental Research Institute)와 헤일리(Jay Haley), 마들린 리치(Madeline Rich) 등에 의해 발전된 치료 접근으로 가족 내의 역기능적인 상호작용을 단기간 내에 전략적으로 개입하여 변화시키는 것을 핵심 목표로 한다. 치료자는 중립적 관찰자가 아니라 적극적 개입자이자 지시자로서 역할을 수행하고 치료 과정은 철저히 목표 지향적이며 행동 중심으로 구성되며 이론보다 실제 개입 기술을 중시한다.

전략적 가족치료는 문제는 가족체계 속에서 특정 방식으로 유지되고 있으며 그 상호작용 패턴을 변화시키면 문제도 사라질 수 있다는 전제를 가진다. 이 접근은 다음과 같은 주요 개념을 기반으로 한다.

① 상호작용 패턴

가족 간 문제가 반복적으로 발생하는 이유는 특정 행동이 가족 구성원 간의 상호 보완적 반응에 의해 강화되고 있기 때문이다.

예 자녀의 공격적 행동 → 부모의 과잉통제 → 자녀의 반항 심화 → 다시 통제 → 악순환 유지

② 문제 유지

현재의 문제는 가족 내 특정 역할이나 기대 속에서 '기능'을 하고 있으며 그 구조가 바뀌지 않으면 문제도 사라지지 않는다.

③ 증상의 기능

증상은 종종 가족 내의 갈등을 피하거나 관계를 유지하는 역할을 한다.

예 부부 갈등 상황에서 자녀의 잦은 병치레가 부부를 함께 행동하게 만드는 '무의식적 해결 전략'일 수 있다.

(2) 치료의 목표와 특징

전략적 가족치료는 가족의 기능적 변화를 위해 명확하고 구체적인 행동 변화를 목표로 하며 단기간 내에 문제 해결을 도모하는 실용적 접근이다. 이 접근은 문제의 원인보다는 현재의 유지 요인과 상호작용 패턴에 초점을 맞추고, 구체적 과제와 전략을 통해 가족체계의 구조를 변화시키는 것을 목적으로 한다.

① 문제행동의 중단

현재 가족 내에서 반복적으로 나타나는 역기능적 행동을 단기간 내에 중단시키는 것이 1차 목표이다.

② 가족 상호작용의 재구조화

고정된 역할과 권력 구조를 재편하고 새로운 상호작용 규칙을 형성하여 기능적 가족체계를 확립하는 데 중점을 둔다.

③ 증상 기능의 해체

가족 내 특정 구성원이 증상을 통해 무언의 메시지를 전달하거나 균형을 유

지하는 경우 그 증상의 기능을 해체하여 가족 내 역동을 변화시킨다.

④ 행동 변화 유도

행동의 직접적 변화를 통해 문제 해결을 추구한다. 인지나 감정보다 행동 변화에 초점을 두며 가족 간 상호작용의 반복적인 규칙을 변화시켜 증상의 소멸을 도모한다.

(3) 주요 치료 기법

전략적 가족치료에서는 특정 행동을 변화시키기 위한 기술적 개입 도구들이 풍부하게 사용된다. 다음은 대표적인 치료 기법들이다.

① 처방적 과제

가족에게 일정한 행동을 처방하고 수행하게 하여 기존 상호작용 패턴을 변화시킨다.

예 부모에게 “일주일에 두 번 자녀의 말에 5분간 아무 말 없이 경청하기”를 과제로 부여한다.

② 역설적 개입

문제를 유지하게 하는 행동을 오히려 처방하거나 과장함으로써 클라이언트가 그 행동을 자발적으로 중단하게 유도하는 기법이다.

예 늦잠이 심한 자녀에게 “내일부터 학교에 가지 말고, 점심 때까지 실컷 자라”고 지시 → 반항적 태도가 약화됨

③ 재명명

문제행동을 긍정적인 의미나 새로운 시각으로 전환시켜 가족의 반응을 변화시킨다.

예 “아이가 자주 떼쓰는 것은 부모의 관심을 받고 싶어서 그런 걸 수도 있어요.”

④ 순서 바꾸기

행동의 발생 순서를 의도적으로 조정하거나 끊어 새로운 결과를 유도할 때

사용한다.

예 부모가 자녀를 통제하기 전 자녀에게 스스로 계획을 말하도록 유도

⑤ 행동 실험

특정 행동을 실제로 수행해 보고 그 결과를 관찰함으로써 행동의 새로운 가능성을 인식하게 된다.

예 평소 갈등이 심한 가족에게 하루 10분간 서로 칭찬만 주고받기

(4) 실천 적용 및 사회복지사의 역할

전략적 가족치료는 아동·청소년 문제, 부부 갈등, 부모의 양육 행동 변화 등에서 효과적이며 사회복지실천에서는 다음과 같은 방식으로 적용된다.

- **적용 1 : 구조 분석 및 반복 패턴 사정**

  초기 면접에서 문제가 유지되는 반복적 상호작용 구조를 명확히 분석한다. 사회복지사는 문제를 개인의 내면보다는 행동과 관계의 순환 구조로 이해한다.

- **적용 2 : 명확한 목표 설정과 단기 계획 수립**

  "자녀가 아침에 학교에 제시간에 가게 하기", "부부간 하루 한 번 이상 웃으며 대화하기" 등 구체적 행동 목표를 설정한다. 치료자는 회기마다 간단한 과제 제시 및 점검을 반복하며 변화를 유도하도록 한다.

- **적용 3 : 과제 처방과 실행 점검**

  가족에게 과제를 부여하고 다음 회기에서 성공 여부 및 반응을 평가하여 개입 조절한다. 실패 시 비난보다 패턴 유지 요인에 대한 재해석과 조정 중심으로 접근하는 방식이다.

4) 대안적 가족치료 접근

(1) 가족 옹호(Family Advocacy)

① 가족 옹호의 개념

'가족 옹호'란 사회적 · 경제적 약자로서 사회적 차별, 불이익, 배제를 경험하는 가족 또는 가족 유형을 위해 사회복지사가 제도, 정책, 여론, 실천 현장에서 대변하고 개입하는 활동을 의미한다. 특히 한부모 가정, 다문화 가정, 장애인 가족, 조손 가족, 성소수자 가족, 탈북자 가족 등과 같이 제도적으로 취약한 위치에 있는 가족들에게 반드시 필요한 개입 전략이며 사회복지사는 가족 옹호의 전문적 실천자이자 정책적 개입자로서 중요한 역할을 수행하게 된다.

② 가족 옹호가 필요한 사회적 맥락

우리 사회에서 가족의 형태는 빠르게 변화하고 있으며 가족이 직면하는 위기 또한 다양해지고 있다. 다음은 대표적인 가족 옹호가 요구되는 사회적 상황이다.

가. 가족 형태의 다양화와 제도 미비

1인 가족, 비혼 동거 가족, 이주 · 다문화 가족, 조손 가족 등의 증가에도 불구하고 전통적 핵가족 중심의 복지제도는 이들을 충분히 포괄하지 못하고 있다. 가족 개념의 사회적 재정의가 요구되며 형식이 아닌 기능 중심의 가족 인정이 필요하다.

나. 정책적 배제 및 불평등

일부 가족 유형은 공적 부조, 주거 지원, 돌봄 서비스 등에서 제도적 배제를 경험하고 있다.

예 외국 국적의 가족원은 양육수당 · 건강보험의 적용에서 배제되는 경우가 많음

다. 가족 구성원 간 돌봄 부담의 불균형

고령화와 장애의 증가로 인해 특정 가족 구성원, 특히 여성, 조부모, 형제자매가 과도한 돌봄 책임을 떠안는 현실은 인권적 문제로 대두되고 있다.

라. 가족에 대한 사회적 낙인과 편견

비전형적 가족(한부모, 성소수자, 미혼부모 등)에 대한 사회적 편견과 차별은 가족 전체의 정신건강과 사회 참여를 위축시킨다. 옹호는 개인이 아니라 사회 구조의 문제를 드러내고 개선하는 방향이어야 한다.

③ 사회복지사의 옹호 역할

사회복지사는 가족 옹호를 위한 중재자, 대변인, 조직자, 정책참여자로서 다음과 같은 실천 역할을 수행한다.

표 11-10 사회복지사의 옹호 역할

역할	설명
정보 제공자	가족에게 권리, 이용 가능한 자원, 제도적 절차에 대한 정확한 정보를 제공하고 다양한 선택지에 대한 이해를 돕는다.
중재자 및 대리인	공공기관 또는 복지 서비스 제공자와의 갈등 상황에서 가족의 입장을 조율·대변하며, 원활한 서비스 이용을 지원한다.
캠페인 기획자	커뮤니티 캠페인, SNS 콘텐츠 제작, 지역 언론 활용 등을 기획·실행하여 가족에 대한 사회적 인식 개선과 지지 기반 확충을 도모한다.
정책 참여자	지역사회 및 중앙정부의 가족 관련 정책 수립 과정에 참여하여 의견을 제시하고, 시민단체·전문단체와 연대해 제도 개선 활동을 추진한다.
당사자 조직화자	가족 당사자가 자조모임, 네트워크, 옹호 리더십 프로그램 등을 통해 스스로 권리를 주장하고 목소리를 낼 수 있도록 조직화하며 역량을 강화한다.

(2) 이야기 치료(Narrative Therapy)

① 이론적 배경 및 주요 개념

이야기 치료는 1980년대 후반에 이르러 화이트(Michael White)와 앱스톤(David Epston)이 발전시킨 치료 접근으로 포스트모더니즘(postmodernism)과 사회구성주의(social constructionism)이론에 근거한다.

이야기 치료는 클라이언트가 자신의 문제를 다른 방식으로 해석하고 자신이 바라는 방향으로 삶의 이야기를 재구성할 수 있도록 돕는 치료적 협업을 지향한다.

② 이야기 치료의 주요 치료 기법

이야기 치료는 클라이언트의 삶을 구성하는 문제 이야기에서 벗어나 새로운 정체성과 가능성을 드러내는 대안 이야기를 함께 발견하고 만들어가는 언어 중심의 치료 접근이다. 이를 위해 이야기 치료자는 다음과 같은 치료 기법을 통합적으로 활용한다.

가. 문제의 외재화

이야기 치료의 핵심 기법으로 문제를 개인의 성격이나 본질로 내면화하지 않고, 문제는 사람과 별개의 외부 대상으로 표현하는 방식이다.

나. 탈구조화 질문

탈구조화 질문은 클라이언트가 기존에 고정적으로 믿고 있던 문제 이야기나 자신에 대한 정의를 재검토하게 만드는 대화 전략이다.

다. 삶의 줄거리 재저작

'삶을 다시 이야기한다'는 의미의 재저작은 클라이언트가 경험한 사건들의 의미를 새롭게 구성하고 다른 해석을 통해 대안적 자기를 형성하도록 돕는 과정이다.

라. 독특한 결과 탐색

이야기 치료에서는 문제의 이야기 안에서도 그 이야기의 흐름에 맞지 않는 행동, 감정, 사건을 '독특한 결과'로 본다.

마. 증언 초대와 마침의식

이야기 치료에서는 새로운 이야기를 구성한 클라이언트가 그 이야기를 소중하게 여길 수 있도록 다른 사람과의 공유와 인정 과정을 중요시한다.

바. 메타포와 상징적 언어의 활용

이야기 치료는 직접적인 감정보다는 상징, 비유, 은유적 언어를 통해 클라이언트가 자신의 내면을 안전하게 표현할 수 있도록 돕는다.

4. 가족 대상 사회복지실천기술

가족 대상 단계별 사회복지실천기술은 가족과의 전문적 개입 과정을 준비, 초기, 사정, 개입, 종결 및 평가 단계로 구분하여 체계적으로 실천하는 접근 방식이다. 각 단계는 가족의 변화 욕구와 상황에 맞추어 신뢰 형성, 정보 수집, 문제해결, 자원 연계, 실천 평가 등을 수행하며 효과적인 개입과 지속 가능한 변화 유도를 목표로 한다.

1) 준비 단계

- 사회복지사는 기관의 서비스 목적, 가족의 기본 정보, 예상 문제 등을 사전에 검토하며 개입 계획의 기초를 마련한다.
- 가족의 문화적 배경, 긴급성, 구성원 특성 등을 고려해 접근 방식을 조율한다.

2) 초기 단계

- 가족 구성원과의 신뢰 관계 형성을 통해 상담에 대한 동기를 높이고 참여를 유도한다.
- 실천의 목적, 사회복지사의 역할, 비밀보장 범위 등을 명확히 안내하며 협력적 관계를 구축한다.

3) 사정 단계

- 가계도, 생태도, 의사소통 유형 분석 등을 활용하여 가족의 구조, 상호작용, 기능, 강점과 욕구를 다각도로 파악한다.
- 가족체계 내의 문제 발생 원인과 변화 가능성을 객관적으로 분석한다.

4) 개입 단계

- 설정된 목표에 따라 가족의 역동성과 특성에 적합한 개입 전략(예 문제 해결 훈련, 의사소통 재조정, 지지 제공 등)을 실행한다.
- 개입 과정에서는 변화에 대한 저항을 다루고 구성원 간 협력을 증진시키는 기술이 사용된다.

5) 종결 및 평가 단계

- 실천 목표 달성 정도를 함께 검토하며 가족의 변화와 성장을 평가한다.
- 필요한 경우 외부 자원을 연계하고, 추후 재발 방지를 위한 대처 전략을 마련한 뒤 원만하게 관계를 종결한다.

표 11-11 가족 대상 단계별 실천기술 요약

	단계	목표	역할
1	준비 단계	가족 문제 파악 및 개입 계획	자료수집자, 설계자
2	초기 단계	신뢰 형성, 실천 목적 공유, 참여	관계형성자, 안내자
3	사정 단계	가족 구조 및 상호작용 사정, 문제 원인	사정자, 분석자
4	개입 단계	문제 해결을 위한 개입 전략 실행 및 협력	개입자, 조정자, 변화촉진자
5	종결 단계	실천 마무리 및 변화	종결조력자, 통합자
6	평가 단계	변화 평가 및 향후 실천 방향	평가자, 반성적 실천가, 보고자

6) 적용 사례

(1) 정서적 소외를 겪는 노년기 부부 사례

사 례

최 씨 부부(남편 72세, 아내 70세)는 결혼 40년 차로 두 자녀는 모두 출가하여 현재는 부부만 함께 생활하고 있다. 남편은 은퇴 이후 외부 활동을 주로 하며 TV 시청에 많은 시간을 보내고 아내는 가사와 손주 돌봄에 집중해 왔다. 아내는 최근 남편과의 대화 단절과 정서적 소외를 호소하며 노인복지관 상담 프로그램에 참여하게 되었다. 남편은 처음에는 상담 참여에 소극적인 태도를 보였으나 관계 회복의 필요성에 공감하면서 부부상담에 함께하게 되었다.

1. 준비 단계

사회복지사는 복지관 접수 기록과 아내의 초기 상담 내용을 검토하고 노년기 부부의 의사소통 특성과 정서적 민감성을 고려하여 면접 환경을 조성하였다. 특히 고령자를 배려한 언어 표현과 속도, 대화 방식 등을 사전에 준비하였다.

2. 초기 단계

상담 초기에는 부부 모두 다소 경직된 모습을 보였으나 사회복지사는 "두 분이 오랜 시간 함께하신 만큼 말하지 못했던 소중한 마음이 있을 수 있습니다"라고 말하며 신뢰를 형성하고 상담의 목적을 '서로 이해하고 소통을 회복하는 것'으로 명확히 안내하였다.

3. 사정 단계

사회복지사는 대화 재현과 감정 표현 도구를 활용하여 부부 간 정서적 거리와 의사소통 양상을 사정하였다. 아내는 "하루 종일 말 한마디 없이 지나갈 때가 많다"며 외로움을 호소했고, 남편은 "괜히 말 꺼내면 다툴까 봐 피하게 된다"고 응답하였다. 부부 모두 배우자에 대한 애정은 유지하고 있으나 일상 속 상호 기대와 소통 방식의 차이가 주요 갈등 요인으로 드러났다.

4. 개입 단계

사회복지사는 부부의 정서적 교류를 촉진하기 위해 '부부 회상 활동(과거의 긍정적 경험 공유)'과 '일상 속 소통 과제(오늘 있었던 일 중 즐거웠던 일 나누기)'를 제안하였다. 또한 감정을 직접 표현하는 훈련으로 "혼자 있는 기분이에요"와 같은 표현을 이끌어 내고 남편에게는 "그럴 줄 몰랐네. 당신 기분이 그랬다면 내 말투도 생각해 볼게"라는 반응을 자연스럽게 유도하였다. 이를 통해 부부는 과거의 애정과 신뢰를 상기하고 소소한 일상 대화를 회복해 나가기 시작하였다.

5. 종결 및 평가 단계

총 5회기 상담 이후 남편은 "요즘은 대화가 자연스러워지고 외출도 같이 하게 됐다"고 말했고 아내는 "예전처럼 같이 웃을 일이 생겨서 좋다"고 변화된 관계를 표현하였다. 종결 회기에서는 향후 관계 유지를 위한 소통 전략과 정기 활동 계획을 세우고 복지관 부부 문화 프로그램에 연계하였다.

이 사례는 노년기 부부가 경험하는 정서적 소외와 의사소통 단절 문제에 대해 가족상담이 어떻게 긍정적인 변화를 이끌어 낼 수 있는지를 보여 준다.

(2) 중학생 자녀의 학교 부적응 문제에 대한 개입 사례

사 례

김 씨 가족은 아버지(45세), 어머니(43세), 중학교 2학년 아들(14세)로 구성된 핵가족이다. 최근 자녀는 학교 생활에 반복적인 결석, 친구와의 잦은 갈등, 학업 태도 저하 등의 문제를 보이고 있으며 담임교사의 권유로 지역복지관의 가족 상담 프로그램에 연계되었다. 부모는 "집에서는 말도 잘 안 하고 스마트폰만 본다"며 자녀의 변화된 모습에 당황하고 있으며 자녀 또한 "부모가 자신을 이해하지 못한다"고 표현하는 등 정서적 단절이 나타나고 있다.

1. 준비 단계

사회복지사는 학교 측으로부터 자녀의 출결 및 행동 특성을 확인하고, 부모와의 사전 전화상담을 통해 가족의 기대와 상담 목적을 파악하였다. 또한 청소년의 정서 표현이 위축되기 쉬운 점을 고려하여 비난이나 평가 없이 자유롭게 이야기할 수 있는 분위기를 조성하였다.

2. 초기 단계

첫 면담에서는 "이 시간은 서로를 좀 더 잘 이해하기 위한 대화의 기회입니다"라는 안내로 상담의 목표와 방식에 대한 동의를 얻었다. 부모는 아들의 행동에 대한 걱정을 털어놓았고 자녀는 말없이 고개만 끄덕이며 경계적인 태도를 보였다. 사회복지사는 부모에게는 아들의 감정 표현 방식을 이해하도록 돕고 자녀에게는 "여기서는 누구의 잘못을 따지는 게 아니라 네 마음을 듣는 게 중요해"라고 설명하여 상담에 대한 심리적 안전감을 형성하였다.

3. 사정 단계

사회복지사는 가계도와 생태도를 통해 가족 내 역할과 의사소통 방식을 시각화하였다. 분석 결과 아버지는 대부분의 시간에 일을 하며 자녀와의 접촉 시간이 적고 어머니는 자녀의 생활을 지나치게 통제하려는 경향이 있었다. 자녀는 부모 모두와 소통을 꺼려하고 있었으며 친구 관계에서의 갈등과 성적에 대한 스트레스를 동시에 겪고 있었다. 특히 부모의 기대와 자녀의 현실 사이의 차이가 정서적 위축과 행동 문제로 연결된 것으로 파악되었다.

4. 개입 단계

사회복지사는 부모에게 자녀의 감정을 인정하고 수용하는 '경청 기술'과 "너는 왜 그래?"가 아닌 "엄마는 네가 힘들어 보여서 걱정돼"와 같은 'I-message' 의사소통 방법을 교육하였다. 자녀에게는 자신을 표현하는 데 도움이 되는 감정카드와 긍정일기 작성 활동을 도입하였다. 또한 가족 전체가 함께 참여하는 '하루 중 가장 좋았던 순간 나누기' 활동을 제안하여 일상 속 상호 이해를 확장하였다. 이 과정에서 부모는 자녀가 학교에서 겪는 실제 어려움을 처음으로 듣게 되었고 자녀 또한 "부모가 내 말도 들어줄 수 있구나"라는 인식을 갖게 되었다.

5. 종결 및 평가 단계

5회기 이후 자녀는 학교 출석률이 높아졌고 담임교사는 "수업 중 집중력이 눈에 띄게 좋아졌다"고 평가하였다. 부모는 "이전보다 감정적으로 다가가는 법을 배우고 있다"고 소회를 전했다. 종결 회기에서는 가족 모두가 각자의 변화와 앞으로의 약속을 공유하였고 사회복지사는 가족이 지속적으로 참여할 수 있는 지역 청소년 부모교육 프로그램을 연계하여 상담을 마무리하였다.

이 사례는 중학생 자녀의 학교 부적응 문제를 가정 내 상호작용의 문제로 접근하여 가족상담을 통해 정서적 이해와 의사소통 방식의 전환을 유도한 사례이다.

(3) 관계 갈등을 겪는 중년 부부 사례

사 례

박 씨 부부는 결혼 18년 차(남편 52세, 아내 49세)로 두 자녀는 대학 진학 이후 독립하여 현재는 부부만 거주 중이다. 자녀 양육과 직장생활에 집중해 오던 시기를 지나 최근 몇 년간 서로의 생활에 무관심해지고 대화가 단절되면서 정서적 거리감이 커졌다. 아내는 "같이 살고는 있지만, 마음은 따로 있는 것 같다"고 호소하였고 남편은 "별문제는 없지만 말하면 잔소리가 돌아올 것 같아 말하지 않게 된다"고 응답하였다. 관계 회복을 원하는 아내의 신청으로 복지관 가족상담 프로그램에 참여하게 되었다.

1. 준비 단계

사회복지사는 아내와의 초기 접수 면담을 통해 부부의 상호관계 및 정서적 문제의 배경을 파악하였고 남편에게도 개별 전화를 통해 참여의 필요성과 기대를 확인하였다. 중년기 부부의 특성과 정서 민감도를 고려하여 평가받는 느낌 없이 서로를 이해하는 대화 중심의 상담 방식임을 사전 설명하였다.

2. 초기 단계

면담 초반 사회복지사는 "많은 부부가 자녀가 독립한 이후 다시 서로를 알아가는 시간을 가지게 됩니다"라는 설명으로 상담의 목적을 명확히 하였다. 부부가 상담에 참여한 것 자체가 관계 회복을 위한 첫걸음임을 강조하며 각자의 기대와 어려움을 표현할 수 있는 환경을 조성하였다. 남편은 여전히 말수가 적었지만 사회복지사의 중립적 태도와 공감적 경청에 서서히 반응하였다.

3. 사정 단계

가계도와 부부 상호 기대도표를 활용하여 부부 간 관계 변화를 시각화하고 과거-현재의 정서적 거리감을 확인하였다. 사정 결과 아내는 '정서적 유대감 결여'를, 남편은 '갈등 회피' 성향을 보여 주었으며 부부 모두 일상 속 대화 부족과 애정 표현의 감소를 갈등의 핵심 요인으로 인식하고 있었다. 특히 아내는 감정 표현을 통해 관계를 회복하고자 했으나 남편은 오히려 그 과정에서 피로함을 느끼는 상반된 반응을 보이고 있었다.

4. 개입 단계

사회복지사는 사티어 모델을 기반으로 부부가 자신의 감정을 직접 표현하고, 상대의 감정을 비판 없이 수용하는 훈련을 진행하였다. 감정 언어카드, 정서 반응 체크리스트 등을 활용해 평소 표현하지 못한 감정과 기대를 구체적으로 나누도록 도왔다. 또한 "당신은 왜 그렇게 말했어?" 대신 "내가 그렇게 느꼈어"라는 'I-message' 기법을 중심으로 갈등 상황에서의 반응을 재구성하였다.

<예시>
아내 : "밖에서 들어오면 아무 말도 없고, 냉담해요."
→ "당신이 조용히 들어올 때 나는 무시당하는 느낌이 들고 속상했어요."
이와 더불어 부부가 매주 한 번 함께 산책하며 '오늘 있었던 일 중 고마운 일 한 가지'를 나누는 과제를 실천하였다.

5. 종결 및 평가 단계

5회기 이후 남편은 "예전에는 아내 말을 들으면 지적받는 느낌이었는데 지금은 그냥 들어주는 연습을 하고 있다"고 말하며 긍정적 변화를 인식하였다. 아내는 "남편이 진심으로 고개를 끄덕여 줄 때 예전 감정이 되살아나는 것 같다"고 표현하였다.
종결 회기에서는 부부가 상호 간 느낀 변화와 감사의 표현을 주고받으며 앞으로의 관계 유지 방법과 감정 나누기 활동을 지속해 나가기로 약속하였다. 복지관의 부부문화 활동 프로그램에도 함께 등록하며 종결하였다.

이 사례는 자녀 독립 이후 중년기 부부가 경험하는 정서적 거리감과 소통 단절의 문제를 중심으로 가족상담이 어떻게 정서 공유와 관계 재구성을 통한 긍정적 변화를 이끌 수 있는지를 보여 준다.

CHAPTER 12

집단 대상 사회복지실천이론

개 요

이 장에서는 사회복지실천에서 집단을 대상으로 한 다양한 이론적 접근을 소개한다. 집단은 개인의 행동과 감정, 태도에 영향을 주는 역동적 장이며 실천 현장에서 효과적인 개입을 위해 이론적 기반이 필수적이다. 이 장에서는 정신역동이론, 인지행동이론, 인본주의이론, 체계이론 등 주요 이론의 개념, 집단 내 적용 방식, 실천적 함의를 설명하고 사회복지사의 전문적 개입 전략을 제시한다. 이를 통해 학생들은 이론을 실제 집단 실천에 연결하여 활용할 수 있는 능력을 기르게 된다.

학습목표

1. 집단의 개념과 유형 및 사회복지실천에서의 의의를 이해할 수 있다.
2. 주요 집단이론의 관점과 사회복지실천에의 적용 방식을 설명할 수 있다.
3. 집단실천에서 이론적 이해를 바탕으로 적절한 개입 전략을 구상할 수 있다.

1. 집단실천기술의 개념과 의의

집단은 사회복지실천의 주요 대상 중 하나로 공동의 목적을 가지고 상호작용하는 구성원들 간 인간관계의 기본 단위이다. 집단은 단순하게 여러 사람이 모여 있는 물리적 집합체를 의미하지 않는 것이며 구성원들 간에 일정한 수준의 상호작용과 상호의존성이 존재할 때 사회복지실천에서 다루는 집단으로 간주된다.

집단의 형태는 일차적 정보 전달을 넘어서 정서적 지지와 행동 변화, 사회적 기술 습득을 위한 연결의 장으로 작용한다.

목적과 구성 방식에 따라 집단의 형태는 여러 가지로 구분된다. 사회복지실천에서 가장 대표적인 집단 유형으로는 치료집단, 과업집단, 교육집단, 자조집단 등이 있으며 각 집단은 목적과 구조, 운영 방식에서 차이를 보인다.

1) 집단의 유형

(1) 치료집단(Therapy Group)

심리적 · 정서적 문제를 가진 구성원의 내면 변화와 회복을 목적으로 하는 집단으로 정서적 통찰, 자기이해, 행동 변화 등을 도모하며 정신건강 영역이나 중독, 외상 회복 등에서 빈번히 활용된다. 상호 지지와 치료자의 전문적 개입이 핵심 요소로 작용한다.

(2) 교육집단(Educational Group)

구성원에게 지식, 정보, 기술을 제공하는 데 목적이 있다. 양육 기술 향상을 위한 부모교육 집단, 자산 형성을 위한 재무교육 집단 등이 해당한다. 이러한 집단은 사전에 구조화된 커리큘럼과 일정한 일정에 따라 계획을 갖는 경우가 많으며 지식 전달 외에도 태도 변화나 자기효능감 향상을 기대할 수 있다.

(3) 지지집단(Support Group)

공통의 문제나 경험을 지닌 사람들 간의 정서적 지지를 주된 목표로 하는 집단이다. 사회복지사는 중립적 촉진자 역할을 하며 집단 구성원 간 안전한 분위기 조성에 중점을 둔다.

(4) 과업집단(Task Group)

특정 과업을 달성하거나 문제를 해결하기 위한 실무 중심의 집단이다. 사례회의, 정책개발위원회, 자원 연계 회의 등이 해당된다. 이 집단은 명확한 목표 설정, 역할 분담, 의사결정 과정의 투명성 등이 중요하며 구성원 간 협력과 연대 책임성이 강조된다.

(5) 자조집단(Self-help Group)

집단의 특징은 비전문가 중심으로 구성되며 구성원 스스로가 주체가 되어 상호 지지와 문제 해결을 도모해야 한다. 익명성과 자발성이 특징이다. 사회복지사는 초기 단계에서 조직화를 지원하고 이후에는 자율적으로 운영될 수 있도록 독려한다.

(6) 사회행동집단(Social Action Group)

사회적 불평등이나 부정의를 경험한 집단이 정책 개선, 인식 제고, 권리 옹호를 목표로 결집하는 형태이다. 예를 들어 장애인 인권운동, 지역주민 환경보호 운동 등이 이에 해당하며 집단 구성원은 공동의 목표를 위해 외부와 적극적으로 소통하고 행동하는 각각의 주체가 된다.

2) 집단 리더의 중요성과 리더의 유형

집단 리더는 집단의 구조를 유지하고 상호작용을 촉진하는 핵심 역할을 수행한다. 리더는 집단의 생산성과 치료적 효과를 좌우하는 주요 변수이며 단순한 진행자가 아닌 집단 내 역동을 이해하고 전략적으로 개입할 수 있는 전문적 촉진자이다.

리더가 집단을 이끄는 방식에 따라 분류되며, 대표적으로 권위적, 민주적, 자유방임적, 상황적 리더의 유형이 존재한다.

(1) 권위적 리더십

집단의 규칙과 활동을 일방적으로 결정하고 통제하는 방식으로 리더십은 위기 상황이나 구조가 불분명한 초기 단계에서 명확한 방향성과 안정감을 제공하는 데 유용하다. 그러나 장기적으로는 구성원의 자율성과 참여도를 제한할 수 있다.

(2) 민주적 리더십

구성원의 참여를 적극적으로 유도하고 의사결정 과정에 집단원을 포괄하는 방식이다. 상호 존중과 협력, 공동 책임을 강조하며 민주적 리더는 경청과 조정 능력을 바탕으로 치료적 집단이나 교육집단 등에서 가장 바람직한 유형으로 간주되며, 집단의 잠재력을 극대화한다.

(3) 자유방임적 리더십

리더의 개입을 최소화하고 구성원에게 자율적 운영을 맡기는 방식이다. 성숙한 집단이나 자조집단에서는 자율성과 자기주도성을 강화할 수 있으나 초기 단계나 위기 상황에서는 방향 상실과 혼란을 초래할 위험이 있다.

(4) 상황적 리더십

전통적인 리더십이 아닌 방식으로 이는 집단의 발달 단계, 구성원의 특성, 과업의 성격 등을 고려하여 리더십 유형을 유연하게 조정하는 방식이다. 집단이 진행됨에 따라 초기에는 구조적 리더십이, 중기에는 민주적 리더십이, 말기에는 점진적 권한 이양이 요구될 수 있다.

3) 집단 실천의 윤리적 고려사항

집단 사회복지실천은 다양한 구성원이 상호작용하는 집단의 구조적 특성을 지니며 집단원 간의 관계, 비밀유지, 권력의 비대칭성 등으로 인해 개별 사례보다 복잡한 윤리적 쟁점을 동반할 수 있다. 이러한 윤리적 특수성을 인식하고 전문적인 판단 기준과 윤리강령에 따라 실천을 수행해야 한다. 실천적 윤리적 고려사항은 다음과 같은 영역으로 정리될 수 있다.

(1) 자발적 참여와 자기결정권

집단 참여는 어디까지나 자발성에 기반해야 하며 구성원이 충분한 정보를 바탕으로 참여 여부를 선택할 수 있도록 해야 한다. 사전 동의 과정은 사전에 집단의 목적, 기대되는 역할, 집단 규칙, 중단 가능성 등이 설명되어야 하며 필수적으로 이뤄져야 한다. 특히 치료적 집단에서는 구성원의 자기결정권이 제한되지 않도록 리더가 지속적으로 점검할 필요가 있다.

(2) 비밀보장과 개인정보 보호

집단의 특성상 구성원 간에 민감한 정보가 공유될 가능성이 높기 때문에 비밀보장은 가장 중요한 윤리적 원칙 중 하나로 간주된다. 집단을 시작할 때 사회복지사는 반드시 비밀 유지의 원칙과 한계를 고지하고 구성원 모두가 이를 이해하고 동의하도록 해야 한다. 그러나 아동학대, 자살 위험, 타인에 대한 위해 가능성 등 법적 예외 상황에 대해서는 사전에 고지해야 한다.

(3) 권력의 균형과 리더의 책임성

집단 리더는 집단 내 권력 구조에서 우위에 있는 위치에 있으며 이로 인해 영향력 남용, 편애, 통제 강화 등의 윤리적 문제가 발생할 수 있다. 리더의 가치관을 강요하는 행위는 윤리적 위반으로 간주되며 특정 구성원에게 불필요한 낙인을 부여하지 말아야 한다.

(4) 다양성 존중과 차별 금지

집단은 다양한 정체성을 지닌 성별, 연령, 종교, 장애, 성적 지향, 사회경제적 배경 등의 사람들로 구성된다. 리더 자신 또한 무의식적 편견을 경계하고 포괄적이고 안전한 집단 분위기를 조성할 책임이 있다.

(5) 경계 설정과 이중관계 회피

사회복지사는 이중관계(dual relationships)를 피해야 한다. 예를 들어 실습지도자와 학생 간, 지역사회 프로그램 운영자와 클라이언트 간의 집단 구성은 윤리적 충돌 가능성이 있으므로 역할 간 경계에 대한 명확한 설정과 사전 조정이 필요하다. 또한 집단 종료 후에도 개인적 친분관계나 사적 만남은 신중히 다뤄야 한다.

(6) 집단 종결에 대한 윤리

집단의 종결은 구성원에게 심리적 충격이나 상실감을 유발할 수 있으므로 리더는 계획적이고 예측 가능한 방식으로 종결을 준비해야 한다.

4) 집단 발달 단계

집단은 단일한 고정체가 아니라 시간의 흐름에 따라 변화하고 성장하는 역동적인 존재이다. 대표적인 집단 발달모델로서 터크만(Bruce W. Tuckman)은 집단이 형성되고 기능해 나가는 과정을 5단계로 구조화하였다. 각 단계는 집단 구성원 간의 상호작용, 역할 형성, 갈등과 규범의 조정, 목표 수행, 그리고 종결을 중심으로 순환적으로 전개된다. 이 이론은 이후 사회복지실천 현장에서 발달단계별 개입 전략과 윤리적 고려사항을 정립하는 데 기초 이론으로 활용되고 있다.

(1) 형성 단계(Forming)

구성원이 처음으로 만나는 단계로 집단의 목표, 구조, 기대, 규칙 등을 탐색한다. 구성원은 자신과 타인의 역할을 관찰하며, 긴장감과 조심스러운 태도가 주를 이룬다.

- **실천기술** : 자기소개 활동, 참여 규칙 안내, 아이스브레이킹 활동, 초기 관계 촉진 기술 활용.

(2) 격동 단계(Storming)

집단 내 갈등과 저항이 표출되며 권력 투쟁, 역할 충돌, 소집단 형성 등의 역동이 나타난다. 구성원은 자신의 위치와 영향력을 확인하려 하며 리더에 대한 도전도 발생할 수 있다.

- **실천기술** : 갈등 중재, 적극적 경청, 감정 명료화, 규칙 재확인, 소외 구성원 통합 기술.

(3) 규범화 단계(Norming)

집단 내 신뢰와 협력, 규범과 역할의 수용이 강화되는 시기이다. 구성원 간 상호 존중이 자리 잡고 집단 목표를 중심으로 결속력이 높아진다.

- **실천기술** : 소그룹 활동, 역할 강화, 협력 유도 과제, 긍정적 피드백 기술 활용.

(4) 성과 단계(Performing)

집단이 높은 수준의 조직력과 자율성을 바탕으로 목표 달성을 위한 과업에 몰두하는 시기이다. 상호 신뢰와 책임감이 내면화되며 집단은 생산적 기능을 수행한다.

- **실천기술** : 해결 중심 기법, 과업 성과 강화, 자기평가 및 피드백 기술, 사회적 기술 훈련.

(5) 종결 단계(Adjourning)

집단 활동을 종료하고 이탈을 준비하는 단계이다. 구성원은 변화에 대한 평가와 감정 정리를 수행하며 이별에 따른 상실감이 나타날 수 있다.

- **실천기술** : 종결 회기 구성, 감사 표현, 평가서 작성, 자원 연계 안내.

2. 집단이론의 이해

사회복지실천에서 집단을 이해하고 개입하기 위해서는 이론적 기반이 필수적이다. 집단이론은 집단 내 인간 행동의 역동과 상호작용 과정을 설명하며, 실천 현장에서의 개입 방향과 전략을 정립하는 데 이론적 토대를 제공한다. 특히 집단의 형성과 유지, 갈등과 응집, 리더십, 규범 형성 등은 다양한 이론 틀을 통해 분석될 수 있으며, 각 이론은 사회복지실천 목표에 따라 선택적이고 필요에 의해 적용된다.

1) 체계이론(Systems Theory)

체계이론은 집단을 하나의 열린 체계(open system)로 간주하며 집단 구성원 간의 상호작용과 외부 환경과의 교류 과정을 통해 전체적인 균형과 조화를 유지하고자 하는 구조로 설명한다. 이 이론의 주요 이론가는 베르탈란피(Karl Ludwig von Bertalanffy)와 파슨스(Talcott Parsons)로 집단 내에 존재하는 다양한 하위체계들이 서로 영향을 주고받으며 전체 체계의 항상성을 유지한다고 보았다.

표 12-1 체계이론의 주요 개념

구성 요소	정의
투입(Input)	집단 외부로부터 유입되는 자원, 조건, 영향 요소
처리(Throughput)	집단 내부에서 이루어지는 상호작용과 변화 과정
산출(Output)	집단이 처리 과정을 통해 만들어 내는 결과물

2) 장이론(Field Theory)

레윈(Kurt Lewin)의 장이론은 개인의 행동이 그가 속한 심리적 환경(='장', field)에 의해 결정된다고 본다. 핵심 구성 요소로는 역할, 규범, 지위, 그리고 이들 사이의 긴장과 균형이 포함된다.

집단 실천에서는 집단 '장'의 역동을 파악하여 구성원 간 긴장, 역할 혼란, 하위집단 형성, 갈등 조정이나 구조 재설계를 위한 유용한 이론적 시사점을 제공한다.

표 12-2 장이론의 주요 개념

구성 요소	정의
역할(Role)	집단 내에서 구성원이 기대받는 기능이나 행동 양식
규범(Norm)	집단 내에서 공유되며 암묵적으로 작동하는 행동 기준과 기대 수준
지위(Status)	집단 내 구성원이 가지는 상징적 위치나 영향력, 다른 구성원에 의해 인식되는 위계적 수준

3) 사회학습이론(Social Learning Theory)

반두라(Bandura)의 사회학습이론은 인간이 관찰과 모방을 통해 행동을 학습한다는 전제에 기초한다. 집단은 모델링, 강화, 피드백이라는 사회학습 기제를 가장 풍부하게 제공하는 환경이다. 의사소통 기술 향상을 위한 청소년 집단에서는 또래 구성원이 적극적으로 표현하는 모습을 관찰함으로써 수동적인 구성원의 행동 변화가 유도될 수 있다.

표 12-3 사회학습이론 구성 요소

구성 요소	정의
모델링(Modeling)	타인의 행동을 관찰하고 이를 모방하여 학습하는 과정
강화(Reinforcement)	특정 행동이 반복되도록 그에 따른 긍정적 결과나 반응을 제공하는 과정
피드백(Feedback)	구성원의 행동에 대해 즉각적이고 구체적인 반응을 제공, 학습을 유도하는 과정

4) 교환이론(Social Exchange Theory)

교환이론은 인간이 사회적 관계에서 보상과 비용의 균형을 따져 행동한다고 본다. 핵심 구성 요소는 보상(reward), 비용(cost), 이익(profit), 그리고 상호성(reciprocity)이다. 집단 내 상호작용은 정서적 지지, 정보 제공, 자원 획득 등 다양한 보상과 노력, 시간, 감정 소모 등의 비용 간 교환으로 분석된다. 사회복지사는 이 이론을 잘 파악하여 각 구성원의 동기와 기대를 파악하고, 집단 참여의 '이익'을 명확히 인식시켜야 한다.

표 12-4 교환이론의 핵심 구성요소

구성요소	정의
보상 (Reward)	개인이 특정 행동이나 관계에서 얻는 긍정적 결과. 예 칭찬, 애정, 금전, 지지 등.
비용 (Cost)	보상을 얻기 위해 지불해야 하는 부정적 요소. 예 시간, 노력, 감정적 고통 등.
이익 (Profit)	보상에서 비용을 뺀 순이익. 즉, 관계나 행동에서 얼마나 득이 되는지를 평가하는 기준.
상호성 (Reciprocity)	상대방에게 어떤 것을 주면, 그에 상응하는 것을 돌려받기를 기대하는 상호 교환의 원리.

5) 응집력이론(Group Cohesion Theory)

응집력이론은 집단 구성원 간의 정서적 유대와 상호 신뢰를 바탕으로 집단이 하나로 결속되는 과정을 설명하는 이론이다. 주요 구성요소는 대인 매력(서로에 대한 호감), 집단 목표에 대한 헌신, 소속감이며 이는 사회적 응집력과 과업 응집력의 균형을 통해 강화되며 응집력이 높을수록 집단의 협력, 지속성, 만족도가 향상된다.

표 12-5 응집력이론의 핵심 구성 요소

구성 요소	정의
대인 매력 (Interpersonal Attraction)	집단 구성원 간 서로에 대한 호감과 긍정적 감정. 이는 집단 내 관계 형성과 정서적 유대를 촉진하며 응집력의 기본 기반
집단 목표에 대한 헌신 (Commitment to Group Goals)	구성원이 집단의 공동 목표를 내면화하고 이를 달성하기 위해 자발적으로 노력하는 정도.
소속감 (Sense of Belonging)	구성원이 자신이 집단의 일원이라고 느끼며 정서적 안정감과 소속된 정체성을 경험하는 상태.

3. 집단실천모델의 유형

집단 대상 실천모델은 집단을 중심으로 이루어지는 사회복지실천에서 개입 방식과 목적을 구조화한 틀이다. 각 모델은 이론적 기반, 실천기술, 변화 목표, 적용 대상 등에 따라 구분되며 사회복지사는 집단 구성원의 욕구와 성격에 따라 적절한 모델을 선택하고 융합적으로 활용해야 한다.

1) 집단 목적에 따른 분류

(1) 치료집단 모델(Therapeutic Model)

치료집단모델은 구성원의 심리·정서적 문제 해결과 회복을 목표로 하며, 인지행동이론(Cognitive Behavioral Theory)에 근거한다.

(2) 지지집단모델(Support Group Model)

지지집단모델은 공통된 상실, 질병, 위기 등을 경험한 사람들이 정서적 지지를 주고받으며 심리적 회복을 도모하는 실천 방식이다. 사회복지사는 판단 없는 수용과 감정 확인을 통해 구성원이 안정된 관계를 경험할 수 있도록 조율한다. 또한 소외된 구성원이 발생하지 않도록 집단 내 정서적 안전감을 유지하고 자기개방을 촉진하며 주의 깊게 조율한다.

(3) 교육집단모델(Educational Model)

교육집단모델은 지식, 정보, 기술 전달을 목적으로 구성되며 구성원의 학습과 행동 변화를 지원한다. 사회복지사는 지식 전달자이자 학습 촉진자로서의 역할을 수행하며 구성원의 수준과 관심도에 따라 교수 방법을 조절한다. 이 모델은 단순한 정보 제공이 아닌 태도와 행동의 변화를 목표로 하기 때문에 참여형 활동, 실습, 피드백 등을 병행하는 경우가 많다.

(4) 사회화집단모델(Socialization Model)

사회화집단모델은 사회적 기술과 역할 학습을 통해 개인이 효과적으로 사회에 적응하도록 돕는 데 초점을 두며 사회적 기술이 부족하거나 사회적 관계 형성에 어려움을 겪는 개인을 대상으로 일상생활에서 필요한 사회적 기능을 향상시키는 것을 목표로 한다.

사회복지사는 역할극, 피드백, 긍정적 강화 기법을 활용하여 집단 내 사회기술 학습을 유도하면서 구성원의 자율성과 자기표현을 격려하면서도 필요한 경우 직접적 피드백과 모델링을 제공한다.

(5) 과업집단모델(Task Group Model)

과업집단모델은 명확한 목표 달성과 과업 수행을 위한 집단에 적용되며, 실천의 초점은 효율성과 생산성이다. 이 모델은 복지기관의 사례회의, 지역사회 욕구조사 집단, 복지정책 제안 협의체 등에서 활용된다. 구성원은 과업 중심의 역할을 수행하며, 협력과 책임 공유, 의사결정 과정의 참여가 강조된다.

사회복지사의 역할은 집단의 목표 설정, 회의 진행 조율, 역할 분담 관리, 갈등 조정 등을 통해 집단의 생산성과 기능성을 유지해야 한다.

2) 집단 구성에 따른 분류

집단은 구성원의 참여 방식과 집단 운영 구조에 따라 다양하게 분류될 수 있다. 특히 사회복지실천 현장에서는 자발성 여부, 개방성 여부, 참여 지속성, 구성원의 변동 가능성 등이 실천 전략 수립에 영향을 미치기 때문에 집단의 구성 방식을 사전에 철저히 준비하는 것이 중요하다. 구성 방식에 따른 집단은 주로 자발성 기준과 개방성 기준으로 구분된다.

(1) 자발적 집단(Voluntary Groups)

자발적 집단은 구성원이 자신의 욕구, 흥미, 문제 해결 동기 등에 기반하여 스스로 집단에 참여한 형태이다.

자발적 집단의 장점은 구성원 간의 참여 동기가 비교적 균일하여 집단 응집력이 형성되기 쉽고 갈등 상황 발생 시 해결 가능성도 높다는 점이다.

(2) 비자발적 집단(Involuntary Groups)

비자발적 집단은 법적 · 제도적 · 행정적 결정이나 외부 권유에 의해 구성원이 참여하게 된 집단이다. 비자발적 집단에서는 사회복지사의 역할과 준비가 더욱 중요해진다. 참여자의 신뢰 형성, 동기 고양, 기대 조정 등이 실천 초기의 핵심 과제이며 억지 참여가 아닌 자발적 변화로 전환될 수 있도록 집단 분위기를 세심하게 조성해야 한다.

(3) 개방형 집단(Open Groups)

개방형 집단은 구성원의 입 · 퇴장이 자유로운 형태의 집단으로, 새로운 구성원이 중간에 참여하거나 기존 구성원이 이탈하는 일이 자연스럽게 발생한다. 사회복지사는 집단 내 응집력이 약화되거나 혼란스럽지 않도록 집단의 정체성을 분명히 하고, 매 회기별로 명확한 목표와 구조를 제시함으로써 안정적인 집단 운영을 도모해야 한다.

(4) 폐쇄형 집단(Closed Groups)

폐쇄형 집단은 처음부터 일정한 인원으로 구성되며, 프로그램 기간 동안 구성원의 입 · 퇴장이 제한되는 구조를 가진다. 사회복지사는 폐쇄형 집단의 장점과 특성을 살리기 위해 초기 구조화, 중간 갈등 조정, 종결 의식 제공 등 단계적 전략을 계획적으로 운영해야 한다.

4. 집단 유형별 실천기술과 적용 사례

사회복지 집단실천에서 집단 유형은 실천 목적, 주요 실천기술, 사회복지사의 역할 설정에 중요한 기준이 되며 집단 유형에 따라 구성원의 특성에 적합한 개입 기술의 적용이 중요하다. 이는 참여 동기, 집단 내 상호작용 방식, 개입 방식의 선택이 달라지기 때문이다.

1) 치료집단(Therapy Groups)

(1) 목적

치료집단은 주로 개인의 내면적 고통, 심리적 문제, 반복되는 역기능적 행동 양식을 다루며, 집단 내 상호작용을 통해 이러한 문제를 완화하고 정서적 회복 및 행동의 변화를 촉진하는 것을 핵심 목표로 한다. 단순한 감정 표현에 그치지 않도록 고통의 원인을 인지적 · 정서적 수준에서 통합적으로 다루어 자기이해와 자각을 높이는 데 중점을 둔다.

(2) 주요 실천기술

치료집단에서 활용되는 실천기술은 이론적 기반에 따라 다양하지만 공통적으로 다음과 같은 기법들이 포함된다.

- 인지 재구조화(cognitive restructuring)
- 감정 표현 촉진 및 정서 조절 기술
- 역할 연습(role play) 및 행동 실습
- 피드백과 자기자각 증진 기술
- 상호 지지 및 집단 응집력 형성

(3) 사회복지사의 역할

치료집단에서 사회복지사는 단순한 집단 운영자가 아니라 구성원의 심리적 안전을 보장하고 치료적 과정이 원활히 진행되도록 돕는 다기능적 사회복지사로서의 역할을 수행한다.

① 촉진자(Facilitator)

사회복지사는 집단 내 상호작용이 원활하게 이뤄지도록 분위기를 조성하고 구성원 간 피드백, 감정 표현, 경청을 유도한다. 비언어적 신호나 침묵, 회피 반응 등도 민감하게 포착하며 적절한 개입을 시도한다.

② 치료자(Therapist)

심리적 고통에 대한 개별 반응을 이해하고 인지적 · 정서적 개입을 통해 변화의 단서를 제공하는 치료자로서 기능한다. 이 역할은 특히 우울증, 불안장애, 트라우마 반응 등의 개입에 필수적이다.

③ 관찰자/분석가(Observer/Analyst)

집단 내에서 벌어지는 역동과 하위 집단의 형성, 투사 반응, 저항 등의 과정을 관찰하고 분석하여 적절한 개입 시점을 판단한다. 이는 집단의 흐름과 치료적 효과를 지속적으로 점검하는 데 기여한다.

④ 모델링 제공자(Model)

사회복지사는 적절한 자기표현, 감정 조절, 피드백 방식 등을 행동으로 보여주며 구성원에게 학습적 모델이 된다. 이를 통해 간접적인 사회적 학습이 유도되며, 실천적 행동 변화의 자극제가 된다.

사 례

20대 사회 초년생의 자존감 향상 치료집단

사회복지사는 한 참여자가 "저는 맨날 실수만 해서 눈치만 봐요"라고 말한 뒤 고개를 숙이며 말문을 닫자, 그 감정을 판단 없이 지지하고 "그 감정을 느끼게 된 순간이 언제였는지 나눠볼 수 있을까요?"라고 부드럽게 유도하였다. 이에 다른 참여자가 "저도 직장에서 실수할까 봐 혼자 밥 먹는 날이 많았어요"라고 응답하며 공감을 표현하였다.

이 상호작용을 통해 참여자는 처음으로 "내가 부족해서 싫어진다는 생각이 자꾸 들어요"라는 자기내면을 드러냈고 이후 회기에서는 자신의 감정뿐만 아니라 과거의 상처에 대해서도 점차 자유롭게 이야기하기 시작했다.

다른 구성원들도 "저도 그런 감정 느꼈어요"라며 피드백과 격려를 주고받았고, 집단 내 상호지지와 감정 공유가 활발하게 이루어졌다. 이는 사회복지사의 정서적 안전감 조성과 촉진적 개입이 구성원의 자기개방과 응집력을 높인 사례이다.

2) 지지집단(Support Groups)

(1) 목적

지지집단은 유사한 경험, 위기, 상실, 질병 등을 공유한 개인들이 집단이라는 보호적 환경 속에서 정서적 지지를 주고받고 자신의 이야기를 안전하게 나누며 심리적 고통을 완화하는 것을 주된 목적으로 한다. 이 집단은 자존감을 회복할 수 있도록 고립감이나 소외감을 경험한 개인이 공감과 수용의 분위기 속에서 자신이 '혼자가 아님'을 깨닫고 자기표현과 상호 교류 등 소통을 나눠야 한다.

(2) 주요 실천기술

지지집단의 실천기법은 전문 심리치료와 달리 보다 비지시적이고, 감정 중심적이며, 관계 기반적 접근이 중심을 이룬다.

① 감정 확인과 정서적 반영

사회복지사는 참여자의 감정을 '명명'하고, 언어적으로 정리해 주는 방식으로 감정의 정당성을 인정한다. 이는 "당신의 감정이 당연하다", "그 상황에서 그런 마음이 드는 건 자연스럽다"는 메시지를 통해 참여자의 정서적 안정감을 높인다.

② 공감적 경청

참여자의 말 속에 담긴 비언어적 신호나 의미를 깊이 있게 수용하며 판단 없이 경청하는 태도를 유지한다. 이는 로저스의 인간중심이론에서 강조하는 핵심적 관계 요소이며 구성원 간 신뢰 구축과 자기개방에 중요한 영향을 미친다.

③ 이야기 나누기와 자기개방 촉진

지지집단은 일방적인 문제 해결보다 자신의 이야기를 공유하고 타인의 경험에 공감하는 과정을 통해 감정적 해방과 내면 정리를 유도한다. 사회복지사는 강제하지 않고 분위기 조성과 본인의 자발적 이야기 나눔을 통해 자연스럽게 자기개방을 촉진한다.

④ 지지와 격려

참여자 간 서로 격려하고 지지하는 구조를 강화한다. 예를 들어 "그 말 들으니 나도 힘이 났어요" 같은 긍정적 상호작용은 집단 응집력을 강화하며 이는 지지집단의 치유력을 결정짓는 핵심 요인이다.

⑤ 자원 연계 및 정보 교류

정보의 직접적 전달보다는 참여자들 간의 경험 공유를 통해 유용한 자원을 알게 되거나 지역사회 내 서비스에 대한 실질적인 정보를 얻을 수 있다. 이는 문제 해결력 증가와 자기효능감 향상에 기여한다.

(3) 사회복지사의 역할

지지집단에서 사회복지사는 치료적 권위를 행사하는 전문가가 아니라 분위기를 조성하고 참여자가 자기표현을 안전하게 시도할 수 있도록 돕는 조력자로서 기능한다.

① 분위기 조성자

사회복지사는 구성원이 심리적으로 안전함을 느낄 수 있는 분위기를 형성해야 하며 비판이나 평가 없이 수용하는 태도를 일관되게 유지해야 한다. 초기 집단에서는 규칙 설정과 자기개방의 모델링도 담당한다.

② 감정 통합자

집단 내에서 발생하는 다양한 감정들인 슬픔, 분노, 죄책감, 무력감 등을 긍정적 방향으로 통합할 수 있도록 돕는다. 서로 다른 감정들이 충돌하거나 억압되지 않도록 개입하며 정서 흐름을 조절한다.

③ 자기노출의 모델

사회복지사는 적절한 수준에서 본인의 감정이나 경험을 드러냄으로써 자기개방의 모델이 되며 이는 참여자의 정서적 표현을 촉진하는 데 효과적이다. 그러나 과도한 노출은 중립성을 훼손할 수 있으므로 조절이 필요하다.

④ 집단 흐름 조정자

지지집단은 구조보다는 과정 중심이므로 발화 독점이나 소외, 침묵 등의 흐름 왜곡 요소가 발생하지 않도록 중립적 조율을 수행한다. 필요시 소그룹 나눔, 균형 있는 참여 유도 등의 기법도 활용한다.

사 례

중년기 치매가족 돌봄자 지지집단

사회복지사가 감정 표현이 어려운 남성 참여자의 이야기를 비판 없이 경청하고 다른 구성원이 비슷한 경험을 나누도록 촉진하였다. "저도 처음엔 어머니 돌보는 게 두려웠어요"라는 응답이 이어지면서 참여자는 처음으로 "나도 버겁고 힘들다"는 감정을 표현하였다.

이후 회기에서는 점차 자기표현이 증가하고, 타인의 이야기에 질문을 던지는 상호작용이 활발해졌다. 이는 자기개방과 상호 지지의 순환 구조가 형성된 대표적인 사례이다.

3) 교육집단

(1) 목적

교육집단은 구성원에게 특정 주제에 대한 정보, 지식, 기술을 전달하고, 이를 실생활에서 적용할 수 있도록 학습을 촉진하는 것을 주된 목적으로 한다. 이러한 집단은 문제 해결을 위한 지적 자원 획득뿐만 아니라 행동의 변화, 태도 교정, 기술 습득 등을 통해 참여자 자신의 자기결정능력과 사회적 기능을 증진시키는 데 기여한다.

(2) 주요 실천기술

교육집단에서 활용되는 실천기술은 구조화된 내용 전달과 참여자 중심의 학습 촉진이라는 두 가지 원칙에 기반한다. 다음은 주요 실천 기법이다.

① 정보 제공 및 강의

핵심 개념, 지식, 절차 등에 대한 명확한 설명이 선행되어야 하며 사회복지사는 교육 내용을 단계적으로 구조화하여 제시한다. 시각 자료, 슬라이드, 그림,

표 등을 활용하여 이해도를 높이고 용어는 참여자의 수준에 맞춰 쉽게 풀어 설명해야 한다.

② 시청각 자료 및 사례 활용

학습자 중심의 몰입을 유도하기 위해 동영상, 모의 상황, 사례 삽화 등을 활용한다. 실제 생활 장면을 시청한 후 토론을 통해 적용 가능성을 논의하면 학습의 내면화가 촉진된다.

③ 모둠 활동 및 역할극

구성원이 특정 상황을 연기하며 역할을 수행하는 활동을 통해 실제 상황에서의 행동 연습과 대응 방식을 체험적으로 학습하게 된다.

④ 자기평가 및 실천과제 부여

회기 말에는 학습한 내용을 자신의 삶에 적용할 수 있도록 구체적 실천 과제를 제시한다.

(3) 사회복지사의 역할

교육집단에서 사회복지사는 강사 이상의 역할을 수행하며 학습의 설계자이자 동기 유발자, 참여 촉진자로 기능한다.

① 교육 설계자

참여자의 요구 사정에 기초하여 교육 목표를 설정하고 내용과 진행 방식, 활동 구성 및 자료 개발을 담당한다.

② 학습 촉진자

단순한 지식 전달자가 아니라 참여자가 질문하고 활동에 능동적으로 참여할 수 있도록 격려한다.

③ 관계 조성자

교육집단에서도 집단의 응집력은 학습 효과에 영향을 미치므로 참여자 간 긍정적 상호작용이 일어날 수 있는 분위기를 조성해야 한다.

④ 변화 촉진자

교육이 끝난 후에도 지속적인 변화가 이루어지도록 자기점검 도구나 실천과제를 제공하고 참여자의 변화 동기를 자극하는 피드백을 제공한다.

4) 사회화집단(Socialization Groups)

(1) 목적

사회화집단의 목표는 개인이 일상생활에서 필요한 사회적 기술, 행동 양식, 대인관계 능력 등을 습득하고 이를 반복적으로 실습하여 사회 적응력을 향상시킨다. 특히 사회 안에서 필요한 사회적 규범을 이해하고 수용하는 능력, 다른 사람과의 관계를 원만히 유지하는 기술, 집단 내 역할을 인식하고 실천하는 태도 등은 현대 사회에서 안정된 사회적 기능을 수행하는 데 필수적 요소로 간주된다.

(2) 주요 실천기술

사회화집단의 실천기술은 행동주의적 접근과 사회학습이론, 의사소통 훈련 등을 기반으로 구성된다. 다음은 핵심 기법들이다.

① 역할놀이와 모델링

집단 내에서 사회적 상황을 재현하고 참여자가 직접 역할을 수행함으로써 적절한 반응과 표현 방식을 체득하게 한다.

② 사회적 강화

긍정적 행동에 대해 즉각적이고 구체적인 칭찬, 인정, 보상을 제공함으로써 행동 유지를 유도한다. '웃으며 말하기', '다른 사람의 말 기다려 주기' 등의 행동이 나타날 때 언어적("좋았어요") 또는 비언어적(미소, 고개 끄덕임) 강화가 이루어진다.

③ 즉각적 피드백 및 교정

부적절한 표현이나 사회 규범에서 벗어난 행동에 대해서는 즉각적이고 구체적인 피드백을 제공하여 인식하고 조정할 수 있도록 한다.

④ 기술별 단계화 훈련

복합적인 사회기술은 세부 행동으로 나누어 단계적으로 학습한다. 예를 들어 '의사 표현하기'는 (1) 주의 끌기→(2) 상황 설명하기→(3) 감정 말하기→(4) 요청하기 등의 하위 단계로 나눠 연습할 수 있다.

⑤ 실생활 과제

회기 내 학습된 기술을 집단 외부에서 실천할 수 있도록 과세를 부여한다. 이 과제를 수행한 후 다음 회기에 그 경험을 나누고 피드백을 받으면서 행동이 일상생활로 일반화된다.

(3) 사회복지사의 역할

사회화집단에서 사회복지사는 구성원의 행동을 관찰하고 적절한 개입 시점을 포착하여 학습을 촉진하는 행동지도자이자 강화자로 기능한다.

① 행동지도자

사회복지사는 적절한 사회적 행동을 단계적으로 안내하고 실습 과정을 주도하며 오류를 수정할 수 있도록 돕는다.

② 피드백 제공자

구성원의 말과 행동에 대한 구체적인 피드백을 제공하여 학습의 촉진자 역할을 수행한다. 긍정적 피드백은 동기를 유지시키고 교정적 피드백은 학습 효과를 강화한다.

③ 과제 감독자

실생활 과제 수행 여부를 점검하고 그 과정에서 발생한 어려움을 함께 검토한다. 필요한 경우 환경적 조정이나 가족 개입을 통해 참여자가 새로운 행동을 지속할 수 있도록 지원한다.

④ 응집력 조성자

사회적 기술 습득은 안정적이고 수용적인 집단 분위기에서 이루어지므로 구성원 간 응집력을 조성하고 소외되는 구성원이 없도록 집단 역동을 세심히 조정한다.

사 례

경계선 지능 청소년을 위한 사회기술 향상 집단

지역 아동복지센터에서 총 8회기로 운영되었다. 참여 청소년은 또래관계에서 반복적으로 거절당하거나 갈등을 일으킨 경험이 있는 학생들이었으며 사회복지사는 이들의 관계 형성 기술과 감정 조절 능력 향상을 목표로 집단을 설계하였다.

초기 회기에는 사회적 상황 이해를 돕기 위해 '이야기 듣기', '눈 맞추기', '차례 기다리기' 등의 기술을 역할놀이로 구성하였고 사회복지사는 시범을 보이며 반복 실습을 유도하였다. 학습된 행동은 다음 회기 전 실생활에서 실천하도록 과제가 부여되었고 회기 중 각자 수행한 경험을 공유하며 피드백을 받았다. 사회복지사는 "이번 주에 친구에게 먼저 다가가 본 사람이 있나요?"와 같은 질문을 통해 실천을 강화하고 성공 경험에 대해 구체적 강화 언어를 사용하여 동기를 유지시켰다.

회기 말기에는 갈등 상황에서의 감정 표현과 문제 해결 훈련을 중심으로 구성되어 '기분 나쁠 때 말하기', '양보하기', '중재 요청하기' 등의 고차원적 기술을 훈련하였다. 참가자 중 한 명은 종결 회기에서 "전에 친구가 말 걸면 무조건 화부터 냈는데 이제는 먼저 물어보려고 해요"라고 말하며 자신감 있는 태도를 보였다.

5) 과업집단(Task Groups)

(1) 목적

과업집단은 특정한 목표나 과업을 효과적으로 수행하고 실질적인 결과물을 도출하는 것을 핵심 목적으로 구성되는 집단이다. 이 집단은 사회복지사업을 하는 조직 내에서도 자주 활용되며 예를 들어 프로그램 기획위원회, 사례관리팀, 지역사회 네트워크 협의체, 실무자 회의 등이 모두 과업집단의 일종이라 할 수 있다.

(2) 주요 실천기술

과업집단의 실천기술은 구성원들이 공동의 목표를 명확히 인식하고 효과적으로 협력할 수 있도록 돕는 구조적이고 실천 지향적인 기술을 포함한다.

① 목표 명료화 및 과업 구조화

초기 회기에서 과업의 목적과 기대 산출물, 일정, 책임 등을 구체적으로 설정한다. 이를 통해 구성원들이 방향성과 책임감을 공유할 수 있다.

② 의사결정 기법 활용

브레인스토밍, 델파이 기법, 명목집단기법(NGT), SWOT 분석 등 다양한 의사결정 도구를 활용하여 다수의 의견을 수렴하고 합리적인 결정을 유도한다.

③ 역할 분담과 책임 설정

과업 수행의 효율성을 높이기 위해 각 구성원의 전문성, 흥미, 역량에 따라 역할을 분배한다. 역할은 명확하게 문서화되어야 하며 회기마다 책임 이행 여부를 점검한다.

④ 집단 내 갈등 조정 및 의사소통 조율

목표 중심의 집단은 의견 충돌이 빈번하게 발생할 수 있으므로 감정이 아닌 과업 중심의 갈등 해소 전략이 필요하다.

⑤ 시간 관리 및 진척 상황 점검

전체 회기 및 개별 회기 내 시간 계획을 수립하고 각 단계별 산출물의 진행 상황을 정기적으로 점검한다.

(3) 사회복지사의 역할

과업집단에서 사회복지사는 과업 성취를 위한 촉진자이자 관리자, 중재자, 기록자 등의 다중 역할을 수행한다.

① 과업촉진자

구성원 간 정보 공유, 아이디어 창출, 협력 유도를 통해 집단이 능동적으로 움직일 수 있도록 돕는다. 진행 과정에서 방향성을 잃지 않도록 지속적으로 과업 목표를 상기시켜야 한다.

② 회의 설계자 및 시간관리자

집단회의의 구조, 순서, 시간 배분 등을 설계하고 관리하여 불필요한 시간 낭비나 산만함을 방지한다. 회기 종료 시에는 다음 회기의 계획과 과제를 명확히 안내해야 한다.

③ 중재자 및 갈등조정자

의견 충돌이나 역할 중복, 책임 회피 등으로 인한 갈등 상황을 조정하고 구성원 간 협력을 회복할 수 있도록 지원한다. 이때 중립적 태도와 경청 기술이 중요하다.

④ 기록자 및 성과관리자

회의록을 작성하고 과업의 성과 및 실행 결과를 기록함으로써 집단의 활동을 체계적으로 관리한다. 일정 간격으로 중간 평가를 실시하고, 성과에 대한 피드백을 제공함으로써 동기를 유지한다.

사 례

지역사회 아동청소년복지 협의체 과업집단

지역 5개 기관 실무자들이 참여하여 '지역 내 취약 청소년을 위한 통합지원모델 개발'을 목적으로 구성되었다. 사회복지사는 초기 회기에서 참여 기관별 역할과 책임을 명확히 구분하고 월 2회 정기 회의와 온라인 협업 툴을 도입하여 소통을 체계화하였다.

2회기에서는 델파이 방식으로 주요 욕구를 도출하고 이후 회기에서는 브레인스토밍을 통해 '학교 밖 청소년 발굴 시스템 구축'이라는 구체적 프로그램을 설계하였다. 중간 회기에는 역할 분담이 제대로 이행되지 않아 갈등이 발생했으나 사회복지사가 중재자로서 회의를 소집하고 갈등 요인을 구조적으로 정리한 뒤 조정안을 제시하였다.

최종 회기에서는 각 기관의 자원과 예산을 통합한 시범사업 실행 계획서를 완성하였으며 이는 실제 지역 단위 통합지원체계 구축의 기초 자료로 활용되었다.

CHAPTER 13

집단 발달 단계별 실천기술

개 요

이 장에서는 집단을 단순한 개인의 집합체가 아닌 시간의 흐름에 따라 상호작용과 정서적 역동, 구조적 변화가 일어나는 사회적 유기체로 이해하고자 한다. 터크만의 집단 발달 5단계에 기반하여 각 단계의 특징과 변화 양상을 설명하고 이에 적합한 사회복지사의 실천기술과 역할을 구체적으로 제시한다. 또한 준비부터 종결, 평가까지의 전체 과정을 포함하여 단계별 개입 전략과 실제 사례를 통해 집단실천의 효과성을 높이는 데 목적이 있다.

학습목표

1. 집단의 발달 단계의 주요 특징과 변화 과정을 이해할 수 있다.
2. 각 단계에 효과적인 실천기술과 사회복지사의 역할을 실제 상황에 적용할 수 있다.
3. 집단 발단 단계에 맞는 실천사례를 적용할 수 있다.

1. 집단 발달 단계

집단은 단순히 여러 개인이 모여 있는 물리적 공간이 아니라 시간이 흐름에 따라 고유한 관계적 구조와 정서적 역동, 그리고 집단적 정체성을 형성하는 하나의 사회적 유기체(social organism)로 간주된다. 이러한 집단의 역동적 변화 과정을 체계적으로 설명한 대표적인 이론이 바로 터크만(Bruce W. Tuckman)의 집단 발달 5단계 모형이다.

터크만(1965)은 소집단의 변화 양상을 분석한 고전 연구를 통해, 집단이 일반적으로 겪는 발달 과정을 ① 형성기(Forming), ② 격동기(Storming), ③ 규범화기(Norming), ④ 수행기(Performing), ⑤ 종결기(Adjourning)라는 다섯 가지 단계로 구분하였다.

1) 형성기(Forming Stage)

형성기는 집단이 처음 시작되는 단계로, 구성원들은 서로 낯설고 집단의 목적, 구조, 역할 등에 대한 불확실성을 경험한다. 이 시기에는 자기노출이 제한적이며 상호작용이 탐색적이고 조심스러운 양상으로 전개된다. 구성원들은 안전을 추구하고 집단의 리더에 대한 의존이 높다.

(1) 실천기술

- 집단 목표와 규칙 명확화
- 자기소개 및 이름 나누기 활동
- 아이스브레이킹 기법(게임, 간단한 질문 등)
- 초기 규범 형성(시간, 발언 방식 등)
- 심리적 안전감 조성을 위한 분위기 연출

(2) 사회복지사의 역할

사회복지사는 집단의 목적, 기대, 구조를 명확히 설명하고 구성원들에게 예측 가능한 환경을 제공해야 한다. 또한 구성원 간의 관계 형성을 촉진하고, 첫 자기 개방이 일어날 수 있도록 자기노출의 모델이 되어야 한다.

2) 격동기(Storming Stage)

격동기는 구성원 간의 차이와 긴장이 표출되는 단계로 의견 충돌, 리더십 도전, 소수자의 위축, 하위집단 형성 등이 발생할 수 있다. 이는 집단 응집력을 약화시키는 위기 요인이지만 동시에 집단 정체성을 재구성하는 기회가 될 수 있다.

(1) 실천기술

- 갈등 중재 및 문제 해결 촉진
- 피드백 훈련(비난이 아닌 감정 전달 방식)
- 권력 구조 및 역할 기대 재확인
- 규범 재설정 및 집단 약속 재검토
- 소외 구성원에 대한 포용 전략

(2) 사회복지사의 역할

사회복지사는 중립적 태도로 갈등의 원인을 명확히 드러내고 구성원들이 책임 있는 대화와 감정 표현을 시도할 수 있도록 격려해야 한다. 때로는 침묵하는 구성원을 지지하거나 발언이 강한 구성원의 표현을 조정하는 등의 역동 관리자 역할이 요구된다.

3) 규범화기(Norming Stage)

규범화기는 집단이 일정 수준의 응집력과 신뢰를 형성하고 공동 목표와 역할에 대해 합의에 이르는 시기이다. 구성원들은 점차 상호 지지를 경험하고 자기 개방이 증가하며 집단 규범이 내면화된다.

(1) 실천기술

- 상호 피드백과 자기개방 촉진
- 협력 과제 수행을 통한 팀워크 강화
- 집단 내 규칙 검토 및 확정
- 비판 없는 감정 표현 기회 제공
- 중간 점검 및 집단 성과 공유

(2) 사회복지사의 역할

이 단계에서 사회복지사는 집단 내 신뢰와 정서적 유대를 더욱 공고히 할 수 있는 활동을 기획하고 리더 역할을 점차 구성원에게 위임함으로써 자율성을 증진시켜야 한다. 참여 동기와 목표에 대한 점검도 이 시기에 중요하다.

4) 수행기(Performing Stage)

수행기는 집단이 고도의 통합 상태에 도달하여 공동 과업을 효과적으로 수행하는 단계이다. 구성원들은 자율적이며 상호 책임감을 기반으로 집단 활동에 몰입한다. 문제 해결 능력, 창의성, 자기주도성이 활발히 나타난다.

(1) 실천기술

- 과업 중심 활동 및 목표 재확인
- 협업 프로젝트 기획 및 실행
- 구성원 주도 회기 진행
- 고급 피드백 기술(구체적, 건설적)
- 성취감 공유 및 강화

(2) 사회복지사의 역할

이 시기에는 사회복지사가 앞에 나서기보다는 배경에서 조력자 역할을 수행하며 구성원들이 자신감을 가지고 집단의 성과를 유지하도록 지지해야 한다. 집단 내 리더십이 구성원 간 자연스럽게 분산되도록 유도하는 것이 중요하다.

5) 종결기(Adjourning Stage)

종결기는 집단이 과업을 마치고 해산하는 단계이다. 이 시기에는 성취감과 함께 이별에 대한 아쉬움, 불안, 상실감이 공존하며, 구성원들은 정서적 마무리와 미래 방향 정립의 필요를 경험한다.

(1) 실천기술

- 종결 의식 및 기념 활동(편지, 포트폴리오 등)
- 성과 평가 및 피드백
- 개인별 변화 점검 및 강화 전략 수립
- 추후 계획 안내 및 자원 연계
- 감정 나누기 및 작별 인사 시간 제공

(2) 사회복지사의 역할

사회복지사는 구성원들이 이별을 준비하고, 집단 경험을 긍정적으로 통합할 수 있도록 돕는 정리자이자 전환기 촉진자로서 역할을 수행한다. 아쉬움이나 불안감을 표출할 수 있는 안전한 공간을 마련하고, 변화된 자신에 대한 인식이 내면화되도록 돕는다.

표 13-1 터크만의 집단 발달 5단계

	단계	특징	역할
1	형성기	집단이 처음 구성되며 구성원 간 탐색이 이루어짐	방향 제시, 신뢰 형성, 목표 안내
2	격동기	구성원 간 의견 충돌 및 역할 갈등이 발생	중재, 감정 조율, 규범 수립 지원
3	규범화기	규칙과 역할이 정립되고 집단 응집력이 증가	조정자, 협력 촉진자
4	수행기	집단이 목표를 향해 효과적으로 기능함	촉진자, 지원자, 장애물 제거자
5	종결기	과업 완료 후 집단 해산 및 구성원 간 이별 경험	정서적 지지 제공, 종결 과정 촉진

2. 단계별 실천기술

1) 준비 단계(Preparation Stage)의 실천기술

(1) 개념 및 목적

집단실천에서 준비 단계는 실제 집단 회기가 시작되기 전 사전 계획과 구성, 사정, 구조 설계, 사전 개입 등을 포함하는 초기 전략 수립의 시기로 정의된다. 이 단계는 집단의 목적과 방향을 결정짓는 핵심 과정으로 향후 모든 회기의 질적 수준을 좌우하게 된다.

① 집단 준비 단계 구성 요소

터크만(Tuckman)의 형성기 이전에 위치한 준비 단계는 사회복지사가 집단의 필요를 사정하고, 구성원을 선정하고, 집단 구조를 설계하며, 사전 정보를 전달하는 일련의 과정을 포함한다. 따라서 이 단계는 사회복지사의 기획 능력, 사정 능력, 프로그램 설계 능력이 집약적으로 요구되는 시기이며 모든 실천기술의 출발점이라고 할 수 있다. 실천기술 구성 요소는 〈표 13-2〉와 같다.

표 13-2 실천기술 구성 요소

전략	내용
집단 유형 선정	치료집단, 교육집단, 사회화집단, 지지집단 등 목적별 분류 후 개입 목표에 부합하는 모델과 집단 형태 결정
집단의 크기와 회기 구조	6~10명 내외 소집단 권장, 회기 수 · 회기당 시간 · 전체 기간 사전 계획. 개방집단(open group) 또는 폐쇄집단(closed group) 선택
참여자 동질성과 이질성	동질성(문제 유형 · 연령 · 성별 · 배경 유사)으로 정서적 지지 강화, 이질성(다양한 시각)으로 갈등 · 학습 기회 제공. 집단 목적에 맞춰 균형 유지
모집 및 선별 기준	사전 면접 · 체크리스트 · 추천서 활용해 참여 동기 · 자기개방 의지 · 감정 조절 능력 등 평가 후 적합성 판단
집단 리더 보조자 배치	집단 규모 · 특성에 따라 1~2인 리더 배정, 필요시 보조 진행자 배치. 리더의 성별 · 경험 · 전문성 고려
물리적 환경 및 시간 계획	접근성 · 사생활 보호 가능한 공간 확보, 구성원 시간대 · 피로도 · 외부 일정 고려해 회기 시간 조정

사 례

고등학생 스트레스 관리 집단 구성 계획

한 지역 청소년상담복지센터에서는 고등학생을 대상으로 한 8회기 스트레스 관리 집단을 기획하였다. 사회복지사는 집단의 목표를 '시험 불안 완화 및 정서적 지지 제공'으로 설정하고, 다음과 같은 구성 계획을 수립하였다:

- 집단 유형 : 정서 지지집단 + 치료적 개입 포함
- 인원 : 7명, 고1~고2 학생 중심
- 성별 : 혼성, 다만 감정 표현에 소극적인 남학생 선별 시 유의
- 폐쇄집단 구성, 회기 수 8회, 매주 금요일 17시~18시 30분 운영
- 참여 동기 및 감정 표현 능력을 중심으로 사전 면접 실시
- 상담심리사 1인과 보조 진행자 1인 배치
- 소규모 회의실 확보 및 출석률 제고를 위한 보호자 동의서 활용

이와 같이 구조적 계획이 사전에 충분히 이루어진 결과, 집단은 회기별 몰입도가 높고, 구성원 간 지지관계가 안정적으로 형성되었다.

(2) 준비 단계의 필요성

준비 단계는 집단실천에서 가장 먼저 이루어지는 단계이며 이후 집단 전개 전체에 영향을 미치는 구조적 기반 구축 과정이라 할 수 있다. 이 시기의 준비 정도는 집단 구성의 적절성, 회기 전개의 안정성, 집단 응집력의 형성 속도, 갈등 발생 가능성, 그리고 집단 목표 달성 여부에 직결되므로 단순한 행정 절차 이상의 전략적 실천 행위로 이해되어야 한다.

첫째, 준비 단계는 집단의 목적과 개입 목표를 명확히 설정하는 과정이다. 만일 이 단계에서 욕구 사정이 불충분하거나, 대상자의 문제에 대한 분석이 부정확할 경우, 회기 도중 개입의 초점이 흐려지거나 구성원 간 욕구 불일치로 인한 갈등이 초래될 수 있다.

둘째, 준비 단계는 구성원 간 적절한 조화를 이루기 위한 선별적 접근

(selection)이 이루어지는 시기이기도 하다. 집단은 상호작용을 기반으로 움직이는 구조이기 때문에 구성원의 개별 특성과 집단 적합성을 고려한 모집 및 선별 과정이 없을 경우, 특정 구성원이 집단 내에서 소외되거나, 과도하게 발언을 주도하는 비대칭 구조가 형성될 수 있다.

셋째, 준비 단계는 구성원에게 심리적 안정감을 제공하고 집단에 대한 현실적인 기대와 역할 이해를 형성하는 기능을 수행한다. 참여자는 집단 참여에 대한 기대와 동시에 불안, 저항, 의심 등의 감정을 지닌 채 접수면접 또는 오리엔테이션에 참여하게 된다.

준비 단계는 사회복지사가 실천 환경을 점검하고, 필요한 자원을 조율하는 시기로서, 프로그램의 안정적 실행을 위한 전제 조건을 마련한다. 교육 자료 준비, 공간 확보, 기관 협조, 외부 전문가 연계 등 실무적 준비가 미비할 경우 회기 중단, 일정 변경, 참여자의 혼란과 같은 실행상 장애가 발생할 수 있다.

(3) 준비 단계의 주요 실천기술

준비 단계의 주요 실천기술은 먼저 대상자의 공통된 욕구와 문제를 파악하는 욕구 사정(needs assessment)으로 시작한다. 다음으로 프로그램 개요 · 목표 · 회기 수 · 주제 · 시간 · 장소 · 운영 원칙 등을 구체화해 집단을 설계 · 구조화한다. 참여자의 성격 · 문제 유형 · 동기 수준을 접수 면접으로 평가해 적합성을 판단한다. 시작 전에는 목적 · 규칙 · 비밀보장 등을 안내하고 상호 계약을 체결한다. 마지막으로 공간 · 예산 · 시간표 · 인력 등 물리적 자원 확보와 기관 승인 등 행정적 조율을 마쳐 집단 운영 기반을 완성한다.

준비 단계의 주요 실천기술은 〈표 13-3〉과 같다.

표 13-3 준비 단계의 주요 실천기술

단계	설명
욕구 사정 및 문제 진단	대상자의 공통된 욕구와 문제를 파악하여, 목적에 부합하는 집단 구성의 기초 자료로 활용
집단 설계 및 구조화	프로그램 개요, 목표, 기대 효과, 회기 수·주제, 시간·장소, 운영 원칙 등을 구체화. 교육집단은 주차별 커리큘럼, 치료집단은 회기별 정서 흐름 및 개입 기법 단계 설계
구성원 선정 및 접수면접	참여 대상자의 성격·문제 유형·동기 수준 등을 평가하여 집단 적합성 판단. 부적절 인원 포함 시 집단 역동 왜곡 방지
사전 오리엔테이션 및 계약	집단 시작 전 목적, 참여 방식, 규칙, 비밀보장 원칙 등 안내 및 상호 동의 계약 체결
기관 및 자원 조율	공간·예산·시간표·인력 등 물리적 자원 확보와 행정 승인 등 기관 차원의 준비 작업

사 례

부모 역할 교육집단 사전 준비 사례

지역아동센터에서 저소득층 가정을 위한 부모 역할 교육집단을 기획한 사회복지사는 준비 단계에서 다음과 같은 절차를 거쳤다. 우선 사전에 보호자들을 대상으로 설문조사를 실시하여 자녀 양육에서 겪는 어려움(예 : 훈육, 정서적 소통, 디지털 중독 등)을 사정하였다. 그 결과 '자녀와의 의사소통'과 '감정 조절'이 주요 욕구로 확인되었고 이에 따라 6회기 구조의 교육집단을 설계하였다.

이후, 참여자 모집을 위해 센터 내 가정방문 담당자와 협력하여 대상자를 선별하였고 1:1 접수면접을 통해 각 참여자의 기대와 관심사를 확인하였다. 면접 시에는 집단의 목표, 진행 방식, 참여 규칙 등을 설명하고, 자발적 참여 의사를 재확인하였다.

집단 시작 일주일 전 오리엔테이션을 실시하여 참여자 간 얼굴을 익히고 기대감과 불안을 공유하는 시간을 마련함으로써 초기 긴장을 완화하였다.

사회복지사는 이후 진행될 회기를 안정적으로 운영할 수 있도록 자료 인쇄, 시청각 장비 확보, 유아 돌봄 인력 배치 등도 사전에 조정하였다.

(4) 준비 단계에서 사회복지사의 역할

준비 단계에서 사회복지사는 기획자(Planner), 사정자(Assessor), 설계자(Designer), 조정자(Coordinator)의 역할을 수행한다.

2) 초기 단계의 실천기술

(1) 개념

초기 단계는 집단이 실제로 시작되는 첫 번째 회기이며 구성원들이 상호 대면하여 관계를 형성하고 집단의 구조, 규범, 목표에 대해 탐색하는 시기이다. 이 단계는 터크만이 제시한 집단 발달 5단계 이론 중 첫 번째 단계로 상호 탐색, 안전 추구, 자기노출의 조심스러운 시도, 리더에 대한 의존이 주요 특징으로 나타난다.

초기 단계의 구성원은 집단의 분위기, 참여자의 태도, 리더의 언행 등을 민감하게 관찰하며 자신이 집단 내에서 어떻게 받아들여질지를 탐색한다. 따라서 집단 내 심리적 안전감을 형성하고 관계의 초석을 다지는 매우 중요한 단계이다.

(2) 라포 형성

초기 단계는 단순히 집단의 첫 만남이라는 의미를 넘어, 이후 집단의 응집력 형성 여부를 결정짓는 정서적 기반 형성의 시기이다. 이 시기의 구성원들은 집단에 참여할지 말지를 내부적으로 '시험'하며, 발언 여부, 태도, 표정 등 모든 행동을 통해 상호 반응을 탐색하고 반응을 예측한다. 이때 심리적 안정감이 확보되지 않으면 구성원들은 자기개방을 꺼리거나 방어적 태도를 지속할 가능성이 높다.

이 시기에 사회복지사의 적절한 개입이 필요하고 그러지 못할 경우, 향후 회기에서 신뢰 관계 형성 지연, 자기개방 부족, 피상적 상호작용이 지속될 가능성이 높아진다.

(3) 초기 단계의 주요 실천기술

관계 형성을 위해 첫 만남에서 간단한 자기소개, 공통점 찾기, 가벼운 게임 등으로 긴장을 풀고 초기 신뢰를 쌓는다. 이어 집단 목적 · 회기 수 · 시간 · 비밀보장 · 발언 규칙을 명확히 안내해 예측 가능한 환경을 제공한다. 사회복지사는 먼저 자신의 경험과 감정을 공유해 자기개방을 촉진하고, 비판 없는 경청과 비언어적 지지로 심리적 안전감을 조성한다. 구성원들이 집단에 대한 기대와 우려를 나누며 불안 요인을 해소하고 공감대를 형성한다.

표 13-4 초기 단계의 주요 실천기술

유형	설명
아이스브레이킹	간단한 자기소개, 공통점 찾기, 가벼운 게임 등을 통해 첫 대면 시 긴장을 완화하고 초기 신뢰를 형성
구조 및 규칙 명료화	집단 목적, 회기 수 · 시간, 비밀보장 원칙, 발언 규칙 등을 안내하여 예측 가능한 환경 제공, 심리적 불안 감소 및 비정상적 행동 예방
리더 모델링	사회복지사가 자신의 경험 · 감정 · 기대를 먼저 공유하여 구성원에게 자기개방의 모델을 제시함으로써 참여를 촉진
심리적 안전감 조성	비판 없는 수용적 태도, 경청, 눈맞춤 · 고개 끄덕임 등의 비언어적 지지를 통해 구성원이 안전함을 느끼도록 함
기대감 및 우려 확인	구성원들이 집단에 대한 기대와 걱정되는 점을 공유하게 하여 불안 요인을 해소하고 공감대를 형성

사 례

청소년 스트레스 관리 집단의 초기 단계 사례

지역 정신건강복지센터에서 운영한 청소년 스트레스 관리 집단은 고등학생 8명을 대상으로 구성되었다. 첫 회기에서는 '나를 한 단어로 소개하기', '좋아하는 색깔 말하고 이유 설명하기' 등의 아이스브레이킹을 통해 구성원 간 긴장을 완화하였다. 이후 사회복지사는 집단의 목적(스트레스 인식과 해소), 진행 방식(6회기, 1회 90분), 참여 기대 역할, 비밀보장 원칙 등을 PPT를 활용해 시각적으로 안내하였다.

구성원들은 처음에는 말수가 적고 소극적인 모습을 보였지만, 사회복지사가 먼저 고등학교 시절 겪었던 스트레스 상황을 이야기하며 자기개방의 모델을 제시하자, 점차 '시험 스트레스'

나 '부모와의 갈등'을 말하는 참여자가 생기기 시작했다. 회기 말에는 '이 집단이 내게 도움이 될 것 같다'는 기대와 함께 '나만 말 안 하면 이상하게 보일까 봐 걱정된다'는 우려도 공유되었다.

이 과정은 구성원 간 심리적 거리감을 좁히고 다음 회기에서의 적극적인 참여로 이어지는 기반이 되었다.

(4) 초기 단계에서 사회복지사의 역할

초기 단계에서 사회복지사는 분위기 조성자이자 구조 안내자, 신뢰 촉진자로서 역할을 수행한다. 이 시기의 핵심은 '말하게 하기'가 아니라 '말할 수 있는 환경을 조성하는 것'이다. 따라서 구성원들에게 심리적 안전과 존중의 메시지를 지속적으로 전달하며 개별 차이를 수용하는 태도가 필요하다. 또한, 침묵하는 구성원을 배려하되 지나친 비주도적 태도는 점진적으로 참여하도록 촉진할 수 있어야 한다.

3) 사정 단계의 실천기술

(1) 개념

사정 단계(assessment stage)는 집단이 형성되어 초기 관계가 이루어진 이후, 구성원 개개인과 집단 전체의 욕구와 문제, 상호작용 구조, 변화 가능성 등을 구체적으로 분석하고 진단하는 시기이다. 집단 구성원의 개별적 특성과 욕구에 맞추고 집단 전체의 구조적·정서적 상태를 다차원적으로 분석함으로써 사회복지사는 적절하고 실효성 있는 개입을 설계할 수 있다.

(2) 사정 단계의 필요성

사정 단계는 집단실천의 중간 기점에서 구성원의 문제 유형, 상호작용 패턴, 변화 동기, 집단 응집력 수준, 리더십 구조 등을 진단하여 향후 개입 전략을 미세 조정하는 데 결정적이다. 사정 단계는 또한 침묵하거나 소외된 구성원, 과도하게 발언을 주도하는 구성원, 정서적으로 불안정한 참여자 등에 대해 사회복지사가 민감하게 개입할 수 있는 근거를 제공한다.

표 13-5 사정 단계의 주요 실천기술

기법	설명
구조화된 관찰	구성원의 언어적 · 비언어적 반응, 발언 빈도, 상호작용 방향성, 주도성, 감정 표현 등을 체계적으로 관찰하여 집단 내 관계 지형과 역할 분화 상태를 진단
자기보고 및 체크리스트	구성원에게 현재 심리 상태, 집단 경험 만족도, 감정 변화 등을 체크리스트나 간단한 설문 양식을 통해 표현하도록 하여 주관적 경험을 수집
중간 점검 회기	집단 경험 전반에 대한 평가, 남은 회기에 대한 기대와 필요 변화를 자유롭게 나누는 시간을 제공하여 집단 진행 방향을 조정
생태도/관계 도표 활용	생태도, 구조도, 상호관계 도표 등을 사용해 집단 내 상호작용 네트워크를 시각화하고, 구조적 관계 및 지지망을 분석
구성원 개별 면담	참여 동기, 불안 요인, 기대와 현실 간 격차, 변화 저항 요소를 심층적으로 파악하여 맞춤형 개입 방안 모색

사 례

대학생 자존감 향상 집단의 사정 단계 사례

대학생 10명을 대상으로 한 자존감 향상 집단은 3회기의 중간 시점에서 사정 단계를 진행하였다. 사회복지사는 구성원들에게 '지금까지의 참여 경험에서 좋았던 점과 불편했던 점'을 쓰는 개인 회기 점검지를 배포하였다. 회수된 자료에서는 일부 구성원이 "자신의 이야기를 충분히 하지 못했다", "몇 명이 주로 말하고 나는 경청만 한다"는 의견을 내놓았다. 이를 토대로 사회복지사는 발언 기회 배분을 조정하고, 침묵하는 구성원에게 질문을 유도하는 방식으로 중재 전략을 설계하였다.

또한 회기 중 사회복지사는 구성원 간 시선 회피, 팔짱, 발언 반복 등 비언어적 반응을 체계적으로 기록하고, 관계 도표를 작성하여 하위집단과 소외 구성원의 존재를 시각적으로 분석하였다.

이 과정에서 특정 하위집단이 지나치게 응집되어 타 구성원의 참여를 위축시키고 있음을 파악하고, 이후 회기에서 전체 게임과 소그룹 재편성을 통해 집단 구조의 재조정을 시도하였다.

(3) 사정 단계에서 사회복지사의 역할

사정 단계에서 사회복지사는 관찰자, 분석가, 촉진자의 복합적 역할을 수행한다. 사회복지사는 중립성과 객관성을 유지하면서 구성원의 감정을 수용하고, 관찰 내용을 바탕으로 개입 전략을 유연하게 조정해야 한다.

4) 개입 단계의 실천기술

(1) 개념

개입 단계는 집단이 안정된 상호작용 기반 위에서 구성원 간 정서적 연결이 형성되고 집단의 목적 달성을 위한 본격적인 행동 변화와 문제 해결을 시도하는 중심 단계이다. 이 시기의 구성원은 비교적 자기개방이 활발해지고 타인의 경험에 대한 공감 능력과 피드백의 수용 능력 증가 및 정서적 긴장이나 갈등도 나타날 수 있어 지속적인 리더의 중재와 역동 조절 능력이 요구된다.

(2) 개입 단계의 필요성

개입 단계는 집단실천의 핵심 과정으로 그 이전 단계(준비-형성-사정)에서 축적된 심리적 안전감, 신뢰, 응집력을 바탕으로 실질적인 변화를 유도하는 시기이다. 이 단계에서 사회복지사는 구성원이 자기이해를 심화하고 통찰을 형성하며 실질적인 행동 변화를 시도할 수 있도록 구조화된 개입을 적용해야 한다.

표 13-6 개입 단계의 주요 실천기술

기법	설명
자기개방 촉진	구성원이 자신의 감정 · 경험 · 가치관 · 과거 사건 등을 깊이 있게 개방하도록 격려하여 자기인식을 높이고, 타인과의 공감 및 상호 이해를 증진한다.
피드백 주고받기	구성원 간에 서로의 행동과 말에 대한 피드백을 주고받아 타인의 시선에서 자신을 재인식하고, 관계적 통찰을 얻을 수 있도록 돕는다.
감정 표현과 통찰 촉진	억압된 감정을 안전한 환경에서 인식 · 표현하도록 지원하며, 분노 · 슬픔 · 불안 등의 감정이 문제 해결의 단초로 작용하도록 촉진한다.
역할 연습 및 행동 실험	실생활 갈등 장면이나 문제 상황을 집단 내에서 연습함으로써 새로운 행동 대안을 시험하고, 이를 통해 자기효능감과 대처 능력을 강화한다.
인지 재구성	비합리적 신념이나 자기비난적 사고를 인식하고, 이를 대안적이고 기능적인 합리적 사고로 교체하여 심리적 안정을 돕는다.
행동 강화 및 과제 설정	긍정적 행동과 변화를 강화하고, 회기 사이에 실천 가능한 과제를 부여하여 집단 외부에서도 학습된 변화를 지속하도록 유도하며, 다음 회기에서 피드백을 통해 효과를 극대화한다.

사 례

청년구직자 집단에서의 개입 단계 사례

한 지역 고용복지센터에서 실시한 청년구직자 자기효능감 향상 집단(6회기)의 4회기부터는 개입 단계가 본격화되었다. 사회복지사는 자기개방을 촉진하기 위해 "최근 면접에서 가장 자신 없었던 순간을 공유해 보자"는 질문으로 대화를 유도하였다. 이후 구성원 중 한 명이 면접 중 "자기소개조차 말문이 막혔다"는 경험을 공유하며 울먹이자, 다른 구성원들이 공감과 격려의 피드백을 제공하였다.

사회복지사는 해당 구성원의 자기비난적 인지를 점검하고 '모든 사람이 면접에서 실수할 수 있음'을 인지하도록 도왔다. 이후 실제 면접 상황을 재현하는 역할 연습을 실시하였으며 각 참여자에게 '다음주 모의 면접 준비하기'라는 과제를 부여하였다.

이 회기는 구성원 간 유대감을 강화하고 구체적인 행동 변화가 시작되는 결정적 계기가 되었다.

(3) 개입 단계에서 사회복지사의 역할

개입 단계에서 사회복지사는 촉진자, 개입자, 치료적 해석자로서 다층적인 역할을 수행한다. 사회복지사는 구성원 개개인의 표현을 지지하고 감정-사고-행동 간의 연결을 유도하며 집단 내 갈등을 조정하는 중재 기능도 수행한다.

5) 종결 단계의 실천기술

(1) 개념

종결 단계는 집단실천의 마지막 단계로 구성원들이 집단 경험을 마무리하고 외부 환경에서 습득한 기술과 통찰을 적용하며 자율성과 독립성을 회복해 가는 과정이다. 이 단계는 단순한 '마침'을 의미하는 것이 아니라 집단에서 이루어진 변화와 성과를 통합하고 내면화하여 실생활에 이식하는 과도기적 전환 시점이다.

종결은 감정적으로 복합적인 의미를 지닌다. 많은 구성원은 집단을 통해 지지와 안정감을 경험했기에 이별을 아쉬워하며 동시에 성장을 완수한 데 대한 자긍심도 느낄 수 있다. 따라서 종결 단계에서는 집단 과정에 대한 정서적 반응을 수용하고, 구성원이 변화 내용을 재확인하며 이후 삶에의 적용 방안을 모색하는 실천적 과정이 필요하다.

(2) 종결 단계의 필요성

종결 단계는 구성원들이 집단을 통해 얻은 변화와 배움을 정리, 내면화, 외재화하는 데 핵심적인 역할을 한다. 집단 경험은 일회적인 사건이 아니라 그 결과물이 지속적으로 삶에 반영될 수 있도록 의식적 전환과 실행 계획 수립의 기회를 제공해야 한다.

종결은 사회복지사와 구성원 간, 구성원 상호 간의 관계 종결을 의미하기 때문에 상실감, 분리 불안, 과거 경험의 재자극 등 복합 감정이 촉발될 수 있음을 고려해야 한다. 이러한 감정을 억제하기보다는 자연스럽게 표현하고 정리하도록 유도해야 하며 종결 과정 자체가 치유와 성장의 마지막 기회가 되도록 구성하는 것이 중요하다.

표 13-7 종결 단계의 주요 실천기술

단계	설명
집단 경험 회고 및 평가	구성원들이 집단 참여를 통해 경험한 변화, 배운 점, 인상 깊었던 장면 등을 자유롭게 나누어 자신의 내적 성장을 자각·정리하고, 타인의 피드백을 통해 변화를 재확인
이별 감정 표현	종결에 따른 아쉬움·고마움·불안감 등을 표현하도록 유도해 억눌린 감정을 해소하고, 건강한 관계 마무리와 정서 표현 기술 확장을 지원한다. 사회복지사는 비언어적 신호에도 민감히 반응하여 심리적 안전 유지 도모
행동 유지 계획 수립	집단에서 학습한 기술·통찰·변화된 행동을 일상에 적용·유지하기 위한 구체적 실행 목표, 장애 요인 점검, 지원 체계 구축 방안을 함께 수립하며, 자기 계획서나 목표 선언문을 작성 유도
자원 연결 및 후속 지원 안내	지속적 지원이 필요한 경우 지역사회 자원, 상담센터, 자기주도 학습 자원 등과의 연결 방안을 안내하여 종결 후 공백을 줄이고 자립 기반을 마련하도록 지원
의식적 종결의식 또는 상징적 마무리	서로에게 감사 편지 쓰기, 집단 사진 촬영, 증서 수여, 공동 작품 제작 등 집단 이별을 의미 있게 경험할 수 있는 상징적 활동을 도입해 집단 경험을 기억하고 정서적으로 마무리하도록 도모

사 례

성인 ADHD 자기관리 집단 종결 회기 사례

정신건강복지센터에서 진행한 성인 ADHD 자기관리 집단은 총 8회기로 구성되었으며, 종결 회기에서는 '변화 일지'를 작성하고 서로에게 '나의 성장 이야기'를 발표하는 시간을 가졌다. 한 구성원은 "이 집단을 통해 처음으로 스스로를 계획적으로 조절할 수 있었다"고 고백하였고, 다른 구성원은 "다시 혼자가 되는 것이 두렵지만, 이제는 대처법이 있다는 것이 위안이 된다"고 이야기하였다.

사회복지사는 구성원들이 종결에 대한 아쉬움과 불안을 솔직하게 표현할 수 있도록 지지하였으며, 이후 '자기 강점 유지 계획표'를 배부하여 개인별 실행 계획을 수립하게 하였다.

마지막으로 모든 구성원에게 '참여 증서'를 수여하고 집단 사진을 촬영함으로써 종결의 의미를 공식화하고 정서적으로 안정된 마무리를 제공하였다.

(3) 종결 단계에서 사회복지사의 역할

종결 단계에서 사회복지사는 정서 조율자, 계획 촉진자, 자립 유도자로서 기능한다. 감정의 흐름을 안전하게 이끌고, 구성원들이 변화 내용을 구조화하여 내면화하도록 돕는 동시에 종결 이후의 자립과 지속적 성장에 대한 자신감을 심어주어야 한다. 종결 이후 위기 상황에 대처할 수 있는 대처 계획과 자원 정보를 충분히 제공하는 역할도 중요하다.

6) 평가 단계의 실천기술

(1) 개념

평가 단계는 집단실천이 종료되거나 종료를 앞둔 시점에서 집단 활동의 전 과정을 체계적으로 검토하고 목표 달성도, 구성원 변화, 실천 효과성, 과정의 적절성 등을 측정하고 해석하는 단계이다. 이 단계는 단순히 결과를 확인하는 데 그치지 않고 과정의 질적 분석과 이후 실천 향상을 위한 피드백 제공이라는 실천적 목적을 지닌다.

평가는 결과 중심의 산출(Output)뿐만 아니라 집단 내 상호작용, 리더십, 참여도, 구성원 만족도 등 과정 중심의 평가도 포함해야 하며 평가 결과를 통해 사회복지사는 실천기술의 타당성과 전문성을 재검토하고 향후 실천 계획에 반영할 수 있다.

(2) 평가 단계의 필요성

집단실천은 개입만큼이나 반성과 평가를 통한 피드백 순환이 중요하다. 구성원의 주관적 변화 경험뿐 아니라 객관적인 변화 지표를 수집하고 분석함으로써 실천의 타당성과 효과를 정량적 · 정성적으로 입증할 수 있다.

평가는 구성원에게도 자기효능감과 변화 인식을 강화하는 계기가 된다. 구성원이 자신의 참여 효과를 확인함으로써 변화의 의미를 명확히 하고 이후 유지 동기를 강화할 수 있음이 여러 연구에서도 확인되었다. 따라서 평가는 종결의 부속이 아니라 실천의 필수적 완결 요소이다.

표 13-8 평가 단계의 주요 실천기술

단계	설명
사전-사후 비교 평가	집단 참여 전 · 후에 동일 척도(예 우울 · 자아존중감 · 스트레스 인식 척도) 또는 자기보고지를 활용해 인지 · 태도 · 감정 · 행동 변화를 수치화하여 개입 효과성을 객관적으로 분석
자기보고 및 변화 인식 점검	회기 말 자기평가 도구를 사용해 구성원이 자신의 변화, 느낀 점, 남은 과제 등을 기술하도록 유도하여 주관적이지만 구체적인 변화 인식을 촉진하고 자기성찰을 강화
회기별 과정 평가	각 회기 후 체크리스트나 감정 도표를 작성해 참여도 · 만족도 · 주제 적합성 · 집단 역동의 질 등을 점검하고, 중재 적절성 및 이후 회기 설계에 필요한 실질적 자료로 활용
집단토의 기반 피드백	마지막 회기에서 구성원 전원이 소감, 변화된 점, 남은 과제, 개선점 등을 구두로 공유하게 하여 상호 인정과 강화, 보완을 이루고 자연스러운 정서적 통합을 촉진
사례 기록 및 분석	사회복지사가 작성한 사례 기록 · 관찰 노트 · 회기 요약 등을 분석해 집단 흐름과 구성원 변화를 문서화하고, 이를 바탕으로 프로그램 개선 방향을 수립하여 기관의 성과 보고 및 평가 자료로 활용

사 례

청소년 의사소통 기술 향상 집단의 평가 사례

한 지역 아동복지시설에서 실시된 청소년 의사소통 기술 향상 집단(6회기)은 1회기 시작 전과 6회기 종료 후 의사소통 자가진단 척도를 활용하여 사전-사후 평가를 실시하였다. 분석 결과 평균 점수가 2.8에서 3.9로 상승하였으며, 특히 '경청기술'과 '감정 표현' 항목에서 큰 향상이 있었다.

사회복지사는 마지막 회기에서 구성원에게 "내가 가장 많이 변했다고 느낀 부분"과 "앞으로도 실천하고 싶은 의사소통 기술"에 대해 간단히 글로 쓰게 한 후 순차적으로 구두로 발표하도록 하였다. 한 구성원은 "예전에는 말 걸기조차 어려웠는데 지금은 먼저 질문할 수 있다"며 변화에 대한 자신감을 표현하였다.

이러한 평가 결과는 문서화되어 시설 내 연간 성과보고서에 반영되었다.

(3) 평가 단계에서 사회복지사의 역할

평가 단계에서 사회복지사는 측정자, 피드백 촉진자, 성과 보고자로서 역할을 수행한다. 실천의 객관적 효과성을 문서화하고, 구성원에게 변화에 대한 긍정적 인식을 제공하며 동시에 기관이나 지역사회에 실천의 타당성을 제시할 수 있어야 한다. 평가 결과를 바탕으로 다음 실천 기획 시 개선 방향을 제시하는 반성적 사회복지사로서 기능해야 한다.

표 13-9 집단 발달 단계별 실천기술 비교 요약

	단계	목표	사회복지사의 역할
1	준비	집단 목표 설정 및 구조 설계 참여자 모집 및 선별	설계자, 선별자, 안내자
2	초기	관계 형성, 규범 안내, 라포 조성	촉진자, 지지자, 규범 형성자
3	사정	구성원 문제 및 자원 사정 집단 요구 분석	정보 수집자, 분석자
4	개입	목표 달성 위한 활동 및 개입 실행	재입자, 과제 조정자, 변화 유도자
5	종결	집단 활동 마무리, 이별 준비 및 통합	종결 조력자, 통합 촉진자
6	평가	집단 개입 효과 분석 및 향후 제언	평가자, 평가 조력자, 기록자

부 록

사례관리 기록 양식

- 서식1. 초기상담지
- 서식2. 개인정보 수집 · 이용, 제공 동의서
- 서식3. 욕구조사(사정)표 [기본]
- 서식4. 사례회의록
- 서식5. 서비스의뢰서
- 서식6. 사례보고서
- 서식7. 종결평가서

서식1. 초기상담지

<table>
<tr><td>상담 번호</td><td colspan="3"></td><td colspan="2">상담일시</td><td colspan="2"></td><td colspan="2">(　　　차) 상담</td></tr>
<tr><td>상담자</td><td colspan="3"></td><td colspan="2">소속</td><td></td><td>연락처</td><td colspan="2"></td></tr>
<tr><td>접수경로</td><td colspan="5">□ 대상자 요청
□ 사례관리자의 발굴 (　　　　　)
□ 통장 및 이웃주민 등 (　　　　)</td><td colspan="4">□ 타 기관 의뢰 (　　　　　　　)
□ 기타 (　　　　　　　　)</td></tr>
<tr><td>상담유형</td><td colspan="9">□ 지역사회기관 방문　□ 가정방문　　　　□ 내방　　□ 전화</td></tr>
<tr><td>대상자 성명</td><td colspan="3"></td><td colspan="2">주민등록번호</td><td colspan="2"></td><td>성별</td><td>□ 남 □ 여</td></tr>
<tr><td rowspan="2">연락처</td><td>집(직장)</td><td colspan="2"></td><td colspan="2" rowspan="2">주소</td><td>등본주소</td><td colspan="3"></td></tr>
<tr><td>휴대전화</td><td colspan="2"></td><td>실거주주소</td><td colspan="3"></td></tr>
<tr><td>가구 유형</td><td colspan="9">□ 소년소녀가구 □ 독거노인가구 □ 조손가구 □ 한부모가구 □ 새터민가구
□ 공동체가구　□ 노인부부가구 □ 청장년1인가구 □ 부부중심가구
□ 미혼모부가구 □ 장애인가구　□ 다문화가구　□ 기타 (　　　　)</td></tr>
<tr><td>주거 유형</td><td colspan="9">□ 자가 □ 전세 □ 월세 □ 사글세 □ 임대주택 □ 무상임대 □ 시설/그룹홈
□ 기타(무허가, 고시원 등)</td></tr>
<tr><td rowspan="5">가족 사항</td><td>관계</td><td>성명</td><td>나이</td><td>동거
여부</td><td>장애</td><td>학력</td><td>직업</td><td>대상자가 생각하는
가구원별 문제</td><td>전화번호</td></tr>
<tr><td></td><td></td><td></td><td></td><td></td><td></td><td></td><td></td><td></td></tr>
<tr><td></td><td></td><td></td><td></td><td></td><td></td><td></td><td></td><td></td></tr>
<tr><td></td><td></td><td></td><td></td><td></td><td></td><td></td><td></td><td></td></tr>
<tr><td></td><td></td><td></td><td></td><td></td><td></td><td></td><td></td><td></td></tr>
<tr><td>상담 내용</td><td colspan="9"></td></tr>
<tr><td>상담자
종합 의견</td><td colspan="9"></td></tr>
</table>

서식2. 개인정보 수집·이용, 제공 동의서

❑ 개인정보 수집 및 이용 동의서 (일반개인정보)

항목		수집목적	보유기간
필수	- 대상자 정보(성명)	- 사회복지서비스(사례관리 포함)의 신청, 조사, 제공 계획 수립 및 실행	사례관리 종결 후 5년
선택	- 대상자 정보(성별, 나이, 연락처, 보장내역, 자격, 소득·재산소계 등) - 가구구성 정보(성명, 주소, 직업, 보장내역, 연락처 등) - 자격·수혜이력정보		

※ 위의 개인정보 수집·이용에 대한 동의를 거부할 권리가 있습니다. 그러나 동의를 거부할 경우 원활한 서비스 제공에 일부 제한을 받을 수 있습니다.

☞ **위와 같이 개인정보를 수집·이용하는데 동의하십니까?** □ 예 □ 아니오

❑ 개인정보 수집 및 이용 동의서 (고유식별정보)

항목	수집목적	보유기간
- (대상자) 주민등록번호* 외국인 등록번호 - (가족 구성원) 주민등록번호*, 외국인등록번호	- 사회복지서비스(사례관리 포함)의 신청, 조사, 서비스 제공의 실시 여부 및 그 유형의 결정	사례관리 종결 후 5년

* 주민등록번호는 『사회복지사업법』 시행령 제25조의2 제2항에 따라 수집합니다.

☞ **위와 같이 고유식별정보를 수집·이용하는데 동의하십니까?** □ 예 □ 아니오

❑ 개인정보 수집 및 이용 동의서 (민감정보)

항목	수집목적	보유기간
- 『개인정보보호법』 제23조 제1항 각 호와 동법 시행령 제18조 각 호에서 정하고 있는 민감정보 중 건강정보, 범죄경력정보 등	- 사회복지서비스(사례관리 포함)의 신청, 조사, 서비스 제공의 실시 여부 및 그 유형의 결정	사례관리 종결 후 5년

☞ **위와 같이 민감정보를 수집·이용하는데 동의하십니까?** □ 예 □ 아니오

❑ 개인정보 제3자 제공 동의서

제공받는 기관	제공목적	제공하는 항목	보유기간
- 『사회보장급여의 이용·제공 및 수급권자 발굴에 관한 법률』 제2조에 따른 보장기관(국가기관, 지방자치단체) 및 제51조 제1항에 따라 보장기관의 장으로부터 권한 또는 업무의 일부를 위임받은 소속기관 - 『사회복지사업법』 제2조에 따른 사회복지법인, 사회복지시설 및 사회복지관	- 수급권자별 사회보장급여 지원계획의 수립 및 실행 - 『사회복지사업법』제33조의5에 따른 보호대상자별 서비스 제공 계획 수립, 변경, 실시	- 대상자정보(성명, 주민등록번호 등) - 가족구성정보(성명, 연령 등) - 사례관리정보(가족력, 개인력, 서비스 제공이력 등)	사례관리 종결 후 5년

※ 위의 개인정보 제공에 대한 동의를 거부할 권리가 있습니다. 그러나 동의를 거부할 경우 원활한 서비스 제공에 일부 제한을 받을 수 있습니다.

☞ 위와 같이 개인정보를 제공하는데 동의하십니까? □ 동의함 □ 동의하지 않음

년 월 일

본인 성명 (서명 또는 인)

※ 정보주체가 만14세 미만의 아동인 경우

☞ 위와 같이 개인정보를 수집·이용하는데 동의하십니까? □ 예 □ 아니오

☞ 위와 같이 고유식별정보를 수집·이용하는데 동의하십니까? □ 예 □ 아니오

☞ 위와 같이 민감정보를 수집·이용하는데 동의하십니까? □ 예 □ 아니오

☞ 위와 같이 개인정보를 제공하는데 동의하십니까? □ 예 □ 아니오

년 월 일

본인 성명 (서명 또는 인)

법정대리인 성명 (서명 또는 인)

서식3. 욕구조사(사정)표 [기본]

대상자명		주민등록번호		연락처	집:	직장:	□ 신규 □ 재조사( )차
주소					휴대전화:		

주거사항										
	주거형태	□ 단독주택 □ 다세대주택연립 □ 아파트 □ 무허가, 움막, 비닐하우스 □ 여관, 고시원, 쪽방 □ 기타	가옥구조	□ 방(개) □ 거실(개) □ 주방(개) □ 화장실(개) □ 욕실(개) □ 화장실, 욕실 겸용	주거유형	□ 자가 □ 전세(보증금 원) □ 월세 (보증금 원, 월세 원) □ 임대주택 (보증금 원, 월세 원) □ 무상임대 □ 시설/그룹홈( ) □ 기타 ( )	난방방법	□ 가스, 기름보일러 □ 연탄, 화목 보일러 □ 심야전기 □ 없음 □ 기타( )	화장실	□ 공용 □ 단독 □ 수세식 □ 재래식 □ 본채 □ 별채

주거사항								
	주거상태	□ 양호 □ 노후	□ 긴급보수필요 □ 폭염취약	□ 한파취약 □ 환기부적절	□ 채광부족 □ 협소한공간	□ 악취/불결		
	주거환경	□ 소음 □ 유흥가	□ 대로변 □ 기타( )	이사계획	□ 유 □ 무	거주기간	년 개월	

가족사항	가구주와 의관계	성명	나이	성별	동거여부	학력	직업	결혼상태	연락처	장애	질병	비고

가구유형					
	□ 소년소녀가구	□ 독거노인가구	□ 조손가구	□ 한부모가구	□ 새터민가구
	□ 공동체가구	□ 노인부부가구	□ 청장년1인가구	□ 부부중심가구	□ 미혼모부가구
	□ 장애인가구	□ 다문화가구	□ 기타 ( )		

가족력		
	결혼전기	
	결혼적응기	
	자녀아동기	
	자녀청소년기	
	노년기	
	특이사항	

개인력	관계	성명	나이	특이사항			
				영유아기	아동기	청소년기	성인기

<table>
<tr><th rowspan="2">욕구 영역별 조사</th><th colspan="2" rowspan="2">욕구 영역</th><th rowspan="2">주요 현상</th><th rowspan="2">대상자</th><th colspan="4">주요 원인 및 원인제공자</th><th rowspan="2">욕구 내용</th><th rowspan="2">우선순위</th></tr>
<tr><th>제공자 1</th><th>원인 1</th><th>제공자 2</th><th>원인 2</th></tr>
<tr><td rowspan="6">욕구 영역 별 현상 및 원인</td><td rowspan="6">0-안전</td><td rowspan="6">01-가족 내 안전 유지</td><td>A-폭력</td><td></td><td></td><td></td><td></td><td></td><td></td><td></td></tr>
<tr><td>B-성추행/성폭력</td><td></td><td></td><td></td><td></td><td></td><td></td><td></td></tr>
<tr><td>C-유기</td><td></td><td></td><td></td><td></td><td></td><td></td><td></td></tr>
<tr><td>D-방임</td><td></td><td></td><td></td><td></td><td></td><td></td><td></td></tr>
<tr><td>E-학대</td><td></td><td></td><td></td><td></td><td></td><td></td><td></td></tr>
<tr><td>F-실종</td><td></td><td></td><td></td><td></td><td></td><td></td><td></td></tr>
</table>

<table>
<tr><th rowspan="2">척도를 이용한 사정</th><th>척도 종류</th><th>사정 결과</th></tr>
<tr><td>예) 가족강점</td><td>예) 평균 2.87 / 5.0</td></tr>
</table>

<table>
<tr><th>사회적 지지자원</th><td></td><th>요청 서비스 내역</th><td></td></tr>
</table>

<table>
<tr><th rowspan="4">검토 의견</th><th rowspan="3">주요 욕구</th><th>우선순위</th><th>욕구명</th><th>욕구내용</th><th>강점</th><th>장애물</th></tr>
<tr><td></td><td></td><td></td><td></td><td></td></tr>
<tr><td></td><td></td><td></td><td></td><td></td></tr>
<tr><th>종합 의견</th><td colspan="5"></td></tr>
</table>

<table>
<tr><th>사례관리 번호</th><td></td><th>작성일자</th><td></td></tr>
<tr><th rowspan="2">담당자</th><td rowspan="2"></td><th>소속</th><td></td></tr>
<tr><th>연락처</th><td></td></tr>
</table>

서식4. 사례회의록

<table>
<tr><td colspan="2">사례회의구분</td><td colspan="3">□ 내부사례회의 □ 통합사례회의 □ 기타( )</td></tr>
<tr><td colspan="2">사례관리번호</td><td></td><td>대상자명</td><td></td></tr>
<tr><td colspan="2">회의 차수</td><td></td><td>회의 일시</td><td></td></tr>
<tr><td colspan="2">작성자</td><td></td><td>소속 기관</td><td></td></tr>
<tr><td colspan="2">회의 제목</td><td colspan="3"></td></tr>
<tr><td colspan="2">회의 내용</td><td colspan="3"></td></tr>
<tr><td colspan="2">회의 결과</td><td colspan="3"></td></tr>
<tr><td rowspan="2">참석자</td><td>내부 참석자</td><td colspan="3">소속 :
직책 :
성명 :</td></tr>
<tr><td>외부 참석자</td><td colspan="3">소속 :
직책 :
성명 :</td></tr>
<tr><td colspan="2">차기 회의 예정일시</td><td colspan="3">( )차:</td></tr>
</table>

서식5. 서비스의뢰서

<table>
<tr><td>작성 일자</td><td></td><td>담당자</td><td></td></tr>
<tr><td>소속</td><td></td><td>연락처</td><td></td></tr>
<tr><td>의뢰기관</td><td></td><td>의뢰날짜</td><td></td></tr>
<tr><td>의뢰기관
담 당 자</td><td></td><td>의뢰기관
연 락 처</td><td></td></tr>
<tr><td>서비스 대상자
성 명</td><td></td><td>전화번호</td><td>(집)
(H.P.)</td></tr>
<tr><td>주 소</td><td colspan="3"></td></tr>
<tr><td>가구유형</td><td colspan="3"></td></tr>
<tr><td>대상자
요구서비스</td><td colspan="3"></td></tr>
<tr><td>주 의뢰 문제</td><td></td><td>의뢰 서비스</td><td></td></tr>
<tr><td>첨부 내용</td><td colspan="3"></td></tr>
</table>

서식6. 사례보고서

사례관리번호		대상자명		성별/나이	
사례보고일자	20 . .	사례회의유형	□ 내부사례회의 □ 통합사례회의	사례관리자	

1. 사례요약
 1) 기본 정보
  ① 인구통계학적 정보
  ② 클라이언트 사항
  ③ 가족사항 및 가계도

 2) 의뢰 과정 및 내용의 요약

 3) 욕구
  ① 제시된 욕구(대상자, 가족, 의뢰인이 제시한 욕구 포함)
  ② 합의된 목표

 4) 자원 및 장애물 사정
 5) 사정의 근거

2. 개입내용

3. 사례계획

4. 논의요청 내용

5. 회의의 권고(슈퍼비전 내용)

6. 재평가일

(시스템을 통한 작성 내용 불러오기 기능 활용, 사례회의 〉 상담조사결과출력)

서식7. 종결평가서

사례관리번호		대상자명		종결평가 일자	
종결평가 담당자		소속		연락처	

요청일자	인적정보	욕구조사	사례회의	제공계획	서비스 점검	종결평가

단기성과 목표				장기성과 목표			
번호	목표내용	성과구분	성과내역	번호	목표내용	성과구분	성과내역
1				1			
2				2			
3				3			

사례관리자 의견 (담당자 의견)	
대상자(가족)의 변화	
종결평가 의견 (특이사항/사후관리)	
종결평가 결과	☐ 재조사(사정) ☐ 종결
종결 유형	☐ 장기목표 달성 ☐ 단기목표 달성 ☐ 상황호전( )
	☐ 거절이나 포기( ) ☐ 연락두절 ☐ 이사 또는 사망 ☐ 자체종결

※ **성과구분(목표별 달성도)** : 전혀 달성하지 못함(1점) / 기대수준 이하로 달성(2점) / 보통수준(3점) 기대한 정도의 목표 달성(4점) / 기대 이상의 목표달성(5점) 등 목표별 달성도 기록

<table>
<tr><td>상담일자</td><td colspan="5"></td><td>상담자</td><td colspan="2"></td></tr>
<tr><td>대상자명
(세대주)</td><td colspan="2"></td><td colspan="2">생년월일</td><td></td><td>전화번호</td><td colspan="2"></td></tr>
<tr><td rowspan="2">주소</td><td rowspan="2" colspan="5"></td><td>휴대전화</td><td colspan="2"></td></tr>
<tr><td>비상연락처</td><td colspan="2"></td></tr>
<tr><td colspan="9">가족사항(변동사항)</td></tr>
<tr><td>세대주와의관계</td><td>성명</td><td>나이</td><td>동거여부</td><td>학력</td><td>직업</td><td>건강상태</td><td>장애</td><td>질병</td></tr>
<tr><td></td><td></td><td></td><td></td><td></td><td></td><td></td><td></td><td></td></tr>
<tr><td></td><td></td><td></td><td></td><td></td><td></td><td></td><td></td><td></td></tr>
<tr><td></td><td></td><td></td><td></td><td></td><td></td><td></td><td></td><td></td></tr>
<tr><td></td><td></td><td></td><td></td><td></td><td></td><td></td><td></td><td></td></tr>
<tr><td></td><td></td><td></td><td></td><td></td><td></td><td></td><td></td><td></td></tr>
<tr><td rowspan="2">욕구확인</td><td colspan="3">대상자·가족이 원하는
도움·지원의 내용
(표현된 욕구)</td><td colspan="5"></td></tr>
<tr><td colspan="3">대상자·가족의
주요문제·걱정거리
(잠재된 욕구)</td><td colspan="5"></td></tr>
<tr><td colspan="9">상담 내용 및 조치 사항</td></tr>
<tr><td colspan="9"></td></tr>
</table>

참고문헌

고명석 · 김기환(2019). 사회복지실천기술론(제5판). 서울 : 학지사.

고명석 · 김기환 · 김재현 · (2021). 사회복지실천기술론(제5판). 고양 : 공동체.

김기환 · 김명희 · 정익중(2021). 사회복지실천기술론. 서울 : 학지사.

김명석 · 김기환(2019). 사회복지실천기술론(제5판). 서울 : 학지사.

김상균 외(2019). 사회복지실천기술론. 고양 : 공동체.

________(2020). 사회복지실천론. 고양 : 공동체.

김용환 외(2021). 가족복지론. 서울 : 동문사.

김융일 · 남기민 · 김기환(2021). 사회복지실천론(제7판). 서울 : 학지사.

김인수(2008). 해결중심 단기상담에서 질문의 기능에 관한 연구. 상담학연구, 9(1), 111-130.

김정진(2022). 사회복지실천기술론. 서울 : 학지사.

______(2023). 사회복지실천기술론. 파주 : 나남출판.

김혜란 · 이윤로(2016). 사회복지실천론. 고양 : 공동체.

김혜란 외(2020). 사회복지실천론. 서울 : 학지사.

김혜영 외(2020). 사회복지실천론. 고양 : 공동체.

남기민(2019). 사회복지실천론. 서울 : 학지사.

박경서 외(2018). 사회복지실천기술론. 서울 : 학지사.

박용순(2021). 사회복지개론(제6판). 서울 : 학지사.

박윤선(2021). 중년기 부부의 관계 변화에 대한 가족상담 사례연구. 한국가족치료학회지, 29(1), 55-74.

보건복지부(2024). 민간사례관리 업무가이드. 사회복지시설정보시스템 웹사이트. https://www.w4c.go.kr/path/to/your/document.pdf

서혜석 외(2020). 사회복지실천기술론. 고양 : 공동체.

________(2022). 사회복지실천기술론. 고양 : 공동체.

송정부 · 권진영 · 김수환(2022). 사회복지실천의 이해. 파주 : 양서원.

신성만 · 김도형 · 김성천 · 이재완(2006). 사회복지실천기술론. 파주 : 형설출판사.

양종승 외(2020). 사회복지실천기술론. 고양 : 공동체.

________(2021). 사회복지실천기술론. 고양 : 공동체.

여성가족부(2024). 디지털 성범죄 피해자 지원지침. 서울 : 여성가족부.

이승연 외(2021). 사회복지실천론. 고양 : 공동체.

이종래(2020). 사회복지실천의 이론과 실제. 파주 : 나남출판.

이태희 외(2020). 사회복지실천기술론. 고양 : 공동체.

________(2021). 사회복지실천기술론. 고양 : 공동체.

정예진(2023). I-message 의사소통 훈련이 중년 부부의 정서적 유대감에 미치는 영향. 한국사회복지상담학회지, 12(2), 181-204.

정유진(2023). 집단 발달단계에 따른 실천기술 고찰. 한국사회복지실천학회지, 15(2), 55-78.

조홍식·김연옥(2020). 사회복지윤리와 철학. 파주 : 나남출판.
장수미 외(2022). 사회복지실천기술론. 서울 : 학지사.
한국사회복지사협회(2022). 사회복지사 윤리강령. 서울 : 한국사회복지사협회.
_________________(2023). 사회복지 실천윤리지침 해설서. 서울 : 한국사회복지사협회.
한국사회복지학회(2023). 사회복지학 사전. 파주 : 나남출판.

Aguilera, D. C., & Messick, J. M. (1986). *Crisis intervention : Theory and method*(5th ed.). Mosby.
Bandura, A. (1997). *Self-efficacy : The exercise of control*. W. H. Freeman.
Berg, I. K., & de Shazer, S. (2007). *Brief coaching for lasting solutions*. W. W. Norton.
Berg, I. K., & Steiner, T. (2003). *Children's solution work*. W. W. Norton.
Bolton, R. (2016). *People skills : How to assert yourself, listen to others, and resolve conflicts*. Simon & Schuster.
Bronfenbrenner, U. (1979). *The ecology of human development : Experiments by nature and design*. Harvard University Press.
Caplan, G. (1964). *Principles of preventive psychiatry*. Basic Books.
Compton, B. R., & Galaway, B. (1989). *Social work practice : The social psychological approach*(3rd ed.). Brooks/Cole.
Corey, G. (2016). *Theory and practice of group counseling*(9th ed.). Cengage Learning.
Council on Social Work Education. (2015). *Educational policy and accreditation standards*. Council on Social Work Education.
De Jong, P., & Berg, I. K. (2013). *Interviewing for solutions*(4th ed.). Cengage Learning.
De Shazer, S. (1985). *Keys to solution in brief therapy*. W. W. Norton.
___________ (1991). *Putting difference to work*. W. W. Norton.
De Shazer, S., & Berg, I. K. (1997). 'What works?' Remarks on research aspects of solution-focused brief therapy. *Journal of Family Therapy, 19*(2), 121-124.
De Shazer, S., Dolan, Y., Korman, H., Trepper, T., McCollum, E. E., & Berg, I. K. (2007). *More than miracles : The state of the art of solution-focused brief therapy*. Routledge.
Deci, E. L., & Ryan, R. M. (1985). *Intrinsic motivation and self-determination in human behavior*. Springer.
Erikson, E. H. (1963). *Childhood and society*(2nd ed.). W. W. Norton.
Fallot, R. D., & Harris, M. (2009). *Creating cultures of trauma-informed care : A self-assessment and planning protocol*. Community Connections.
Fook, J. (1993). *Social work : Critical theory and practice*. Sage Publications.
Franklin, C., & Hopson, L. M. (2007). Facilitating the use of solution-focused brief therapy with mandated clients : A review of the research. *Brief Treatment and Crisis Intervention, 7*(2), 137-154.
Franklin, C., & Peterson, G. W. (2013). Solution-focused brief therapy in schools. In C. Franklin, T. S. Trepper, W. J. Gingerich, & E. E. McCollum (Eds.), *Solution-focused brief therapy : A handbook of evidence-based practice*(pp. 299-316). Oxford University Press.
Freud, A. (1966). *The ego and the mechanisms of defence*(C. Baines, Trans.). International Universities

Press. (Original work published 1936)

Freud, S. (1923). The ego and the id. In J. Strachey (Ed. & Trans.), *The standard edition of the complete psychological works of Sigmund Freud*(Vol. 19, pp. 1–66). Hogarth Press.

Gabbard, G. O. (2005). *Psychodynamic psychiatry in clinical practice*(4th ed.). American Psychiatric Publishing.

Golan, N. (1978). *Treatment in crisis situations*. Free Press.

Hartmann, H. (1958). *Ego psychology and the problem of adaptation.* International Universities Press.

Hepworth, D. H., Rooney, R. H., Rooney, G. D., & Strom-Gottfried, K. (2017). *Direct social work practice : Theory and skills*(10th ed.). Cengage Learning.

Hollis, F. (1964). *Casework : A psychosocial therapy*. Free Press.

________ (1989). *Effective helping : Interviewing and counseling techniques*(5th ed.). Brooks/Cole.

James, R. K., & Gilliland, B. E. (2017). *Crisis intervention strategies*(8th ed.). Cengage Learning.

Kadushin, A., & Kadushin, G. (2004). *The social work interview : A guide for human service professionals*(4th ed.). Columbia University Press.

Kernberg, O. F. (1976). *Object relations theory and clinical psychoanalysis*. Jason Aronson.

Klein, M. (1984). *The writings of Melanie Klein : Vol. 1. Love, guilt and reparation and other works, 1921–1945.* Free Press.

Ledwith, M. (2011). *Community development : A critical approach*(2nd ed.). Policy Press.

Lee, J. S. (1994). *The empowerment approach to social work practice.* Columbia University Press.

Lindemann, E. (1944). Symptomatology and management of acute grief. *American Journal of Psychiatry, 101*(2), 141–148.https://doi.org/10.1176/ajp.101.2.141

Lipchik, E. (2002). *Beyond technique in solution-focused therapy : Working with emotions and the therapeutic relationship*. Guilford Press.

McGoldrick, M., Gerson, R., & Petry, S. (2008). *Genograms : Assessment and intervention*(3rd ed.). W. W. Norton.

Miller, W. R., & Rollnick, S. (2002). *Motivational interviewing : Preparing people for change*(2nd ed.). Guilford Press.

________________________ (2013). *Motivational interviewing : Helping people change*(3rd ed.). Guilford Press.

National Association of Social Workers (2017). *Code of ethics of the National Association of Social Workers*. NASW Press.

______________________________ (2021). *Code of ethics of the National Association of Social Workers*(2021 revision). NASW Press.

Netting, F. E., O'Connor, M. K., & Fauri, D. P. (2020). *Comparative approaches to program planning*. Wiley.

Nichols, M. P. (2013). *Family therapy : Concepts and methods*(10th ed.). Pearson.

___________ (2020). *Family therapy : Concepts and methods*(12th ed.). Pearson.

Payne, M. (2014). *Modern social work theory*(4th ed.). Oxford University Press.

Perlman, H. H. (1957). *Social casework : A problem-solving process*. University of Chicago Press.

Prochaska, J. O., & DiClemente, C. C. (1983). Stages and processes of self-change of smoking : Toward an integrative model of change. *Journal of Consulting and Clinical Psychology, 51*(3), 390–395.https://doi.org/10.1037/0022-006X.51.3.390

Prochaska, J. O., & Norcross, J. C. (2018). *Systems of psychotherapy : A transtheoretical analysis*(9th ed.). Oxford University Press.

Reamer, F. G. (2006). *Ethical standards in social work : A review of the NASW code of ethics*(2nd ed.). NASW Press.

__________ (2011). *Social work values and ethics*(4th ed.). Columbia University Press.

__________ (2018). *Social work values and ethics*(5th ed.). Columbia University Press.

Rein, M., & White, S. H. (1993). 지식과 실천 : 사회복지에서의 윤리와 딜레마. 파주 : 나남출판.

Richmond, M. (1917). *Social diagnosis*. Russell Sage Foundation.

Robbins, S. P., Chatterjee, P., & Canda, E. R. (2012). *Contemporary human behavior theory : A critical perspective for social work*(3rd ed.). Pearson.

Roberts, A. R. (2005). *Crisis intervention handbook : Assessment, treatment, and research*(2nd ed.). Oxford University Press.

__________ (2005). 위기개입 : 이론과 실천. 파주 : 나남출판.

Rogers, C. R. (1951). *Client-centered therapy : Its current practice, implications and theory*. Houghton Mifflin.

Saleebey, D. (2006). *The strengths perspective in social work practice*(4th ed.). Allyn & Bacon.

__________ (2013). *The strengths perspective in social work practice*(6th ed.). Pearson.

SAMHSA. (2014). *Trauma-informed care in behavioral health services*. U.S. Department of Health and Human Services.

Seligman, M. E. P. (2011). *Flourish : A visionary new understanding of happiness and well-being*. Free Press.

Sheafor, B. W., & Horejsi, C. R. (2015). *Techniques and guidelines for social work practice*(10th ed.). Pearson.

Siegel, D. J. (2020). *The developing mind : How relationships and the brain interact to shape who we are*(3rd ed.). Guilford Press.

Teater, B. (2020). *An introduction to applying social work theories and methods*(3rd ed.). McGraw-Hill Education.

Toseland, R. W., & Rivas, R. F. (2017). *An introduction to group work practice*(8th ed.). Pearson.

White, M., & Epston, D. (1990). *Narrative means to therapeutic ends*. W. W. Norton.

Winslade, J., & Monk, G. (2008). *Practicing narrative mediation : Loosening the grip of conflict*. Jossey-Bass.

찾아보기

저/자/약/력

■ 박주영
동국대학교 일반대학원 사회복지학박사
CANADA CHRISTIAN COLLEGE 상담학박사
현 영산대학교 사회복지정보학과 학과장

■ 최은선
동아대학교 대학원 의료상담심리학 박사수료
현 영산대학교 사회복지정보학과 외래교수

■ 장현희
울산대학교 일반대학원 가정학박사
현 영산대학교 사회복지정보학과 외래교수

■ 김미애
울산대학교 일반대학원 가정학박사
현 영산대학교 사회복지정보학과 외래교수

■ 김은령
현 영산대학교 사회복지정보학과 외래교수

사회복지실천기술론

|공저자| 박주영 · 최은선 · 장현희 · 김미애 · 김은령

|1판 1쇄| 발행 2025년 9월 10일

|발행인| 김동훈
|발행처| **공동체**

|주소| 경기도 고양시 일산동구 호수로 358-39, 동문타워 I 905호(백석동)
|전화| 031)814-3000(대표)
|팩스| 031)814-3100
|홈페이지| http://www.compub.co.kr
|전자우편| compub@naver.com
|출판등록| 2005년 10월 6일
|등록번호| 제396-2005-36호

|ISBN| 979-11-6725-981-3
정가 21,000원